フランス十七世紀の舞台装置
『マウロの覚書』注解

冨田　高嗣
戸口　民也
橋本　能

駿河台出版社

カバー絵：劇場風景（伝アブラハム・ボッス）

〈目次〉

第1部 『マウロの覚書』とフランス17世紀の舞台装置

- 第1章　フランス17世紀の演劇状況 ……………………………… 6
- 第2章　『マウロの覚書』とは何か ……………………………… 18
- 第3章　作品の上演年代 …………………………………………… 23
- 第4章　「オテル・ド・ブルゴーニュ座Ⅰ」………………………… 30
- 第5章　「オテル・ド・ブルゴーニュ座Ⅱ」と「コメディ＝フランセーズ」……………………………………………………… 35
- 第6章　『マウロの覚書』の現代的意義 ………………………… 43

第2部 『マウロの覚書』注解

- 凡例 ………………………………………………………………… 46
- 本書に収められた作品の目録 …………………………………… 47
- 舞台装置のための覚書
  - 第1章　オテル・ド・ブルゴーニュ座Ⅰ ……………………… 59
  - 第2章　オテル・ド・ブルゴーニュ座Ⅱ ……………………… 174
  - 第3章　コメディ＝フランセーズ ……………………………… 214

あとがき ……………………………………………………………… 265

- 目録中のメモのない作品 ………………………………………… 266
- 参考文献 …………………………………………………………… 290
- 作品名索引 ………………………………………………………… 291
- 作者名索引 ………………………………………………………… 300
- 作品名、作者名の原語・邦語対照表 …………………………… 304

『マウロの覚書』と
フランス17世紀の舞台装置

第1部 『マウロの覚書』とフランス17世紀の舞台装置

第1章　フランス17世紀の演劇状況

　通称『マウロの覚書』 *Le Mémoire de Mahelot*[1] は、フランス17世紀の代表的な劇団であるオテル・ド・ブルゴーニュ座 Troupe de l'Hôtel de Bourgogne の舞台装置家たちが上演に使用する装置や大道具・小道具を記した手控え帳ともいうべきものである（以下、本注解では『覚書』とよぶ）。この『覚書』が書かれた状況はいかなるものだったのか。

　17世紀はフランス演劇の黄金時代だった。とくに1660年代から70年代にかけて、ピエール・コルネイユ Pierre Corneille（1606〜1684）、モリエール Molière（本名ジャン＝バティスト・ポクラン Jean-Baptiste Poquelin、1622〜1673）、ジャン・ラシーヌ Jean Racine（1639〜1699）が競い合った、いわゆる「古典主義演劇」théâtre classique の最盛期を迎えることになる。まずはその流れを劇団と劇場を中心にたどり、ついでフランス古典主義演劇の劇作術を特徴付ける「規則」について述べることにしたい。

1. フランス演劇の流れ

　16世紀半ばのフランスで、新たな演劇を目指す動きが始まる。この新たな演劇の特徴は、それ以前の演劇とはまったく対照的である。中世演劇が「宗教劇」と「世俗劇」に分類されるのに対して、新しい演劇は古代ギリシア・ローマの演劇を模範とし、「悲劇」と「喜劇」に大きく分類され、劇の題材は、主として古典古代の劇・歴史・物語・神話に求めることとなった。

　中世からルネサンスにかけて、演劇の担い手は、演じる役者も台本作者も、基本的にはアマチュアだった。それが、16世紀末から17世紀にかけて、作家（当時の言葉では「詩人」poète）が書き上げた戯曲、それも文学性の高い作品を、職業俳優＝プロの役者たちが演じるという形に大きく変わ

---

[1] *Le mémoire de Mahelot — Mémoire pour la décoration des pièces qui se représentent par les Comédiens du Roi*, Édition critique établie et commentée par Pierre Pasquier, Paris, Honoré Champion, 2005.

っていった。

　さらに17世紀のパリにおいては、劇が演じられる場も「劇場」つまり劇上演を目的として建築もしくは改築された建物が基本となり、その劇場を拠点とする職業劇団が年間を通じて恒常的に劇を上演するようになった。そして、俳優も劇作家も、アマチュアの余技としてではなく、その演技や作品によって世に認められ、それが富や名声へと結びついていったのである。ただし、富と名声の両方を得られたのはもっぱら俳優たちで、劇作家たちは富にはそれほど恵まれなかった。とはいえ、ラシーヌのように、劇作を「ばね」として文字通り「立身出世」したケースも実際にはある。こうしたことは、この時代になってはじめてありえたことだった。

　演劇を軸にすえて見たとき、17世紀は以下のように4つの時代に分けることができる。その流れをざっとたどってみることにしよう。

(1) 黎明期　1598〜1629

　職業俳優の劇団がパリ定着を試み、それに成功するまでの約30年間がこの時期である。1598年といえば、ナントの勅令の年、宗教戦争が終結した年である。平和が回復され、長い内乱で疲弊したフランスは、ようやく復興に向けて動き始めることになる。平和の到来は職業俳優たちにとっても望ましいことだった。

　1598年、フランスにおける近代的な職業俳優の先駆者であるヴァラン・ル・コント Valleran Le Conte（生没年代不詳）がパリに現れ、首都定着を目指して上演活動を開始する。16世紀末のパリには、常設劇場オテル・ド・ブルゴーニュ座 Théâtre de l'Hôtel de Bourgogne こそ存在したが、首都に定着して恒常的に上演するプロの劇団は存在しなかった。オテル・ド・ブルゴーニュ座は、パリとその郊外における劇上演独占権をもつ受難劇協会 Confrérie de la Passion が所有していたが、協会はパリを訪れるフランス人や外国人の職業劇団とそのつど賃貸契約を結び、オテル・ド・ブルゴーニュ座での上演を認めた。契約期間は概して短く（2週間から1〜2ヶ月、長くても3〜6ヶ月程度）、特定の劇団と優先的に契約したわけでもなかったため、どの劇団もパリに定着することができなかった。職業劇団がオテル・ド・ブルゴーニュ座以外の場所で上演する場合は、協会は独占権を盾に、納付金を取りたてもした。そうした状況のもと、ヴァラ

ンは再三パリ定着を試みるが、劇場賃貸料が重い負担となったせいか、常に金策に悩まされ、1612年を最後にパリでの上演を断念する。

ヴァランのあと、首都定着の試みはロベール・ゲラン Robert Guérin（笑劇俳優グロ＝ギヨーム Gros-Guillaume として有名、生年不詳～1634）が引き継ぐことになる。ゲランもオテル・ド・ブルゴーニュ座でしばしば演じている。とくに1610年代後半から1630年代にかけて、ゴーティエ＝ガルギーユ（Gaultier-Garguille、本名ユーグ・ケリュ Hugues Quéru、1581または82～1633）、テュルリュパン（Turlupin、本名アンリ・ルグラン Henri Legrand、1587頃～1637）と共に、笑劇俳優グロ＝ギヨームとして人気を集めた。

1620年代になると、シャルル・ル・ノワール（Charles Le Noir、生年不詳～1637）率いる劇団が再三パリを訪れ、オテル・ド・ブルゴーニュ座でも演じ、ゲラン率いる王立劇団 Troupe Royale（1620年代半ばにはそう呼ばれるようになる）と熾烈な競争を演じる。この間も、受難劇協会は競合する2つの劇団以外にも劇場を賃貸するなどして、職業劇団のパリ定着を邪魔するような行動を取り続けた。王立劇団は、オテル・ド・ブルゴーニュ座を自由に使う権利と、その邪魔となる受難劇協会の廃止とを王に訴える。そして1629年12月、王室顧問会議 Conseil du Roi は、王立劇団にオテル・ド・ブルゴーニュ座を長期的かつ独占的に使用させるよう命令を下す。以後、王立劇団はオテル・ド・ブルゴーニュ座を本拠地としてパリで恒常的に演じるようになる。

こうして職業劇団のパリ定着が実現したわけだが、この時期活躍した劇作家としては、まずフランス最初の職業劇作家アレクサンドル・アルディ Alexandre Hardy（1570頃～1632）をあげねばならない。生涯で600以上の戯曲を書いたというが、実際に残されたのは悲劇・悲喜劇・田園劇など34作に過ぎない。1620年代後半になると、ジャン・メレ Jean Mairet（1604～1686）、ピエール・デュ・リエ Pierre Du Ryer（1600？～1658）、ジャン・ロトルー Jean Rotrou（1609～1650）が劇作をはじめる。1629年には、ル・ノワール劇団がピエール・コルネイユの喜劇『メリート』 *Mélite* をパリで上演して成功し、パリ定着の足がかりとした。また『メリート』は、笑劇の人気に押されて不振だった喜劇に都会的なセンスという新風を吹き込んだという意味でも、特筆すべき作品だった。

(2) 興隆期　1630〜1658

　オテル・ド・ブルゴーニュ座が王立劇団のものとなったあと、ル・ノワール劇団はパリの他の場所で演じながら、定着を目指して活動を続ける。そして1634年、ついにマレー地区の掌球場 jeu de paume を劇場に改造して本拠地とする。マレー座 Théâtre du Marais の誕生である。以後、オテル・ド・ブルゴーニュ座とマレー座の競合が続くことになる。劇作家についても、コルネイユ、デュ・リエ、メレ、ロトルーに続き、ジョルジュ・ド・スキュデリー Georges de Scudéry（1601〜1667）、トリスタン・レルミット Trsitan L'Hermite（1601〜1655）ら新世代の作家たちが登場して次々に戯曲を発表するようになった。それを両劇団の看板役者たち、王立劇団ではベルローズ Bellerose（本名 ピエール・ル・メシエ Pierre Le Messier、生年不詳〜1670）、マレー座ではモンドリー Montdory（本名ギヨーム・デジルベール Guillaume Desgilberts、1594〜1653または1654）やその後継者フロリドール Floridor（本名ジョジア・ド・スーラ Josias de Soulas、1608頃〜1671）といった名優たちが演じて、人気を競った。ちょうどそのころ、リシュリュー枢機卿による演劇奨励政策も本格化しはじめる。こうしてパリの演劇は活況を呈し、王侯貴族から市民・庶民層にいたるまでの広い層を引きつける国民的娯楽となったのである。

　1630年代から40年代かけて、王立劇団＝オテル・ド・ブルゴーニュ座とマレー座との競合は、モンドリー、フロリドールといった名優を擁し、コルネイユやトリスタンの劇をレパートリーにもつマレー座優位のうちに展開する。脅威を感じた王立劇団座長ベルローズは、国王ルイ13世に願い出て、1634年12月、ル・ノワールなどマレー座の有力俳優4人を引き抜く。その後もベルローズは、1642年1月、ド・ヴィリエ de Villiers（本名クロード・デシャン Claude Deschamps、1601〜1681）をはじめとするマレー座の主力俳優6人を、さらに1647年の初めには、マレー座座長フロリドールを王立劇団に移籍させることに成功する。しかも、これまでずっとマレー座に戯曲を提供し続けていたコルネイユが、フロリドールの移籍を契機に王立劇団に新作をゆだねるようになった。フロリドールとコルネイユを一挙に失ったマレー座は、以後、悲劇作品の上演ではオテル・ド・ブルゴーニュ座に太刀打ちすることができなくなってしまった。これ

によって、オテル・ド・ブルゴーニュ座は、悲劇の殿堂としての地位を確立したのである。

　劣勢を挽回するためにマレー座が選んだ手段は、機械仕掛けを使って宙乗りや素早い場面転換などで観客の目を奪い楽しませる「仕掛け芝居」pièces à machine だった。劇団は、舞台装置家ドニ・ビュフカン Denis Buffequin（1616〜?）と組んで、仕掛け芝居を次々に上演し、観客を集める。新たな成功だった。以後、仕掛け芝居はマレー座の売り物となる。

　マレー座と王立劇団との競合は別の面でも続いていた。1644年1月マレー座で火災が起こり、建物が焼け落ちる。しかし、俳優たちの努力によって同じ年の10月には、消失以前の劇場よりも大きく立派で設備も整った新劇場が完成した。新装なったマレー座に対抗するため、1647年、王立劇団は受難劇協会に強く要求して、ブルゴーニュ座を改修させ、建築後ほぼ百年を経過した劇場を一新した。舞台の奥行きを深くして仕掛け芝居が上演できるようにし、さらに貴族や貴婦人を迎えるためのボックス席を大幅に増したのである。

　その間、束の間ではあったが新しい動きがみられた。1643年、モリエールが盛名座 Illustre Théâtre を結成する。しかし上演は成功せず、借金がかさむ一方で、1645年、劇場は閉鎖、劇団は解散となる。モリエールは数人の座員とともにパリを去り、以後十数年にわたり南フランスを中心に地方を巡りながら演じることになる。

　パリにおける演劇活動は、フロンドの乱 La Fronde（1648〜1653）のため、しばらくのあいだ停滞を余儀なくされる。しかし、混乱が収まると、ピエール・コルネイユの弟トマ・コルネイユ Thomas Corneille（1625〜1709）やフィリップ・キノー Philippe Quinault（1635〜1688）など次の世代が台頭し、舞台は再び活況を呈するようになる。とくに1656年に初演されたトマ・コルネイユの『ティモクラート』Timocrate は、連続80回上演という記録的大成功を収めた。

　1658年、モリエール一座がパリに戻ってくる。一座はルイ14世の御前で演じる機会を与えられる。とくに最後に添え物として演じた喜劇が王に気に入られ、王弟殿下お抱えの劇団 Troupe de Monsieur としてプティ＝ブルボン Petit Bourbon をイタリア人劇団と共に使うことを許される。イタリア人劇団は16世紀後半からしばしばフランスを訪れていたが、このときはスカラムーシュ Scaramouche（本名ティベリオ・フィオリッリ Tiberio

Fiorilli、1604または1608？〜1694）率いる劇団がすでにパリに定着し、プティ＝ブルボンを本拠地として劇——とくに仮面即興劇コメディア・デラルテ——を演じていた。こうしてパリでは、悲劇に秀でたオテル・ド・ブルゴーニュ座、仕掛け芝居が売り物のマレー座、喜劇を得意とするモリエール劇団、そしてコメディア・デラルテのイタリア人劇団の４つが競合することになる。なお、イタリア人劇団は1659年にパリを離れるが、翌1660年にパリに戻り、再びプティ・ブルボンで、モリエール劇団と交互に上演することになる。

(3) 最盛期　1659〜1680

　コルネイユ、モリエール、そしてラシーヌの三人が活躍するこの時期は、まさにフランス古典劇の最盛期といえる。
　1659年、一時劇界から離れていたピエール・コルネイユが悲劇『エディップ』*Œdipe* で劇界に復帰する。1661年にはスペクタクル劇『金羊毛皮』*La Toison d'or* をマレー座で上演させ、大成功を収める。
　モリエール一座はどうかといえば、『才女気取り』*Les Précieuses ridicules* （1659年初演）の成功によってモリエールは喜劇作家として評価を高め、劇団の評判も大いに上がった。1660年10月、ルーヴル宮拡張のため、プティ＝ブルボンが取り壊されるが、その代わりに、モリエール劇団とイタリア人劇団はパレ＝ロワイヤル劇場 Théâtre du Palais-Royal を与えられ、翌1661年からそこで上演活動を再開することになる。パレ＝ロワイヤル劇場はリシュリューが自分の館パレ＝カルディナル Palais-Cardinal（枢機卿館）の中に建設した劇場だが、リシュリューの死後、パレ＝カルディナルは王家に寄贈され、パレ＝ロワイヤル（王宮）と呼ばれるようになった。長年放置されたままだったパレ＝ロワイヤル劇場は、大がかりな改修工事を経て、1661年１月、モリエール劇団とイタリア人劇団の常設劇場として再出発した。こうして、パレ＝ロワイヤル劇場は、オテル・ド・ブルゴーニュ座、マレー座に続き、パリ第３の常設劇場となる。
　モリエール劇団は、ルイ14世の庇護のもと、1665には国王お抱えのパレ＝ロワイヤル国王劇団 Troupe du Roi au Palais-Royal となり、宮廷の祝典や貴族の邸宅での訪問公演など特別収入の機会も多く、俳優たちの懐は潤った。また、喜劇とバレエを融合させた新たなジャンル、コメディ・バ

第1部　『マウロの覚書』とフランス17世紀の舞台装置

レエにも挑戦する。

　これに対してオテル・ド・ブルゴーニュ座は、悲劇役者としてはフロリドールのほかモンフルリー Montfleury（本名ザカリー・ジャコブ Zacharie Jacob、生年不詳〜1667）、シャンメレ嬢 Mademoiselle Champmeslé（本名マリー・デマール Marie Desmares、1642〜1698）、喜劇ではド・ヴィリエやレイモン・ポワソン Raymond Poisson（1630？〜1690）を擁し、とくに1660年代後半から70年代にかけては、『アンドロマック』 Andromaque（1667年初演）から『フェードル』 Phèdre（1677年初演）までのラシーヌの悲劇を初演することになる。悲劇の殿堂としての栄光はこの時期まさに頂点に達した。

　だがその一方で、演劇界をめぐる状況は大きく変わりつつあった。1672年、それまで宮廷の祝典やコメディ・バレエの上演にあたってモリエールに協力してきたジャン＝バティスト・リュリ Jean-Baptiste Lully（1632〜1687）は、ルイ14世より王立音楽アカデミー Académie Royale de musique 創設の勅許と、パリにおける音楽・バレエの上演に関する独占権（オペラ制作と上演の独占権でもある）を得ると、その権限を盾に、モリエールのコメディ・バレエやマレー座の仕掛け芝居の上演を妨げる。オペラと競合するものに対する露骨な妨害工作だった。そして1673年2月のモリエールの死とともに、演劇界の再編成が始まる。モリエール劇団は座長であり人気作者でもあったモリエールを失って危機的状況に陥り、俳優の一部はオテル・ド・ブルゴーニュ座に移っていった。それに追い打ちをかけるように、ルイ14世はパレ＝ロワイヤル劇場をリュリ率いる王立音楽アカデミーに与える。その結果、パレ＝ロワイヤル劇場はオペラの常設劇場となった。さらに、1673年6月、マレー座に対して王命が下る。劇場を閉鎖し、劇団は旧モリエール劇団と合体せよとの命令だった。劇場を奪われた両劇団の俳優たちは、リュリが独占権を得る以前にオペラを上演していたゲネゴー劇場 Théâtre Guénégaud に拠点を移し、1673年7月、公演活動を開始する。ゲネゴー座の誕生である。一座は、モリエールの喜劇と共に、また、旧マレー座が得意としていた仕掛け芝居の伝統も受け継ぎ、観客を集めることに成功した。なお、イタリア人劇団も、旧モリエール劇団と共に、ゲネゴー劇場に移り上演を再開する。

　劇界の変動はさらに続く。1674年ピエール・コルネイユが引退し、1677年には『フェードル』を最後にラシーヌも引退する。その後まもな

い1679年、オテル・ド・ブルゴーニュ座から、シャンメレ嬢がゲネゴー座に移籍する。当代最高の女優としての人気に加え、ラシーヌ悲劇のレパートリーもゲネゴー座にもたらしたのである。オテル・ド・ブルゴーニュ座との競争で、ゲネゴー座が優位に立っていたことをうかがわせる事件である。

そして1680年、演劇界再編成を締めくくる事件が起こる。ルイ14世がオテル・ド・ブルゴーニュ座とゲネゴー座の合併を命じたのである。新劇団はゲネゴー劇場を使うこと、またオテル・ド・ブルゴーニュ劇場にはイタリア人劇団が移ることがあわせて決定された。その結果、パリには、唯一のフランス人劇団となった新劇団（以後コメディ＝フランセーズ Comédie-Françaiseと呼ばれる）と、イタリア人劇団（コメディ＝イタリエンヌ Comédie-Italienne）の２つだけが残ることになる。

(4) 転換期　1681～1715

モリエールの死、コルネイユ、ラシーヌの引退をもって、一つの時代が終わる。悲劇は衰退し、コルネイユ、ラシーヌに比肩する作者はついに現れない。他方、喜劇においては、モリエールを超えるとは言いがたいが、ダンクール Dancourt（俳優・作家、本名フロラン・カルトン Florent Carton、1661～1725）、ジャン＝フランソワ・ルニャール Jean-François Regnard（1655～1709）、アラン＝ルネ・ルサージュ Alain-René Lesage（1668～1747）らが活躍し、新たな地平を切り開いてゆく。

パリ唯一のフランス人劇団となったコメディ＝フランセーズは、もちろん新作も次々に上演したが、コルネイユ、モリエール、ラシーヌの作品が演目の柱となり、「古典」となってゆく。俳優たちにとって、三大作家の作品は得意のレパートリーであり、貴重な遺産でもあったのである。

コメディ＝フランセーズにはパリでの劇上演独占権が与えられた。その結果、俳優たちは競争からは解放されたが、それまでもっていた自由を大幅に失うことになる。劇団は王の監督下に置かれ、俳優の選定から、配役の決定、利益の配分方法にいたるまで、自由に決められなくなってしまったのである。1687年、ゲネゴー劇場のすぐ近くに神学院が創立されることになったため、王は立ち退きを命じる。仕方なく俳優たちは新劇場の候補地を探し、苦労の末、ようやくフォセ＝サン＝ジェルマン＝デ＝プレ通

り rue des Fossés-Saint-Germain-des-Prés（今日のランシエンヌ＝コメディ通り rue de l'Ancienne-Comédie）の掌球場を改装し、新たな劇場とすることができた。1689年、新劇場のこけら落としには、ラシーヌの『フェードル』と、モリエールの『いやいやながら医者にされ』 Le Médecin malgré lui が上演された。

　コメディ＝イタリエンヌはといえば、ルニャールの作品などフランス語の劇も上演して、活発に活動していた。しかし調子に乗りすぎて、1696年には下品な台詞が多い不謹慎な劇で国王の機嫌を損ね、その翌年の1697年には、無謀にもマントノン夫人に対する露骨なあてこすりを含んだ劇を上演し、ルイ14世の逆鱗に触れる。劇場はただちに閉鎖され、俳優たちは国外に追放された。イタリア人劇団が再びフランスを訪れ、パリで演じるようになるのは、ルイ14世の死（1715年）の翌年、1716年のことだった。

2. フランス古典主義演劇の劇作術

　17世紀に演劇の黄金時代を実現せしめたもうひとつの大きな要因を忘れてはならない。それは、国家＝王権が演劇を、国民全体が共有できる健全な娯楽としてだけでなく、国家的威信の発揚の手段ともとらえ、文化政策の一環として積極的に庇護・推進するようになったことである。演劇振興政策を最初に採用したのはルイ13世の宰相リシュリュー枢機卿である。そしてこの政策を受け継ぎ発展させたのが太陽王ルイ14世だった。それは、一方では王権による手厚い庇護となって現れたが、他方では文化的統制をも意味した。演劇が国民の健全な娯楽となるためには、粗野なもの、良俗を損なうもの、理性・良識に反するものは排除されねばならない。演劇にも国家の威信がかかるとなれば、その文化的水準は高度に洗練されたもの、他の国々に対しても模範となるような優れたものでなければならないということだ。そのためには「規範」が必要となるが、王権つまり国王の意向が文字通り「生きた」規範となる。1660年代から70年代にかけて頂点に達した「フランス古典主義演劇」の劇作術は、こうした背景のもとに発展・確立されたといってよい。

　フランス古典主義演劇といえば、まず劇作上の「規則」を思い浮かべる。その基本は、理性にかなうものでなければならない、ということだ。しか

し、なにをもって「理性」とするか、それが問題である。デカルトは『方法序説』（1637年刊）冒頭で「理性」raison または「良識」bon sens とは「よく判断し、真なるものを偽なるものから分かつところの能力」であり、それを「よく活用すること」が大切だと述べている。だが、それだけが「理性」の含意するところだろうか。リシュリューからマザラン、そしてルイ14世へと受け継がれ、王権による権威と権力の集中が実現したこの17世紀に問われた「理性」とは、「国家理性」raison d'État とも重なり合うものだったのではないか。

　フランス古典主義演劇の第一の規則は「ジャンルの峻別」である。劇には悲劇と喜劇とがあり、劇はそのいずれかでなければならない。悲劇の中に笑いのような喜劇的な要素を混在させてはならず、その文体はあくまで高貴、荘重でなければならない。逆に、喜劇に悲劇的要素を織り込むこともない。つまり悲劇と喜劇とはまったく異なる2つのジャンルであって、この区別を無視してはならないのである。

　フランス古典主義演劇の規則で特に有名なのは「三単一の規則」les trois unités だろう。「時の単一」unité de temps、「場所の単一」unité de lieu、「筋の単一」unité d'action、つまり一日のうちに、一つの場所で、一つの事件が起こるように劇をつくるということである。そしてこれに「真実らしさ」vraisemblance と「礼節／ふさわしさ」bienséance を加えたものが「規則」の柱となる。

　これらの「規則」は、アリストテレスの『詩学』をふまえたものとされるが、実際にはフランス独自の理論体系として発展・確立されたというべきである。たとえば「三単一の規則」の論拠を戯画化してまとめると次のようになる。まず「場所の単一」——同じ舞台空間で演じられているのに、筋の展開に応じて次々と場所を変えていくのはいかがなものか。次に「時の単一」——何日あるいは何ヶ月、何年もかけて起きた事件が、たかだか2時間程度のあいだに演じられ終わってしまうのはいかがなものか。そして「筋の単一」——舞台空間という一つの限られた場所で、2時間程度という限られた時間内で、いくつもの事件が次々と起こるようなことはありえない。そんなことは真実らしくない、理性にかなっていないという論法である。つまり、劇がつくりあげる虚構の空間／時間と、それが演じられている現実の時間／空間とは、限りなく一致させられるべきであるという理屈だ。虚構と現実との強引な一致、あるいは混同と言うべきか。フラン

スの17世紀という時代に一般化した、演劇に対する一種の固定観念の産物、それがフランス古典劇の劇作術である。

だが、これらの「規則」には実質的な利点もあった。劇団側にとって、場所の単一は、舞台装置の簡略化という経済効果をもたらすことになる。古典悲劇定番の舞台装置は「任意の宮殿」palais à volontéで、これひとつでほとんどの悲劇の舞台装置がまかなえる寸法だ。作家側にとっては、ある一つの事件にすべてが集約される緊密度の高い劇作術が要求されるが、それを見事に実践したのがラシーヌである。

「礼節／ふさわしさ」の規則についても触れておこう。「真実らしさ」とも関連することだが、たとえば劇に登場する人物の言葉や振る舞いは、その身分・性別・年齢・その時代や場所などにふさわしくあらねばならない。歴史や神話・伝説・劇・物語などでよく知られた人物は、観客がその人物に対して抱いているイメージを損なうようなことがあってはならない。そして、殺人・決闘・流血事件、残虐な場面あるいは破廉恥な行為など観客が目を背けたくなるようなこと、良俗・良識に反するようなことは舞台で演じてはならないのである。すでに述べたことの繰り返しになるが、演劇は国民の健全な娯楽であるべきだから、理性・良識に反するものは排除されねばならない。演劇は国家の威信にかかるものであるから、高度に洗練されたもの、模範となるような優れたものでなければならない。「礼節／ふさわしさ」はそのための重要な「規則」のひとつ、ということだ。

だが、16世紀末から1630年代にかけては、こうした「規則」を度外視した、いわゆる「バロック演劇」がむしろ盛んだった。同じ頃のイギリス演劇——たとえばシェークスピアの劇を考えてみるとよいだろう。劇の筋は複雑で、いくつもの事件が次々と起こり、劇の舞台もあちこち移動する。たった一日ですべてが終わるどころか、劇の始まりから終わりまでの間に、数日、数週間、数ヶ月、数年、さらにはもっと長い年月が経過することもある。こうした劇が主流を占めていたことは、本書第2部第2章「オテル・ド・ブルゴーニュ座 I」——1630年代前半にロラン・マウロが記録した劇のスケッチやメモ、そしてそこに付された解説——を読んでいただければおわかりいただけるだろう。

劇作上の「規則」が論議されるようになったのは1620年代後半のことだが、とくにコルネイユ『ル・シッド』Le Cid（1637年1月初演）の大成功に端を発した論争を通じてのことである。この論争に決着をつけるべく、

宰相リシュリューの肝煎りで設立されたばかりのアカデミー・フランセーズは「規則」派有利の裁定を下した。この裁定はリシュリューの意向に沿ったものであることは間違いない。これを機に、「規則」を尊重すべしとの主張が優勢となり、17世紀後半になると劇作上の「規範」として定着するようになる。

　本書第2部第3章「オテル・ド・ブルゴーニュ座 II」、第4章「コメディ=フランセーズ」に取り上げられた作品は、「規則」が重視されていた時代のものである。単一の場所で展開される劇には、複数の場所・場面を舞台に用意する必要はない。だから、スケッチも必要ないし、一日のうちに一つの事件が起こるのなら、小道具や舞台装置・仕掛けに関するメモもほとんどいらなくなる。時代の推移とともに、劇作術の要諦が大きく変化したことを実感していただけることだろう。

第2章 『マウロの覚書』とは何か

1.『覚書』の成立と記述内容について

　『マウロの覚書』は、現在は1冊の本に製本されているが、当初は1冊のまとまった著作を念頭において書かれたものではない。元の形は、94葉の紙片に書かれた手稿だった。それが、ラ・ヴァリエール公爵 Duc de La Vallière の所蔵となった時には製本されて1冊の本の体裁を取っていたと思われる。その後、1784年に王室図書館に買い上げられて、原本は現在フランス国立図書館の写本部門に所蔵されている。最初にランカスター Henry Carrington Lancaster が校訂版を上梓し、近年パスキエ Pierre Pasquier が新たに校訂版を出版した[2]。
　この書には、2つの書名が記されていた。第2葉には次のように記されている。

> 現在保管されている戯曲のためのいくつかの舞台装置の覚書、
> ロラン・マウロが書き始め、1673年にその職についたミシェル・ロランによって書き続けられた書[3]

第9葉には、次のように記されている。

> 陛下のご庇護を受ける国王の俳優たちによって演じられている戯曲の舞台装置のための覚書[4]

「国王の俳優たち」Comédiens du Roi とは、オテル・ド・ブルゴーニュ座のことである。「ロラン・マウロ」Laurent Mahelot と「ミシェル・ロラ

2　巻末、参考文献参照。
3　memoire / de plusieurs decorations / qui Serve aux pieces / contenus en ce present / Livre Commence par laurent / Mahelot Et continue / par Michel Laurent En lanncee / 1673. *Op.cit.*, p.208.
4　Memoire Pour la decoration / des Pieces qui Se Representent / Par les Commediens du Roy / Entretenus de Sa Majeste. *Ibid.*, p.223.

ン」Michel Laurant は、いずれもオテル・ド・ブルゴーニュ座の舞台装置家である。この書名から明らかなように、『マウロの覚書』はオテル・ド・ブルゴーニュ座の舞台装置家たちが上演にあたって用意すべき装置や大道具・小道具を記した手控え帳ともいうべきものである。ロラン・マウロが書き始めたために、この書は『マウロの覚書』と呼ばれて、書名からこの書の執筆はマウロ 1 人に帰せられそうだが、執筆者は複数の舞台装置家である。本注解も、通例に従ってこの書を『マウロの覚書』と呼ぶことにする。

『覚書』は、執筆者によって区切られることもなく、見出しも章立てもなく、切れ目なく続けて書かれている。内容から判断して、次のような項目に大別することができる。

> 劇団員の子供の誕生と王妃マリー・テレーズ・ドートリッシュの死去の記事
> 「本書に収められた作品の目録」[5]
> 劇団の上演に関する『ガゼット』誌の記事の抜粋
> 「陛下のご庇護を受ける国王の俳優たちによって演じられている戯曲の舞台装置のための覚書」(以下「舞台装置の覚書」と略す)
> コメディ＝フランセーズの劇団員の収入配分
> 上演に関する法的根拠について

最初の「劇団員の子供の誕生」と中ほどの「『ガゼット』誌の記事の抜粋」は、劇団に関連する記事を記したものである。巻末の「劇団員の収入配分」と「法的根拠」も、舞台装置について記したものではない。これは推測に過ぎないが、『覚書』がこうした記録に混じって書かれているということは、雑記帳に書くように、最初は『覚書』はほかの記事が記されていたありあわせの紙に書かれて、それが一定量たまってきた時、再演に役立つことに気づき、一つにまとめられたのではないだろうか。これらの舞台装置と関わりない部分は、本注解では取り上げない。なお、「舞台装置の覚書」には上演作品ごとに必要な舞台装置が記されている。本注解では、作品 1 作ずつに記された指示を「メモ」と呼ぶことにする。また本論では、メモ

---

5 Table des pieces, Contenues, en ce prensent Liure. *Ibid.*, p.209.

に記された作品と作者の原綴と初演年代は、第2部の注解と「目録中のメモのない作品」ならびに索引に譲る。

2. メモの執筆者について

　『覚書』のメモを書いたのは、何者か。書名の中で、「ロラン・マウロ」と「ミシェル・ロラン」の名が執筆者として挙げられているが、『覚書』の執筆者は、この2人に留まらない。執筆の期間は半世紀におよび、筆跡もさまざまなら、メモの書き方も異なる。加筆修正もあって、統一性も一貫性もない。

　パスキエは、メモとかかわりない記載を含めれば、執筆した人物はすくなくとも5名いる、そのうち3人の人物が主にメモを書いたと推定している。主にメモを書いた人物は、書名に記されたロラン・マウロとミシェル・ロランのほかに少なくとも1名いることになる[6]。

　パスキエもランカスターも、ロラン・マウロが最初のメモを書いたことでは意見が一致している。ロラン・マウロのメモの後、ミシェル・ロランが引き継いだことにも、両者は異論がない。しかし、ミシェル・ロランの執筆部分については、ランカスターとパスキエの意見が分かれる。詳しくは後述するが、ロラン・マウロのメモに続くメモは、オテル・ド・ブルゴーニュ座の上演作品のメモ、その後継劇団であるコメディ=フランセーズの上演作品のメモ、「小喜劇」の見出しの付いたメモの三部に大別できる。

　ランカスターは、オテル・ド・ブルゴーニュ座のメモはミシェル・ロラン、コメディ=フランセーズのメモと「小喜劇」のメモを名前の分からない舞台装置家の執筆としている。一方、パスキエは、オテル・ド・ブルゴーニュ座とコメディ=フランセーズの両方のメモをミシェル・ロランが書き、「小喜劇」のメモを筆跡から別の舞台装置家が書いたとしている。仮にパスキエの説に従うなら、「小喜劇」のメモの執筆者はミシェル・ロラン以後の無名の舞台装置家ということになるが、決定的な決め手に欠ける。では、ロラン・マウロとミシェル・ロランとはいかなる人物なのか。

　ロラン・マウロについては、王立劇団の舞台装置家として、その存在を示すいかなる資料もない。メモの作品の上演年代については改めて検討す

6　*Op.cit.*, p.42.

第 2 章　『マウロの覚書』とは何か

るが、ロラン・マウロの書いたメモの執筆年代はおよそ1630年代半ばと考えられる。その当時オテル・ド・ブルゴーニュ座に在籍していた舞台装置家としては、ジョルジュ・ビュフカン Georges Buffequin（前述のドニ・ビュフカンの父親）が知られている。

ジョルジュ・ビュフカンは、1585年頃に生まれ、1641年に死去した。オテル・ド・ブルゴーニュ座の舞台装置家であると同時に、宮廷で国王付きの画家兼花火師とパレ＝カルディナルの舞台装置家も兼ねた。したがって、宮廷バレエやパレ＝カルディナルの装置の制作にも参加したであろうと推定する研究者もいる[7]。そうなると、王立劇団には同時期に 2 人の舞台装置家がいたことになるが、2 人はどのように役割を分担していたのか。この問題はひとまずおいておき、ミシェル・ロランについて検討を加えた後で改めて考えたい。

マウロのメモを書き継いだのはミシェル・ロランであるが、生年は不明、オテル・ド・ブルゴーニュ座の座員でシャンパーニュ Champagne の芸名を持ち、コメディ＝フランセーズ結成後も一座に留まった。彼は、舞台装置家のフランソワ・デュフォール François Dufort の bas officier（下役）として働き、1688年 3 月に死去している。

パスキエによれば、1670年代には décorateur（舞台装置家）の名称は haut officier（上席）を意味した。その役目は、舞台装置を考えて、スケッチとメモをもとに装置の製作と設置を指示し、小道具を集めることだった。それに従う bas officier（下役）は帳簿にメモを保管し、仕掛けの管理、装置の出し入れ、ろうそくの芯きりなどの雑事を担当した[8]。このことから、パスキエは、ミシェル・ロランと同様に、ロラン・マウロもジョルジュ・ビュフカンの下で働く舞台装置家で、メモの管理も任されていたのではないか、と推測している。

また、スケッチを描いたのはジョルジュ・ビュフカンであるとする研究者もいる[9]。ロラン・マウロを下役とするパスキエの仮説に従えば、スケッチを描いたのもジョルジュ・ビュフカンということになるが、今のとこ

7　Bayard, Marc, Les Faiseurs d'Artifices : Georges Buffequin et les Artistes de l'éphémère à l'époque de Richelieu, in *Dix-septième siècle*, 2006/1-n° 230, P.U.F., p.151 à 164.
8　*Op.cit.*,p.45.
9　Bayard, Marc, *Feinte baroque Iconographie et esthétique de la variété au XVIIe siècle,* Rome, Académie de France à Rome-Villa Médicis, 2010.

21

ろそれを確定する資料がないため、いずれとも特定することはできない。執筆者に関しては、写本に当たってさらに詳しい検証が必要であり、これ以上は触れない。メモの重要性は、それがいつの時代の舞台装置に関するものなのかにあるからである。

第3章　作品の上演年代

1.「作品目録」と「メモ」

　前章で述べたとおり、本注解で取り上げるのは、「本書に収められた作品の目録」（以下、「目録」と略す）と作品の「メモ」である。目録は、いわば目次に当たるものである。しかし、目録とメモには異なる点がある。目録にはメモのない作品もあり、逆に目録に記載がなくともメモがある作品もある。従って、目録とメモを照合することは、メモを補足し、作品の上演年代を探る一助ともなる。「目録」とメモを対照して、記載された回数を示すと次のとおりである。

	目録	メモ
最初のメモ	71	71
メモのない作品	71	0
現在演じられている戯曲の覚書	76	95
小喜劇	36	29

　なお、目録に記された作品とメモは、同じ作品が複数回記されていることがある。この表では、作品数ではなく、同じ作品であっても記載された回数を記した。
　目録には254の作品名（2度出てくるものもある）が列記されているが、メモは195作（2度の記載あり）である。目録とメモに数の違いがあるのは、メモのない作品が71作あることのほかに、目録にあってメモのない作品、逆に目録に記載がなくともメモがある作品もあるからである。
　最初の71作品は、目録とメモは完全に一致している。なお、目録には作品に番号が付されている。
　それに続く目録の71作品にメモはない（ただし、その後にメモが記されたものもある）。メモのない作品の題名には、目録にアスタリスクをつけて、巻末の「目録中のメモのない作品」に原綴、作者名、初演年代、出

版年代、大筋、想定される場面設定を記した。

メモのない作品の後に、目録には「現在演じられている戯曲の覚書」という見出しがあり、76作品の題名が列記されている。この見出しはメモにない。対応するメモは、95作品が記されている。

次に、目録にもメモにも「小喜劇」という見出しがある。「小喜劇」とは、当時の上演は1晩に2作が原則であり、当日の主要な上演作品に添えられて上演された喜劇を指す。「小喜劇」には目録に36作品、メモは29作品が挙げられている。

それぞれ作品の上演年代はいつだろうか。次節では、この区分にしたがってメモの上演年代について検討する。

2. ロラン・マウロのメモの上演年代

最初の71作の目録とメモは完全に一致する。書名に「ロラン・マウロが書き始めた」とあるように、ランカスターもパスキエもともに、ロラン・マウロが執筆したとしている。これらのメモの記述は、その後のメモに比べて詳細であり、しかもほかのメモにはない舞台装置のスケッチが48枚付けられている。当時の舞台を知るうえで、スケッチは『覚書』の中でももっとも重要な資料の1つである。

ランカスターは、メモを1633年から34年の1シーズンの演目と考えている。その根拠として、執筆の開始時期を、2番目のメモ、すなわちロトルーの『逸した機会』が1633年春に初演されたことをもとにしている。メモの執筆の終わりの時期については、1634年としている。その根拠として、マレー座で人気を博したメレの『ヴィルジニー』 La Virginie と『ソフォニスブ』 La Sophonisbe、ジョルジュ・ド・スキュデリーの『役者たちの芝居』 La Comédie des comédiens がメモにないこと、つまり上演されていないことを挙げている。ちなみに、当時の慣習として、上演中の作品を別の劇団が上演することは出版後にしか許されない。これらの作品は、いずれも1635年に出版されている。したがって、ランカスターは、これらの作品が出版された1635年にオテル・ド・ブルゴーニュ座でも当然上演されていてしかるべきなのに、メモがないのは上演年代がそれ以前だからだ、と推定している。

これに対して、パスキエは次のような疑問を呈している。一点は、

第3章　作品の上演年代

1634年から1635年にオテル・ド・ブルゴーニュ座で初演されたロトルーの『罪なき不貞』*L'Innocente infidélité* のメモがないこと、二点目は、1634年の謝肉祭に上演されたデュ・リエの『クレオメドン』*Cléomédon* のメモがないことである。このほかにも、メモに初演年代の確定できないロトルーの『セリアーヌ』、『メネクム兄弟』、『アメリー』、『フィランドル』などの作品があることから、時代を確定する決定的な証拠は見いだせないとしている。しかし、パスキエは問題を提起してはいるが、結論は出していない。

　以上の議論からも明らかなように、今のところ、ランカスターの1633－1634年説に代わる説は見当たらない。決定的な決め手に欠けるから、これ以上この議論に踏み込まない。ただし、71番目のバンスラードの『イフィスとイヤント』の初演年代は1634年で、メモの中でもっとも新しい作品であり、メモは1634年以前執筆と考えられないか。いずれにしても、これらのメモは1630年代半ばの上演のためのものであることは間違いない。

3. メモのない作品の上演年代

　メモのない作品の上演は、ロラン・マウロのメモの後の時期と考えられる。ランカスターは、この時代の上演年代を1646年から1647年と推定している。パスキエは、この点に触れていないから、ランカスターに従ってよいだろう。メモはないが、目録からこの時期のオテル・ド・ブルゴーニュ座のレパートリーが窺えて興味深い。

　ロラン・マウロのメモの時代の作品では、作中の時間の経過は何年にもわたり、場所は複数の国に跨るものもある。その後、1637年に「ル・シッド論争」があり、1640年代には文学史上では三単一の規則が定着したと考えられている。舞台は、場面を1ヶ所に限定して、場面転換を行わない単一の舞台装置が主流となったとされている。

　しかし、メモに記された作品の傾向から見て、この時期は、それ以前の作品の傾向とその後の作品の傾向が混ざり合っている。列挙されている作品には、不規則な作品も多数ある。中には、ピュジェ・デ・ラ・セールの『聖女カトリーヌの殉教』のように、三単一の規則の定着までの過程を示すような折衷的な舞台装置もある（「目録中のメモのない作品」参照）。上

演は、規則にあまり囚われずに行われていたのだろう。「目録」の作品名は、世紀前半から後半への上演作品の変化を示して、舞台装置の過渡期を如実に示している。これらの作品にメモがないのが惜しまれるが、作品目録の中にも、文学史とは異なる現場での上演の姿を垣間見ることができる。

4.「現在演じられている戯曲の覚書」の上演年代

　目録には、メモのない作品の後に「現在演じられている戯曲の覚書」の見出しがある。メモにこの見出しはないが、メモの順序は目録の作品名とほぼ一致している。目録の途中に、「ゲネゴー座」と書かれている。メモのほぼ対応する箇所にも、「1680年8月25日、2つの劇団が合併し、ここでゲネゴー座の作品の上演が始める」と記されている。

　すでに述べたとおり、ゲネゴー座は、1673年にモリエールが死去した後、モリエール一座とマレー座が合併して作った劇団である。さらに、1680年にオテル・ド・ブルゴーニュ座とゲネゴー座が王命により合併し、コメディ＝フランセーズを結成、8月25日に旧ゲネゴー座の劇場で上演を開始した。「ゲネゴー座」の記載の後の作品は、初演劇団がコメディ＝フランセーズに変わる。したがって、この記載以前のメモは、オテル・ド・ブルゴーニュ座での上演のメモと考えられる。

　なお、「ゲネゴー座」の記載の前に3作品——『病は気から』、『アガメムノン』、『妄想に囚われた人々』——のメモが記されているが、これらの作品はコメディ＝フランセーズの結成直後にも上演されている。メモがオテル・ド・ブルゴーニュ座の上演か、コメディ＝フランセーズでの上演のものか、議論の分かれるところである。ランカスターは、これらのメモは後から加筆されたもので、1680年9月のコメディ＝フランセーズの上演のために8月に書かれたとしている。パスキエはこの問題に触れることをせず、原文どおりに区分せずメモを続けている。決め手はないが、ランカスターの見解に従って、これらの作品の上演劇団をコメディ＝フランセーズとする。

　オテル・ド・ブルゴーニュ座での上演の時期はいつごろだろうか。目録もメモも、見出しの次にコルネイユ、ラシーヌ、トマ・コルネイユの三人の作家の作品がまとめて書かれている。これは、この作家たちの作品が劇団のレパートリーとして定着していたことを示すと考えられる。この三作

家の作品の中で、もっとも新しい作品は、1678年に初演されたトマ・コルネイユの『エセックス伯爵』である。したがって、メモがまとめられたのは、1678年以降と考えてよいだろう。

メモの「ゲネゴー座」の記載の直前に記されたメモは、次の3作品である（かっこの中の数字は上演年代である）。

「アンヌ・ド・ブルターニュ 1678」（1678年11月初演）
「1679 ラ・トロアッド、プラドン」（1679年1月初演）
「ジャンセリック」（1680年1月初演）

3作品ともオテル・ド・ブルゴーニュ座で上演されたが、コメディ＝フランセーズでは上演されていない。

パスキエは、書体の違いから、これらの3作品のメモは後日に追加されたメモではないか、と指摘している[10]。ここでパスキエの判断の可否を論じることはできない。しかし、たとえ加筆されたものだとしても、オテル・ド・ブルゴーニュ座のメモであることに変わりはない。したがって、この時期のメモの上演年代は、1678年以降に始まり、遅くとも1680年までとしてかまわないのではないだろうか。

5.「コメディ＝フランセーズ」のメモの上演年代

目録には、「ゲネゴー座」の記載の後に記された作品の中に、上演年代を付記した作品がある。

『エルキュール』1682年
ジュネ氏の『ゼロニード』1682年
『離婚』1683年
『見えない婦人』1684年

メモにも次のように上演年代が記されている。

---

10 *Op.cit.*, p.43.

『エルキュール』1681年11月上演
『クレオパートル』1681年12月上演
『アンドロメード』仕掛け芝居、1682年に上演、1683年1月22日再演
『ラ・ラピニエール』1682年上演
『ペネロープ』1684年上演
『アンドロニック』1685年2月8日上演

　また、「ゲネゴー座」以降のメモの中で最も新しく上演された作品は、『アンドロニック』である。以上の年代から、メモは1680年のコメディ＝フランセーズの旗揚げから1685年の上演作品についてのものと考えられる。

6.「小喜劇」の上演年代

　すでに述べたとおり、コメディ＝フランセーズ上演の作品のメモに続いて、「小喜劇」という見出しが目録の作品と作品のあいだ、またメモとメモのあいだにも記されている。「小喜劇」は、メインの演目に添えられて上演された喜劇を指す。
　「小喜劇」の見出しの次に、ラシーヌの『訴訟狂』、シャンメレの『モリエール断章』のメモが続いている。『モリエール断章』は、1681年9月30日にコメディ＝フランセーズで初演された。したがって、「小喜劇」はコメディ＝フランセーズの上演作品であり、その前のコメディ＝フランセーズのメモを補うものである。パスキエは、ランカスターと同意見で、最初の18作の小喜劇の上演を1680年8月18日から1681年2月24日の間とし、その後の小喜劇の上演を1681年と1685年の間としている。
　しかし、メモの最後に記されている7作品の上演年代は次のとおりである。

『押韻詩』（1682年1月16日）
『偽の御者』1684年6月（1684年6月9日上演）
『気がふれた貴族』（1684年7月13日再演）
『誘拐』（1684年7月6日上演）
『気前のよい公証人』1685年（1685年6月8日上演）

第3章　作品の上演年代

『フィレンツェ人』（1685年7月26日上演）
『アンジェリックとメドール』（1685年8月1日上演）

　『押韻詩』とその後の作品の上演には2年の空白があり、時間的に開きすぎていないか。しかも、『偽の御者』は目録にも「1684年　偽の御者」と記されているが、それ以下の5作品は目録にない。『気がふれた貴族』以下の作品の代わりに、目録には以下の3作品が記されている。

『ソローニュの愚か者』（1686年6月3日上演）
『竜騎兵』（1686年4月26日上演）
『冷血漢』（1686年5月3日上演）

　目録とメモでは作品が異なる上に、3作品は1686年に初演された。したがって、最後の5作品のメモは、追記された可能性が高いといえないだろうか。以上の点から、小喜劇全体の上演年代を1680年8月18日と1682年の間として、その後の作品は、1684年以後に追記されたと考えるほうが妥当ではないだろうか。以上のように、各メモの上演年代が推定されることから、メモを次のように三部に分けて論を進め、注解もそれに従って章分けした。

「オテル・ド・ブルゴーニュ座Ⅰ」（1630年代中ばの上演作品）
「オテル・ド・ブルゴーニュ座Ⅱ」（1670年代後半の上演作品）
「コメディ＝フランセーズ」（「小喜劇」を含む）

第4章 「オテル・ド・ブルゴーニュ座Ⅰ」

1. 創建当時のオテル・ド・ブルゴーニュ座の劇場

　1548年、パリでの上演独占権を持つ受難劇協会は用地を買って、劇場を建設した。劇場が建てられたのはモーコンセイユ通りとヌーヴ゠サン゠フランソワ通りの角地で、貴族の邸宅であったオテル・ド・ブルゴーニュの跡地の一部である。1598年春、協会は自前の上演をやめて、劇団に劇場の貸し出しを始めた。

　劇場を借りた劇団のひとつが「国王の俳優たちあるいは王立劇団」と称した劇団で、1629年12月に3年間の契約を結んだ。その後、この一座が劇場を独占的に使用することになり、オテル・ド・ブルゴーニュ座と呼ばれるようになった。ロラン・マウロがメモを記した1630年代の作品は、この劇場で上演された。

　この劇場の敷地は600平米、劇場は長方形で、間口13.60m、奥行き33mで中庭に接していた。劇場の入り口は、モーコンセイユ通りに面していた。平土間は長方形、幅9m、奥行き14m、座席はおかず、立見席だった。平土間の両側にはおのおの6部屋のボックス席が設けられた。ボックス席の上は天井桟敷だった。舞台の正面、平土間の奥には階段座席が設けられた。

　舞台は、高さ1m、幅13.50m、奥行き10.50mで、平土間に約1m張り出していた。その上に第二の舞台があり、特に仕掛け芝居を上演するときに使った。ピシューの『スキロス島のフィリス』では、「神殿の頭上に二頭立ての馬車の車に乗って夜の女神が登場する」（スケッチ参照）。また、ロトルーの『死にゆくエルキュール』では、「天が開き、エルキュールが雲に乗って天から地上に降りてくる」。神々の登場には、宙乗りや上の舞台を使って演じられたが、こうした作品は6作品ある。

　舞台の横には俳優たちの楽屋が設けられたが、その数は不明である。プロセニアム・アーチはなかった。カーテンもなかった。観客は、舞台前方の両端にも陣取っていた。

2.「オテル・ド・ブルゴーニュ座Ⅰ」の舞台装置

　メモに記されている上演は1630年代半ばであり、ほとんどの作品が1630年代の初演作品である。なお、最も古い作品の一つはヴィオーの『ピラムとティスベの悲恋』で、初演は1621年から1623年の間である。当時の作品は前古典主義演劇あるいはバロック演劇とも呼ばれて、俗にいえば波乱万丈の筋立てである。芝居の中で繰り広げられる時間は何年にも亘ったり、演じられる場面は複数の国にまたがって展開したりもする。

　たとえば、スキュデリーの『罰せられたペテン師』はイギリスとデンマークの両国にまたがり、場面は２つの国を往復する。デュ・リエの『クリトフォン』は、ト書きに「第１幕の舞台はティール（フェニキア）、第２幕と第３幕はエジプト、第４幕と第５幕はエフェーズ（ギリシア）」とあるとおり、場面は各国を移動する。また、ロトルーの『幸いな貞節』も、「舞台は、ある時はハンガリー、ある時はダルマチアで演じられる」。

　近現代の演劇なら、場面転換は舞台にカーテンを下ろして行うのが一般的だろう。しかし、オテル・ド・ブルゴーニュ座の舞台にはカーテンはなく、場面に必要な舞台装置を最初からすべて舞台に配置していた。『罰せられたペテン師』では、イギリスとデンマーク、両国の場面を同時に一つの舞台に並べている。『クリトフォン』の場合も同様で、海辺から山、処刑の場面から宮殿まで、３カ国にまたがるあらゆる場面の舞台装置が芝居の最初から最後まで終始観客の目にさらされている。

　このような舞台装置を、「並列舞台」または「同時装置」と呼ぶ。装置の入れ替えによる場面転換ということはおもいつかなかったのだろうか。並列舞台は、中世の聖史劇で用いられた装置である。聖史劇では、広場の中央に舞台が設けられ、必要な場面の屋台を組んで並べ、観客が演じられる場面に移動して見物した。並列舞台が聖史劇の影響を受けていることは、『覚書』の両校閲者も指摘するところである。いまだに近代的な舞台が存在しない時代に、手本としたのがそれだったのであろう。また、オテル・ド・ブルゴーニュ座が元来は受難劇協会が聖史劇を上演するために建てた劇場であったことも、そうした影響をうなずかせるものがある。

　なお、舞台全体の場面転換が行われるようになるのは、イタリアの舞台装置家によって、新しい舞台装置が移入されてからで、透視図法背景によ

第1部　『マウロの覚書』とフランス17世紀の舞台装置

る場面転換は、主に仕掛け芝居の上演、その後はオペラの上演に用いられた。また、カーテンが使われたのは、1640年にパレ・カルディナルで初演されたデマレ＝ド＝サンソルランの『ミラム』以降である。

当時の舞台装置には、シャシ châssis と呼ばれる枠張物が使われた。これは、木枠にキャンバスを張り、その上に場面を描いた枠張物全般を指す。枠張物は、基本的には舞台の前方から奥に向かって3列に並べられた。第1列は、舞台の前方の上手と下手の両方の端に並べられる。2列目は、前の枠張物より舞台中央寄りに2枚、3列目は舞台奥に1枚の絵で、宮殿や草むらが描かれることが多い。

立体的な枠張物もある。木枠を組み合わせて、角度をつけて、枠張物を組み合わせて、「部屋」や「山」、「庭園」などの屋台が作られた。デュ・リエの『クリトフォン』のメモには、「そそり立つ山。(…) 観客の前でそこに登ることができる」。ボワロベールの『ピランドルとリジメーヌ』のメモには、「舞台の一方に1部屋と窓のある塔。(そこへ) 上り下りするための縄梯子」と記されている。また、パサールの『セレニー』のメモには、「厚紙で作った岩でできた大きな洞穴」という指示があり、張りぼても使われていた。「宮殿のフォルム」とか「岩山のフォルム」というように「フォルム」forme という用語も18作のメモで使われている。これは屋台の意味で、本注解では「作り物」と訳した。

こうした枠張物の制作は、劇団と画家の間に交わされた契約書から明らかなように、劇団が画家に依頼した。パスキエは、メモの中の「だまし上手」feinteur という言葉に注目している。「だまし上手」という言葉は、メモに12ヶ所も記されている。たとえば、『アメリー』のメモでは、「舞台中央にだまし上手の空想による宮殿」と記されている。また、アルディの『イザベルの狂気』には、装置の制作者に直接呼びかけたと思われる「あなた方がそうしたければ、舞台中央に置いてもかまわない」という指示もある。こうした記述から、パスキエは、メモを舞台装置家が道具方や画家にあてた指示ではないかと推定している。

並列舞台では舞台全面の場面転換は行われないが、部分的な場面転換として、その場面が来るまで背景幕で隠しておくことも行われた。デュ・リエの『リザンドルとカリスト』のメモは次のように記されている。

「牢屋の窓から リザンドルがカリストと話すことができる。それは第

第4章 「オテル・ド・ブルゴーニュ座Ⅰ」

１幕の間は隠されていなくてはならない、そして第２幕にしかそれは現れない、そして同じ幕で再び隠される。幕は宮殿として役立つ。」

舞台装置は、舞台の上手、下手、奥に置かれるが、舞台中央は何もない空間で、主にそこで演技が行われる。これまで、演技は場面の指定する装置の前に俳優が登場して場面を示し、そこから舞台の手前に出てきて演じられたと考えられた。しかし、パスキエは、それを示す資料がないとして、ト書きから推測すると屋台の中でも演じられたのではないか、と考える。

もちろん、上演がト書きどおりに演じられたわけではないだろう。しかし、マウロのメモに、俳優の立ち位置を示す記述がある。デュ・リエの『アルキメドン』では、「庭園の中に小道が必要。そこを王妃が散歩する」。舞台装置の間を、俳優が歩いたことを示している。また、『クリトフォン』では、「舞台の一方に、丸い塔の形の牢獄、格子は３人の囚人を見せるために大きく低い」。牢獄の屋台の中に俳優が入って演技した証左ではないか。背景幕のところでも挙げたが、『リザンドルとカリスト』では、カリストが牢獄に入れられているが、「牢屋の窓からリザンドルがカリストと話すことができる」。以上のメモから、屋台の中でも演技がなされたことは明らかであろう。

並列舞台で演じられたといっても、ジャンルによる舞台装置の違いはある。マウロの記したメモは、71作品である。その内、悲喜劇28作、喜劇９作、田園劇６作、田園悲喜劇３作、田園喜劇１作、悲劇２作、ジャンル不明の作品22作である。大多数の作品は、悲喜劇である。

悲喜劇の舞台装置は、特に場面の移動が多く、典型的な並列舞台である。悲劇も、この時代は悲喜劇と同様に場面転換を行っている。

田園劇とそれに類する作品では、場面はそれほど大きく移動することはない。ゴンボーの田園劇『アマラント』では、「舞台はすべて田園風景、洞窟、草むらと花々がいる」というように、場面は近接した「田園」が多い。

喜劇は９作で、上演は少ない。その内、１作は散逸、１作は悲喜劇とも言える作品で、残る７作の内４作の場面は１ヶ所である。その４作のうち、クラヴレの『あまのじゃく』では、「舞台は全面、林と高い木々の森、(…) そこでほとんどの芝居の筋が展開する」。ロトルーの『メネクム兄弟』はローマ喜劇のプラウトゥスの『メナエクムス兄弟』の翻案で、場面は１

ヶ所で、場所の移動はない。デュ・リエの『シュレーヌのぶどうの取り入れ』は一面のぶどう畑、ロトルーの『ディアーヌ』はパリの家々の立ち並ぶ通りである。したがって、並列舞台といえども、さほど大きな場面転換を必要としない。次世代の「オテル・ド・ブルゴーニュ座 Ⅱ」の舞台装置とさほど大きな違いはない。

　舞台装置について、その構成と演技について述べたが、そのほかにさまざまな大道具、小道具が使われている。詳しくは、注解のメモに譲るが、特に目につくものを挙げておく。

　テオフィル・ド・ヴィオーの『ピラムとティスベの悲恋』にライオンが登場することはよく知られているが、その他にも、ライオンの登場する作品は、レシギエの『田園悲喜劇、アストレとセラドンの恋』、スキュデリーの『リグダモンとリディアス』がある。レシギエの作品には、一角獣も登場する。実際に舞台を動き回るから、おそらくぬいぐるみを使ったのだろう。

　悲喜劇では流血場面もしばしばである。アルディの『ルコジー』では、「トルコ人の船で、（…）首を切る。葬列の担架も要る、そこに首のない女性の遺体を乗せる」。デュ・リエの『アルジェニスとポリアルク』では、剣に刺した敵の「生首」を見せる。オーヴレーの『ドランド』では、敵将の「生首」が城壁に掲げられる。デュ・リエの『クリトフォン』では、「血、スポンジ、供犠者の偽の首のための小さな皮袋」が小道具として列挙されている。スポンジは、血のりのための小道具だろう。

　『パリスの冒険』では「女性のための付け髭」、作品が散逸しているのではっきりしたことは分からないが、おそらくは男装のための道具だろう。ロトルーの『メネクム兄弟』では、双子の兄弟を演じるための「２つの同じような髭」、バンスラードの『イフィスとイヤント』では、女神イシスの力で女性が男性になるが、「変身のために付け髭がいる」。

　このほかに効果として、効果音、雷鳴、花火も使われている。デュルヴァルの『ユリスの功業』では、船に雷火が落ちる時のために「ユリスの舟の帆桁の中に花火」を仕込んでおく。メレの『シルヴィ』では「雷鳴、稲妻、導火線」という指示がある。

第5章 「オテル・ド・ブルゴーニュ座 Ⅱ」と
「コメディ＝フランセーズ」

1. 改築後のオテル・ド・ブルゴーニュ座の劇場

　1647年、国王の顧問から劇場の修復が命じられた。オテル・ド・ブルゴーニュ座は、1644年に再建されたマレー座をモデルに改築された。「オテル・ド・ブルゴーニュ座 Ⅱ」で演じられた作品は、この改築された劇場で上演された。

　改築された劇場は長方形で、構造は以前とあまり変わらなかった。平土間も、幅9m、奥行き14mで変わりなかった。ボックス席は二階建てになり、平土間の横に7部屋、平土間の奥に5部屋あった。観客定員は、1,000名と推定される。

　舞台は、平土間から2mの高さになり、以前より高くなった。平土間に向かって緩やかに傾斜して、幅は13.50mで変わりないが、奥行き14mで、深くなり、舞台の空間が増した。

　楽屋は2階建てで、舞台奥に7つ、その下の舞台下の位置に6つあった。プロセニアム・アーチは、相変わらずなかった。舞台の上には梁が2本取り付けられ、カーテンとそれを上げる装置を隠すための一文字が取り付けられた。

　この劇場で上演された『しゃれ者の女たち』の「舞台は、フラヴィオの家の広間」で、場面転換は行われない。しかし、メモには、「舞台は広間。下りていたカーテンを開幕で上げる」と記されている。また、『マリヤンヌ』のメモには、「終わりにカーテンを下ろす」と記されている。これらのメモから、オテル・ド・ブルゴーニュ座でカーテンが使用されるようになったことが分かる。

2. コメディ＝フランセーズの劇場 ── ゲネゴー座

　1680年、オテル・ド・ブルゴーニュ座は、劇場をゲネゴー座に移した。ゲネゴー座の劇場には前史がある。

第1部　『マウロの覚書』とフランス17世紀の舞台装置

　1669年7月28日、ピエール・ペラン Pierre Perrin（1620〜1675）がオペラを上演するためルイ14世から開封勅許を得て、オペラ・アカデミー Académie d'Opéra を設立した。機械仕掛けを担当したスルデアック侯爵 Alexandre de Rieux, marquis de Sourdéac と資産家のシャンプロン Laurent Bersac, sieur de Champeron が、1670年10月8日にラ・ブテイユ掌球場と賃貸契約を結び、劇場に改築した。

　1671年3月3日に劇場の柿落としにカンベール Robert Cambert（1628〜1677）作曲、ペラン作詞の田園オペラ『ポモーヌ』 *Pomone* を上演し成功したが、その後メンバーが仲間割れし、勅許は取り消され、ペランは負債を抱えて入獄した。リュリがペランからアカデミー設立の権利を買い、ペランは釈放されたが、オペラ・アカデミーは解散、劇場は閉鎖された。1672年にリュリは王立音楽アカデミーを設立、ベレール掌球場を劇場としたが、1673年にはパレ・ロワイヤルに移転して、オペラを独占して上演した。

　一方、モリエール一座は、1673年にモリエールの死去した後、王命が下って、マレー座と合併、同時にパレ・ロワイヤルの劇場はリュリに奪われた。劇場を探していた劇団は、旧オペラ・アカデミーの劇場の賃貸の名義を買い、同時にスルデアックとシャンプロンが劇団に入団することを条件に、劇場付属の設備と仕掛けを買い受けて、1673年7月9日に公演を開始した。この劇場はフォッセ＝ド＝ネール通り42番地に面し、劇場の前からゲネゴー通りが始まっていたことから、劇団はゲネゴー座と呼ばれた。

　1680年8月18日、オテル・ド・ブルゴーニュ座とゲネゴー座に合併の王命が下り、コメディ＝フランセーズを結成、劇場をゲネゴー座に移転し、8月25日から公演を開始した。その後、コメディ＝フランセーズは、1687年に移転を命じられ、1688年にフォセ＝サン＝ジェルマン通りのレトワール掌球場を買い、フランソワ・ドルベー François d'Orbay の設計した劇場を建設した。コメディ＝フランセーズのメモは、ゲネゴー座の舞台で上演された作品のメモである。したがって、本論では、コメディ＝フランセーズの劇場としてはゲネゴー座についてのみ触れる。

　1670年に建てられたオペラ・アカデミーの劇場の敷地面積は不明である。オペラ・アカデミーは掌球場を改造して建てられた劇場である。他の掌球場の広さが幅13.75m、奥行き49.1mだったから、用途を考えると、

第5章　「オテル・ド・ブルゴーニュ座 II」と「コメディ＝フランセーズ」

ほぼそれに匹敵する面積だったと考えられる。

　劇場は長方形で、平土間は幅11.7m、奥行き7.8mだった。ボックス席は、3階立てであった。オペラ・アカデミーでは、平土間に観客席を設置していた。これはオペラ上演のために透視図法背景を用いるには、視覚が重視されたからである。しかし、ゲネゴー座の時代になると、観客の収容人数を増やすため、観客席は廃止され、立ち見席に戻された。観客定員は、1,320名と推定される。

　クラークは、舞台の幅は9.75m、奥行きは少なくとも16.6m、舞台の高さは1.95mだったろうと推測している[11]。また、オペラ・アカデミーの時代に、宙乗りの仕掛けのために、舞台の下を6.5m掘り下げられ、奈落にも使われた。舞台の上に第二の舞台もあったと思われる。

　オペラ劇場だったゲネゴー座には、ほかの劇場にない特徴がある。オペラでは、枠張物を何列か舞台と平行に並べて、全体として透視図法背景を構成する。透視図法背景は、幕ごとに場面転換を行う。このため舞台にレールを敷いて、その上に戸車に乗せた引き戸式の枠張物（シャン・ア・クウリス châssis à coulisse）を走らせて場面転換を行った。枠張物の指示がメモに頻繁に現れるのは、ゲネゴー座になってからである。その後、コメディ＝フランセーズはフォセ＝サン＝ジェルマン＝デ＝プレ通りの劇場に移るが、その劇場には枠張物を移動させるための6列のレールが常設された。引き戸式の枠張物は、舞台装置として定着したのである。

3.「オテル・ド・ブルゴーニュ座 II」並びに「コメディ＝フランセーズ」の舞台装置

　「オテル・ド・ブルゴーニュ座 II」と「コメディ＝フランセーズ」は時期的に連続していて、舞台装置のメモの記述は大差ないから、合わせて論じる。マウロのメモの時代から、この時代の間には40年以上の開きがある。時代の移り変わりとともに、演劇も古典主義の時代に移った。1640年代から演劇の規則が盛んに論じられてきたが、この時期にはすでに古典主義の理論が定着して、三単一の規則の遵守が求められるようになる。舞台装

---

11 Clarke, Jan, *The Guénégaud Theatre in Paris (1673-1680)*, Lewinston, The Edwin Mellen Press, 1998, Tome I, p.98.

置にとっては、特に場所の単一の規則が重要で、場面は1ヶ所で進行し、場面転換は行われないのが原則である。この時代には、ジャンルも悲劇と喜劇が大部分を占めている。「オテル・ド・ブルゴーニュ座Ⅱ」と「コメディ＝フランセーズ」のメモの上演作品は、悲劇は49作、喜劇は69作、他に英雄喜劇2作、悲喜劇3作である。舞台装置は悲劇と喜劇では異なるから、別に検討する。

〈悲劇〉

悲劇は49作、英雄喜劇2作、悲喜劇3作、合わせて54作の内、「任意の宮殿」palais à volonté という指示は43作であり、その他の作品でも場面は1ヶ所で、場面の移動する作品は少ない。「任意の宮殿」は、あらゆる時代、あらゆる地域の場面設定に採用された。「任意の」à volonté という言葉は、「舞台製作者に一任」という意味か、または「作品に合わせた設定」という意味であろう。

では、「任意の宮殿」とはどのようなものだったのか。具体的にそれを示すスケッチは存在しない。パスキエは、クロード・ペローの一文を引用している[12]。

「ここで悲劇の舞台と喜劇の舞台の比較から結論を出すのは容易である。王宮と私人の家とは高さの違いのほかに、私人の家には窓と正面玄関があるが、宮殿には円柱、彫刻、手摺がなくてはならない。」

パスキエの推測に従えば、「円柱、彫刻、手摺」が当時の「宮殿の欠かせない構成要素」であろう。

「任意の宮殿」でも、作品によって多少の変化を持たせることはある。トマ・コルネイユの『アリアーヌ』では、「舞台は任意の宮殿。舞台奥に海」となっており、舞台奥の背景で変化をもたせている。「任意の宮殿」以外に、ラシーヌの『アンドロマック』では「円柱で飾られた宮殿」、『ベレニス』の「王の小部屋」のように場面に特徴を持たせようとしたり、『バジャゼ』

---

[12] Pierre Pasquier & Anne Surgers, *La Représentation théâtrale en France au XVIIe siècle*, Armand Colin, 2011, p.99.

第5章 「オテル・ド・ブルゴーニュ座Ⅱ」と「コメディ＝フランセーズ」

の「トルコ風のサロン」のように地域色を加味したりするものもあるが、いずれも場面は1ヶ所である。

　野外、それも軍隊の陣営を舞台とした作品は5作ある。その内3作、ラシーヌの『アレクサンドル大王』と『イフィジェニー』、プラドンの『ラ・トロアッド』では、場面は1ヶ所で、場所は移動しない。デュ・リエの『セヴォール』、カンピストロンの『アルミニウス』も、場面を陣営に並ぶテントと考えれば、場面の移動はないといえよう。

　前代の並列舞台を想定した作品では、どのような装置を使ったのか。コルネイユの『ル・シッド』とトリスタン・レルミットの『マリヤンヌ』は1630年代後半の作品で、並列舞台を想定した作品である。『ル・シッド』では、椅子を用い、「4つのドア」からの出入りによって場面の違いを示している。『マリヤンヌ』も同様に、場面をまとめて、「ベッド」、「椅子」、「玉座」、「絨毯」など小道具で場面の移動を表しているが、第4幕は「牢獄」の場面である。

　前代の作品に限らず、新作でも、数は少ないが場面転換を必要とする作品もある。1678年初演のトマ・コルネイユの『エセックス伯爵』のメモの「第4幕に現れる牢獄」は、その場面が来るまで隠されている。『マリヤンヌ』の「牢獄」も同様に背景幕で隠されたのだろう。1681年初演のラ・シャペルの『クレオパートル』、1684年初演のジュネの『ペネロープ』、1685年初演のカンピストロンの『アルシビアッド』など、いずれもメモに「舞台は任意の宮殿」とあるが、場面としては数部屋を必要とする。上演にあたっては、場面を1部屋にまとめたのだろうか。

　小道具の指示は、並列舞台の時代と異なって、少ない。主なものとしては「手紙」、「指輪」など事件の鍵となる証拠の品として挙げられている。珍しいものとしては、コルネイユの『ポンペ』*Pompée*で、ポンペの遺骨の入った「骨壺」がある。

〈喜劇〉

　喜劇の舞台装置はどのようなものだったのだろうか。喜劇の基本的な舞台の設定は、「舞台は1部屋」あるいは「広間」や、「舞台は数軒の家（の前の通り）」が多い。いずれも場面は1ヶ所で、場所の移動はない。「1部屋」を舞台とした作品は20作、「通り」を舞台とした作品は19作で、合

わせると喜劇69作の半数を超える。

しかし、悲劇では登場人物は台詞の朗誦が多く、動きが少ないのに対して、喜劇は俳優の演技の動きが多いためか、場面の移動も少なくない。そのせいだろうか、舞台装置に新しい技術が取り入れられて、場面転換を行う作品も目に付く。

「通り」と「1部屋」を組み合わせたメモもある。『離婚』では、「舞台は手前に数軒の家、後ろに広間」となっている。『ドン・ベルトラン・ド・シガラル』では、「舞台は居酒屋、(…) 第1幕のために居酒屋の前に幕が要る」とある。おそらく背景幕に通りを描き、幕を開くと広間が現れたのだろう。前代の「オテル・ド・ブルゴーニュ座 I」の時代に使用された背景幕は相変わらず使われている。だが、その場合も、並列舞台のように部分的な場面転換ではなく、全面的に場面を変えている。

しかもこの時代になると、技術の進歩によるものか、背景幕の代わりに枠張物が用いられるようになった。フェルム ferme という用語が喜劇に登場する。この用語は、オテル・ド・ブルゴーニュ座の「I」はもとより、「II」にもでてこなかった用語で、コメディ＝フランセーズの6作の喜劇のメモにはじめて登場する。「オテル・ド・ブルゴーニュ座 I」で紹介したとおり、17世紀にはシャシ châssis と呼ばれる枠張物が使われた。シャシ châssis とフェルム ferme は日本語ではどちらも枠張物と訳されて、区別がつかないが、フェルムはその中でも大きなもの、舞台の幅の大きさの枠張物を指す。

ジレ・ド・ラ・テッソンヌリの喜劇『田舎貴族』には、「舞台奥に部屋のフェルム」とあるように、フェルムは舞台奥に設けられた。フェルムは、移動させることもできた。カンピストロンの喜劇『恋する恋人』では、「舞台はフェルム近くの両袖に扉と窓のある2軒の家。フェルムは第4幕で開き、扉のある1部屋が現れる」。オートロッシュの一幕喜劇『偽の御者』では、「舞台は数軒の家、奥に1部屋。フェルムが開くと部屋が見える」。フェルムは、背景幕の代わりにも使われている。

メモではないが、オートロッシュの『クリスパンの音楽家』のト書きには、「6人の従僕が舞台奥の両袖から登場、正面に向かって一列に並び、幕を区切るために音楽を演奏する。次に2枚のシャシが押し出されて、彼らは後ろに隠れる。これらのシャシはフェルムと呼ばれる」と記されている。この作品では、フェルムを入れ替えて、幕ごとに1軒の家から別の家

第5章 「オテル・ド・ブルゴーニュ座Ⅱ」と「コメディ＝フランセーズ」

に場面を交代させている。なお、「幕を区切るために音楽を演奏する」とあるが、当時は各幕の終わりにカーテンを下ろす習慣はなく、音楽が演奏された。

では、フェルムはどのようにして移動させて、「開いた」のか。モンフルーリの『女判事で訴訟の当事者』のメモには、「舞台は手前に2軒の家、そしてその他は1部屋。第3幕の終わりにクウリス coulisse が開く」と記されている。クウリスは、シャシ・ア・クウリス châssis à coulisse の略で、引き戸式の枠張物とでも呼ぶべきものである。

すでにゲネゴー座の劇場で触れたが、これは舞台にレールを敷いて、戸車に乗せた枠張物をその上で移動させて、場面の装置を入れ替える枠張物である。引き戸式の枠張物はすでに仕掛け芝居とオペラで使われていたが、コメディ＝フランセーズでは、それ以前はオペラ・アカデミーの劇場だったゲネゴー座で使われた引き戸式の枠張物を利用したのだろう。『クリスパンの音楽家』も、おそらくこの引き戸式の枠張物を入れ替えることで、場面転換を行ったのだろう。そのト書きは、当時の枠張物を使った場面転換の手法を明瞭に表している。

もう一つのあたらしい装置は、「迫り出し」trape である。5作の喜劇のメモに、この指示がある。トマ・コルネイユの『石像の宴』では、ドン・ジュアンの地獄落ちの場面に使われたのだろう。シャンメレの『フィレンツェ人』では、主人公が地下道から恋人のいる部屋に忍び込むのに使われている。「迫り出し」は、コメディ＝フランセーズのメモから登場する。コメディ＝フランセーズが当時使っていたゲネゴー座は、オペラ・アカデミーの時代に舞台の下を6.5m掘り下げられていた。

大道具や小道具の指示は、「オテル・ド・ブルゴーニュ座Ⅰ」の時代に比べて、いたって少ない。小道具が特に多い作品としては、ロベの『ラ・ラピニエール』の舞台の設定が税関の事務所で、その関係でさまざまなものが登場する。またトマ・コルネイユとドノー・ド・ヴィゼ合作の『女占い師』では、「ばらばらの死体」、「生首」などさまざまなペテンのための道具が登場する。そのほかの小道具は、作品によって異なるが、珍しいものとしては『しゃれ者の女たち』の変装用の「義足」か。

第1部 『マウロの覚書』とフランス17世紀の舞台装置

〈仕掛け芝居〉

　悲劇にも喜劇にも、仕掛け芝居に分類される作品がある。悲劇ではコルネイユの『アンドロメード』、喜劇ではトマ・コルネイユの『謎の男』と『賢者の石』である。仕掛け芝居とは宙乗りを呼び物とした芝居で、オペラの前身ともいうべきものだが、オペラと同様に、引き戸式の枠張物を使った透視図法背景で、幕が変わるたびに場面転換を行った。これらの作品では、オペラ上演の劇場であったゲネゴー座の舞台装置がそのまま使われたものと思われる。

第6章 『マウロの覚書』の現代的意義

　『覚書』のメモは、何のために書かれたのだろうか。舞台装置の制作のためのメモ、または制作した装置のメモ、装置家の手控えであろう。また、パスキエは「だまし上手」という言葉に注目して、道具方や舞台美術家が制作するにあたっての必要な指示を示したものではないかと推定している。ここでこれ以上詳しくは述べないが、パスキエはさらにさまざまな用途の可能性を指摘している。いずれにしても当時の上演を推定されるメモが残ったことは貴重である。このメモは、当時の舞台と大道具・小道具にどのようなものが使われたか、上演の実態を垣間見ることのできる歴史的資料であるからである。

　しかしながら、この『覚書』だけでは分からないことも多い。ロラン・マウロのメモの部分はもっとも詳細に書かれ、しかも多くのメモに舞台のスケッチが付いている。それでも一読して明らかであるが、このメモだけでは指示が何を意味するのか分かりにくい。所詮は装置家の控えであり、上演に携わった人間にしか分からないことも多い。メモの指示するところを理解するには、メモの対象となっている作品の筋にしたがって、メモが舞台の構成にどのように対応しているのか考える必要がある。

　本注解の眼目は、各メモの訳に作品の筋書を付し、メモの指示と作品の場面とを照合させたことにある。これによって、舞台装置と場面の対応、大道具・小道具がどの場面で使用されるかが明らかになり、『覚書』のメモの意味がいっそう明らかになるはずである。

　次に、すでに述べたとおり、ロラン・マウロのメモとその後の装置家のメモでは、書き方が明らかに異なる。マウロのメモは、詳細でスケッチまで付いている。それ以降のメモは、いたって簡単になっている。そこには時代の変遷が垣間見られる。ロラン・マウロのメモは1630年代の舞台のメモであり、ミシェル・ロランほかのメモは1670年代以降の舞台のメモである。いわゆるバロック時代とその後の古典主義時代の作品の変化は、舞台装置の違いとしても如実に現れている。校閲者の1人パスキエが次のように言っているのは、まさに正鵠を得たものと言えよう[13]。

幸運にも、これらの切り口は、演劇活動の決定的な二つの局面、それも演劇史家の目にとってきわめて典型的な局面にほぼ対応している。それはつまり1630年代の前半と1670年から1680年代にかけての二つの局面である。かくして、『マウロの覚書』は、オテル・ド・ブルゴーニュ座で使われた舞台装置、すなわちバロック時代の近代へのもっとも強力な推進力をもった舞台装置と古典主義の理想が成熟に達した時代の厳格な舞台装置の比較を可能にしている。

---

13 *Op.cit.*, p.42.

第2部

『マウロの覚書』注解

凡例

1. 原文は、紙数の関係もあり、本書には収録しなかった。巻末の参考文献に原著を明記した。
2. 原著には、舞台装置のメモと関わりないことも記されている。これに関しては、省略した。
3. 原文の作品名の誤記は正しい題名に直し、誤記された作品名は注に記した。
4. 邦訳題名は、翻訳のあるものはそれに従った。
5. 作者名の原綴は注解にも記したが、生没年代は作者名索引に譲った。
6. 初演年代、特に世紀前半のものは不明なものが多い。校訂者のランカスターとパスキエで見解の異なるものもある。最新の研究に基づくものとして、パスキエを優先した。なお、本注解執筆者独自の見解に基づくものもある。
7. 「コメディ＝フランセーズ」上演の作品には、再演の作品が多く含まれる。その場合は、最初の再演年月日を合わせて記した。
8. 本注解では、筋書とメモの舞台装置との対応を記した。
9. 「テキスト」は、主要な刊本を記した。
10. 「訳書」は、代表的な翻訳を挙げた。
11. 「作品目録」に記された作品の中には、メモのないものもある（ただし、その後でメモが記されたものもある）。それらの作品には、アステリスクをつけて、巻末の「目録中のメモのない作品」に作品名と作者名、その原綴、初演年代、出版年代、筋書、場面設定を記した。
12. 関連の研究論文は、巻末の「参考文献」を参照されたい。
13. 巻末にメモに記載された作品名索引と作者名索引を付した。
14. メモに記された作者、作品は日本語の定訳のないものも多い。作者名、作品名の「原語・邦語対照表」を付した。

本書に収められた作品の目録[1]

『アマリリス』	1[2]
『逸した機会』	2
『アマラント』	3
『クロリーズ』	4
『リザンドルとカリスト』	5
『罰せられたペテン師』	6
『忘却の指輪』	7
『リグダモンとリディアス』	8
『マドント』	9
『テュルリュパンの狂気』	10
『ピラムとティスベの悲恋』	11
『パンドスト 第1日』	12
『パンドスト 第2日』	13
『オズマン』	14
『シンティ』	15
『ルコジー』	16
『クリダマンの狂気』	17
『モスクワの女』	18
『フェリスメーヌ』	19
『イザベルの狂気』	20
『コルネリー』	21
『美しきジプシー娘』	22
『パルテニー 第1日』	23

---

1 『覚書』の作品名は、すべてが正しい表記ではない。目録中の作品名も同様である。原文の表記は註に記し、題名は正しい表記に直した。なお、第1部で断ったとおり、この目録の前にメモとは無関係な記事が書かれているが省略した。

2 番号は原文に付されている。番号の付された最初の71作の作品は、1630年代前半の上演作品で、「オテル・ド・ブルゴーニュ座Ⅰ」の作品に対応する。

第2部 『マウロの覚書』注解

『パルテニー　第2日』	24
『田園悲喜劇、アストレとセラドンの恋』	25
『ベランド』	26
『アレタフィル』	27
『偽りの近親相姦』	28
『アルジェニス』[3]	29
『三人の似た者同士』	30
『不実な女友達』	31
『アガリット』	32
『ドランド』	33
『憂鬱症患者』	34
『ユリスの功業』	35
『運命の力』	36
『スキロス島のフィリス』	37
『幸いな貞節』	38
『クリトフォン』	39
『シルヴァニール』	40
『セリアーヌ』	41
『ピランドルとリジメーヌ』	42
『メネクム兄弟』	43
『パリスの冒険』	44
『シルヴィ』	45
『クリゼイッドとアリマン』	46
『カルデニオの狂気』	47
『セリメーヌ』	48
『あまのじゃく』	49
『無分別な兄弟』	50
『セリーヌ』	51
『シュレーヌのぶどうの取り入れ』	52
『ロワイヤル広場』	53
『アメリー』	54

---

[3] 原文は *Polliarque*、正しくはデュ・リエの『アルジェニス』である（メモ参照）。

本書に収められた作品の目録

『恋する巡礼の女』　　　　　55
『幸せな心変わり』　　　　　56
『忠実な羊飼い』　　　　　　57
『ディアーヌ』　　　　　　　58
『延期された訪問』　　　　　59
『フィランドル』　　　　　　60
『フロラント』　　　　　　　61
『アルキメドン』　　　　　　62
『サン＝ジェルマンの市』　　63
『ドリステ』　　　　　　　　64
『フロリス』　　　　　　　　65
『死にゆくエルキュール』　　66
『セレニー』　　　　　　　　67
『クレオニス』　　　　　　　68
『セリデあるいは愛の気高さ － セリデの名をカリリに変えて』　　69
『いわれのないやきもち焼き』　　70
『イフィスとイヤント』　　　　71
『ゼノビー』*4
『ル・シッド』
『舞台は夢』*
『トミュス・モリュス』*
『ポンペ』
『アンドロミール』*
『シンナ』
『いたずら好きの妖精』*
『ポリュークト』
『嘘つき男』
『ソフォニスブ』*
『イブライム』*
『誤った真実』*

4　以下、「現在上演している戯曲のメモ」の見出しまでの作品は、メモがないものが多い。アステリスクを付して、巻末の「目録中のメモのない作品」で内容を紹介した。

第 2 部　『マウロの覚書』注解

『ドン・ジャフェ・ダルメニー』
『ウドックス』*5
『ミラム』*
『侍女』*
『オラース』
『テレフォント』*6
『アルビランの裏切り』*
デュ・リエ氏の『エステル』*
『アルシオネ』*
『イポリット』*
『捕虜』*
『侍女になった貴婦人』*
『聖女カトリーヌの殉教』*7
『真説聖ジュネ』*
『勇敢な妹』*
『ジョドレ、あるいは主人になった召使い』
『クリスプの死』*
『治世術』*
『オロンダット』または『オロンダットとスタティラの結婚』*8
『恋する囚われの詩人ジョドレ』*
『美しきポリクリット』*
『妄想に囚われた人々』
『オノリス伯爵』*
『ジョドレの占星術師』*
『アルミニウス』*9

5　原文は Zudoy、作者・年代不明。パスキエは、スキュデリーの『ウドックス』Eudox と推定している。
6　ジルベールとラ・シャペルに同名の作品がある。この作品は前者である。
7　原文は St Catherine、正しくは Le Martyre de Sainte Catherirne、同名の作品はドービニャック師 Abbé d'Aubignac（1640年）、ピュジェ・ド・ラ・セール Puget de la Serre（1641-2年）、サン＝ジェルマン Saint-Germain（1649年出版）の 3 作があるが、どの作品かは不明。「目録中のメモのない作品」には、3作品を載せた。
8　原文は Oroondate、題名にオロンダットが付いた作品は 2 作あり、いずれかは不明。
9　スキュデリーとカンピストロンに同名の作品がある。この作品は前者である。

本書に収められた作品の目録

『ロドギュンヌ』
『シギスモンド』*
『三人のドロテ、あるいは横っ面を張られたジョドレ』*
『セヴォール』
『ローマのポルシー』*
『テオドール』*
『未亡人』*
『アルシディアーヌ』
『ヴァランティニアンとイジドールの死』*
『アリストデム』*
『エラクリウス』
『三人のサビーヌ』*
『セミラミス』*
『盗っ人たちの策略』*
『ドン・ベルナール・ド・カブレール』*
『エセックス伯爵』*10
『逃げ出した王子』*
『真説セミラミス』*
『売れっ子の美容師』*
『妹』*
『ジョサファ』*
『タメルラン大帝とバジャゼ』*
『ブリュットの息子たちの死』*
『アスデュルバルの死』*
『トミリス』*
『覚めて見る夢』*
『賢者の乱心』*
『セジャニュス』*
『アリシディ』*
『メデ』*
『名高き海賊』*

---

10 ラ・カルプルネードとトマ・コルネイユに同名の作品がある。この作品は前者である。

第 2 部　『マウロの覚書』注解

『メネクム兄弟』
『ティリダット』*

現在上演している戯曲のメモ

コルネイユ	1 [11]	『シュレナ』
	2	『エディップ』
	3	『セルトリユス』
	4	『ロドギュンヌ』
	5	『ドン・サンシュ・ダラゴン』
	6	『嘘つき男』
	7	『オラース』
	8	『ポンペ』
	9	『ニコメード』
	10	『エラクリウス』
	11	『シンナ』
	12	『ル・シッド』
	13	『ポリュークト』
	14	『オトン』
ラシーヌ	15	『ラ・テバイッド』
	16	『アレクサンドル大王』
	17	『アンドロマック』
	18	『ブリタニキュス』
	19	『ベレニス』
	20	『バジャゼ』
	21	『ミトリダート』
	22	『イフィジェニー』
	23	『フェードル』
トマ・コルネイユ	24	『カンマ』
	25	『スティリコン』
	26	『アンティオキュス』

---

11 作品に付された番号は、原文についている。

	27　『アリアーヌ』
	28　『テオダ』
	29　『エセックス伯爵』
	30　『己自身の牢番』
	31　『ドン・ベルトラン・ド・シガラル』
	32　『セヴォール』
	33　『ヴァンセスラス』
	34　『マリヤンヌ』
	35　『ベリセール』
	36　『エリード姫』
	37　『クリスパンの音楽家』
	38　『ドン・ジャフェ・ダルメニー』
モリエール	39　『人間嫌い』
	40　『守銭奴』
	41　『女房学校』
	42　『あだっぽい母親』
	43　『女判事で訴訟の当事者』
	44　『しゃれ者の女たち』
	45　『女隊長』
	46　『ランセ』
	47　『アルジェリー』
	48　『クリスパンの貴族』
	49　『ジョドレ、あるいは主人になった召使い』

ゲネゴー座[12]

『謎の男』

『町人貴族』

『アンフィトリヨン』

『ソリマン』

『アスパール』

『ザイード、グルナードの王女』[13]

---

[12] オテル・ド・ブルゴーニュ座はゲネゴー座と合併して、コメディ＝フランセーズを創立、劇場をゲネゴー座に移した。この記載は、以後の演目がゲネゴー座での上演であることを示している。

第2部 『マウロの覚書』注解

『石像の宴』
『ソリマン』
『アガメムノン』
『ザイード』
『ピラムとティスベ』
『エルキュール』1682年[14]
ラ・シャペル氏の『クレオパートル』
ジュネ氏の『ゼロニード』1682年
コルネイユ氏の『ティットとベレニス』
『テレフォント』[15]
『題名のない喜劇』
『離婚』1683年
『とっぴな医者』*
ジュネ氏の『ペネロープ』
カンピストロン氏の『アルミニウス』
『見えない婦人』1684年
ルヴァール氏の『アレクサンドルとアリストビュルの死』
『アジャックス』*
カンピストロン氏の『アンドロニック』
カンピストロン氏の『恋する恋人』
カンピストロン氏の『アルシビアッド』*[16]

小喜劇[17]
『訴訟狂』

13　4行下に同名の作品がある。おそらく同一作品で再演を示すものと思われる、ただし、「グルナードの女王」という副題の付いたテキストは現存しない。
14　以下の年代は、上演された年代を示す。
15　ジルベールとラ・シャペルに同名の作品がある。この作品は後者である。
16　原文では『アンニバル』Annibale mr Capistron と記されているが、カンピストロンにこの題名の作品はない。メモと比較すると、カンピストロン Campistron の『アルシビアッド』 Alcibiade の誤記である。
17　コメディ＝フランセーズでは原則として一晩に2作品が上演されたが、「小喜劇」は主要な作品に添えられて上演された喜劇を指す。

『モリエール断章』
『モリエールの幽霊』
『喪服』
『宿屋の夕食後』
『クリスパンの医者』
『プールソーニャック氏』
『才女気取り』
『うるさがた』
『ラ・クラース男爵』
『用意できなかった晩餐』
『やきもち焼きの学校』
『ニカンドル兄弟』
『スガナレル』
『恋は医者』
『いやいやながら医者にされ』
『クリスパンの恐怖』
『弁護士パトラン』*
『別荘』*
『賢者の石』
『強制結婚』*
『デスカルバニャス伯爵夫人』*
『オルレアン行きの辻馬車』*
『無の結婚』*
『自分のにせ者』*
『無学な弁護士』*
『気が触れた貴族』
『村の婚礼』*
『クリスパンの才子』
『押韻詩』
『恋に目がくらんだ男』*
『ドン・パスカン・ダヴァロ』*

1684年　　『偽の御者』
『ソローニュの愚か者』*

第2部　『マウロの覚書』注解

『竜騎兵』*
『冷血漢』*

陛下のご庇護を受ける国王の俳優たちによって上演される戯曲の舞台装置のための覚書[1]

---

[1] メモの冒頭にこの見出しが付けられている。おそらくはロラン・マウロがメモをまとめた時に付けたものか。

デュ・リエ『アマリリス』

第1章　オテル・ド・ブルゴーニュ座 I

デュ・リエ氏の田園劇『アマリリス』のために

　舞台中央は草むらの田園風景かそれを描いた幕。舞台の一方の袖に岩の作り物と洞窟。もう一方の袖には泉の作り物、水が流れていても、枯れていてもいい、泉の近くにも洞窟。舞台中央には1本の緑の木。花飾りの帽子3個と花束1束、投槍と羊飼いの杖。

＊　デュ・リエ Du Ryer の田園劇『アマリリス』Amarillis、初演1631年頃、初版1651年。舞台の設定は作品にない。アマリリスは、羊飼いのフィリドールと愛し合っている。しかしアマリリスの父親は、彼女に恋敵のエルガストとの結婚を命じる。二人は駆け落ちしようする。一方、エルガストは、恋の妨げになると、自分を慕う女羊飼いを森で殺そうとする。エルガストは羊飼いたちに捕えられるが、女羊飼いに許されて改心する。アマリリスとフィリドールは結婚を許される。
　台詞から場面を大別すると、森に隣接した小川に近い田園、小川の畔、森の3ヶ所である。第1幕は舞台中央奥の「草むら」で、フィリドールとエルガストはアマリリスを前に彼女の愛を争う。第2幕と第3幕は小川の近くの田園で、舞台上手の「泉」がそれにあたる。アマリリスはフィリドールに、すばらしい詩を作ったら考えてもいいと条件を出す。フィリドールはアマリリスに詩を捧げて、愛を受け入れられる。しかし、エルガストがその詩を横取りして、ほかの女羊飼いに与える。エルガストの企みで、アマリリスはフィリドールと仲たがいする。第4幕第1場で、アマリリスの父親はアマリリスに、エルガストとの結婚を命じる。場面は、やはり「草むら」だろう。第2場で、エルガストは、恋の妨げになると、自分を慕う女羊飼いを殺そうと森に連れ込む。第4幕第2場から第5幕の終わりまで、舞台下手の「岩の作り物と洞窟」が森にあたる。第3場で、アマリリスとフィリドールはエルガストの企みに気づいて、仲直りし、駆け落ちしようと、泉に近いほうの「洞窟」に荷物を隠す。エルガストは羊飼いたちに捕えられるが、女羊飼いに許されて、彼女と結婚する。一部始終を見ていたフィリドールとアマリリスが「洞窟」から出てきて、結婚を許される。「花飾りの帽子」は、第1幕第2場に登場する女羊飼いたちのかぶる帽子である。「杖」とともに羊飼いの常套的な小道具である。「花束」は、第1幕第2場でアマリリスがフィリドールに与える。「投槍」は、第4幕第7場でエルガストの従僕が女羊飼いの1人を殺そうとする時の武器である。

　［テキスト］Du Ryer, Pierre, *Amarillis, pastorale*, Paris, T. Quinet, 1651.

ロトルー『逸した機会』

第1章　オテル・ド・ブルゴーニュ座Ⅰ

ロトルー氏の戯曲『逸した機会』のために

　舞台中央、庭園の中に宮殿が必要。その宮殿には、格子のはまった2つの窓と2つの階段、そこで2人の恋人が言葉を交わす。舞台の一方の端には森の中の泉、もう一方の袖には森の中の廃屋。第1幕に、ウグイスが要る。第3幕と第5幕では、夜と月と星をだす。円形盾、投槍、フルーレ、ろうそくの明かり、銀か他の何でもいいが燭台。また金の指輪1個と従僕の短外套1着。

＊　ロトルーRotrouの悲喜劇『逸した機会』*Les Occasions perdues*、初演1633年、オテル・ド・ブルゴーニュ座、初版1635年。作品に舞台の設定はないが、台詞から舞台はナポリである。ナポリの女王はシチリア王の使節クロリマンを一目見て恋をする。身分違いのため、侍女のイザベルの名前で、顔を隠してクロリマンと会い、明晩の再会を約す。クロリマンに宛てた女王の手紙が、間違ってシチリア王の手に渡る。クロリマンに代わって、シチリア王が女王の寝所に入る。一夜明けて、相手がシチリア王であることに気づくが、クロリマンの説得を受け入れて、結婚することにする。
　スケッチから、場面は舞台中央に「庭園の中に宮殿」、舞台下手に「森の中の泉」、舞台上手に「森の中の廃屋」に大別できる。第1幕第1場のト書きに「彼ら（家臣）が森の奥に入る」とあり、舞台下手の「泉」のある「森」で、「ウグイス」はそのための小道具である。女王は、森で暗殺者に襲われたクロリマンを救う。第4場で、暗殺者たちは舞台上手の「森の中の廃屋」の前を逃げ去る。第2幕から第5幕の主な場面は、舞台中央の「格子をはめた2つの窓と2つの階段」のある「宮殿」と「庭園」である。第2幕第1場で、女王がクロリマンを伴って狩から帰ってくる。第1場のト書きに「宮殿の中庭（庭園）」、第2場のト書きには「（イザベルが宮殿の）窓辺に現れる」とある。第3幕第1場に「庭園の窓辺」というト書きがあり、女王は侍女のふりをして、クロリマンと「そこで2人の恋人が言葉を交わす」。第4幕第1場でシチリア王が到着するが、ト書きは「宮殿の中庭（庭園）」である。第4幕でクロリマンとイザベルが今夜の逢引を約束するのも、宮殿の「格子をはめた2つの窓と2つの階段」である。第5幕第5場と第6場は、ト書きでは「イザベルの（部屋の）窓辺」、第7場は「女王の（部屋の）窓辺」へシチリア王が忍んできて、女王の部屋に入る。「円形盾、投槍、フルーレ」は、第1幕でクロリマンが暗殺者に襲われた時と第5幕でシチリア王が襲われる時に使われる。「金の指輪」は女王とシチリア王の婚約指輪で、第5幕第3場で使われる。

　［テキスト］Rotrou, Jean de, *Théâtre complet* 11, Paris, Société des Textes Français Modernes, 2014.

ゴンボー『アマラント』

ゴンボー氏の田園劇『アマラント』

　第1幕第1場に馬が牽く二輪車に乗った曙の女神を登場させる。ウグイス、しかし、芝居の冒頭に夜が必要。舞台はすべて田園風景、洞窟、草むらと花々がなくてはならない。1本のミルトの木、そこに羊飼いをつなぐ、森。投槍、矢筒、弓、矢、羊飼いの杖、首枷1個、そして花飾りの帽子2個。

＊　ゴンボー Gombauld の田園劇『アマラント』 Amaranthe、初演1630年、初版1631年。「舞台はフィリジー」である。アマラントとアレクシスは、互いに相手を想っている。アマラントは森で牧神に襲われるが、アレクシスに救われる。その時、アマラントはベルトを失くす。アマラントの父親は、ベルトを見つけた者を婿にする、ベルトが見つからなければ鹿をしとめた者を婿にする、と宣言する。アレクシスは女神の鹿を殺したと誤解されて、ディアナの神託によって生贄にされようとする。そこへ、アレクシスの父親が故郷に帰ってくる。彼はアマラントの父親の友人で、誤解が解けて、アレクシスとアマラントの結婚が決まる。
　メモによれば、「舞台は、すべて田園で、洞窟、草むら、花々」である。スケッチでは、舞台中央奥が「田園」で、上手に「森」、その前に「1本のミルトの木」、下手には「洞窟」がある。第1幕の前のプロローグで、「曙の女神」が上の舞台に登場し、「ウグイス」が鳴き、「夜」が明ける。第1幕でアマラントとアレクシスが、「草むらと花々」の中で、愛を語り合う。舞台中央奥の「田園」の前だろう。第2幕、第3幕、第5幕は数場を除いて舞台上手の「森」で、鹿狩りが行われる。アマラントの仲間のメリットが、水の精ダフニスの従者ダモンを避けようと、第2幕第2場で「ミルトの木」の影に隠れる。第3幕でアマラントが牧神に襲われて、ベルトを失くす。第3幕第2場ではアレクシスはベルトを拾うが、その場で眠りこけて、恋敵にベルトを盗まれる。台詞に「泉の近く」と語られているが、メモに「泉」は記されていないし、スケッチにも見当たらない。舞台下手の「洞窟」が、この場面であろう。第4幕で、アマラントの父親が娘を救った者を婿にすると宣言するが、場面の指示はない。第5幕第2場では、神託が下り、神の鹿を殺したアレクシスを生贄にするため、舞台前景の「ミルトの木」に縛り付ける。「首枷」はアレクシスにつけられる。「矢筒、弓、矢」は、アレクシスが生贄にされようとする場面で使われる。「投槍」は、第3幕第6場の猟師たちが持っている。「花飾りの帽子」は、第1幕第2場でアマラントとメリットがかぶっている。
　［テキスト］Gombauld, Jean de, *L'Amaranthe de Gombauld*, Paris, F. Pomeray, A. de Sommaville et A. Soubron, 1631.

バロ『クロリーズ』

バロ氏の田園劇『クロリーズ』

　岩山が必要、そこには断崖があり、そこから羊飼いが身を投げる、身を投げる時に物音が要る。また田園劇のあいだ流れる泉が要る。舞台中央に叢林、そこで葉陰越しに演技を見せる。また1本の木が要る、そこに詩句を刻む演技をする。短刀1振り、ナイチンゲール、木の枝の茂みが要る。舞台は全面、岩山でなければならない。

＊　バロ Baro の田園劇『クロリーズ』*Clorise*、初演1631年、初版1632年。「舞台は森」で、リニョン川のほとりである。親同士の話し合いで、クロリーズとエラストの結婚が決まる。クロリーズはひそかにアリドールを愛しているが、アリドールに恋する女友達への友情も裏切れない。アリドールはクロリーズの冷たい態度に絶望して、リニョン川に身を投げるふりをする。この狂言で、クロリーズの本心が明らかになり、二人は仲直りする。アリドールは短刀でエラストを脅して、クロリーズを諦めさせる。父親は、クロリーズとアリドールの結婚を認める。

　第1幕で親同士がクロリーズとエラストの結婚を決めるが、場面を特定する指示は見出せない。舞台手前で演じられたのだろう。第2幕で、クロリーズは愛と友情の板挟みに悩む。場面は舞台中央の「叢林」の前である。クロリーズはアリドールが来るのに気づいて、隠れて、「葉陰を通して」彼の様子を窺う。台詞に「ナイチンゲール」が出てくるのも、この場面である。第2幕第4場で、アリドールの兄弟が舞台下手の岩山の右隣の「1本の木」に、「短刀」で「詩句を刻む」。第3幕で、アリドールはクロリーズから色よい返事をもらえず、絶望して舞台下手手前の「岩山」の「断崖」から身を投げる。第4幕で、クロリーズの父親が彼女に、エラストとの結婚を命じる。場面はクロリーズの家の前が妥当と思われるが、場面の指示はない。第1幕同様、舞台手前で演じられたのだろう。第5幕、クロリーズとアリドールは相談する。エラストが「葉陰を通して」二人の様子を窺う。場面は舞台上手の「泉」の前である。「短刀」は、第1幕第5場でアリドールに恋する女羊飼いが、受け入れてもらえなければ「短刀」で自殺すると迫る。第5幕第5場でアリドールは、結婚できないならば「短刀」で自殺しようとする。第6場で、クロリーズを諦めるように、アリドールはそこを通りかかったエラストを「短刀」で脅す。

［テキスト］Baro, Balthasar, *La Clorise de Baro*, Paris, A. de Sommaville, 1632.

デュ・リエ『リザンドルとカリスト』

第1章　オテル・ド・ブルゴーニュ座 I

デュ・リエ氏の戯曲『リザンドルとカリスト』

　舞台中央に、サン・ジャック通りに小さな要塞が必要、その通りには1軒の肉屋を置き、そして肉屋の家には窓を作り、それは格子のはまった牢屋の窓と向いあっている。そこからリザンドルがカリストと話すことができる。それは第1幕のあいだは隠されていなくてはならない、そして第2幕にしかそれは現れない、そして同じ幕で再び隠される。幕は宮殿として役立つ。舞台の一方の袖には、山の上に隠者の庵とその下に洞窟、そこから隠者が登場する。舞台のもう一方の袖には2、3段の階段のある1部屋、そこへ後ろから人が入る。兜、面頬なしの兜、円形盾、トランペット、半分に折れる剣1振り、また夜が要る。

＊　デュ・リエ Du Ryer の悲喜劇『リザンドルとカリスト』 *Lisandre et Caliste*、初演1630年頃、初版1632年。舞台の設定は作品にないが、フランスである。リザンドルの恋人のカリストの夫が殺されて、リザンドルに下手人の疑いがかけられる。カリストは共犯者として投獄されるが、リザンドルがカリストを脱獄させる。カリストを彼女の実家で匿ってもらった後、リザンドルは騎馬試合に参加するためイギリスにわたる。その間に、リザンドルを裁く決闘が行われ、彼の無実が認められる。帰国の途中、リザンドルの乗った船が難破して、フランスの浜辺にたどり着く。リザンドルが宮廷に出頭すると、下手人が犯行を自白し、容疑が晴れて、リザンドルとカリストは結ばれる。
　第1幕でリザンドルの果し合いとカリストの夫の殺害がなされる。台詞によれば、場面は平原と森を分ける山の後ろ、カリストの家とその前の夜道である。山に当たるのは、メモでは、舞台下手の「山の上に隠者の庵とその下に洞窟」である。「隠者の庵」と「洞窟」は岩山の常套的な舞台装置で、メモに「隠者が出てくる」と記されているがこの作品には登場しない。また、カリストの家は、舞台上手の「2、3段上がった1部屋」である。この「部屋」は、カリストの家として以外にその他の場面の家としても使用されたと思われる。第2幕で、カリストはリザンドルの殺人の共犯者として投獄される。カリストの投獄された牢屋は、「舞台中央のサン・ジャック通りの小さな要塞」で、「その通りには1軒の肉屋があり、そして肉屋の家に窓を作り、それは格子のはまった牢屋の窓に向いあっている」、それぞれの窓から「リザンドルがカリストと話す」。第3幕は脱獄後、リザンドルとカリストが身を寄せた家は、第1幕と同じ「部屋」が使われたものと思われる。第4幕第1場で、「宮殿」の前でリザンドルを裁くため決闘が行われるが、メモに「幕は宮殿として役立つ」とあるから、「宮殿」は背景幕に描かれている。この場面で「兜、面頬なしの兜、円形盾、トランペット」が使われる。第3場はリザンドルが遭難してたどり着いたフランスの浜辺である。この場面

67

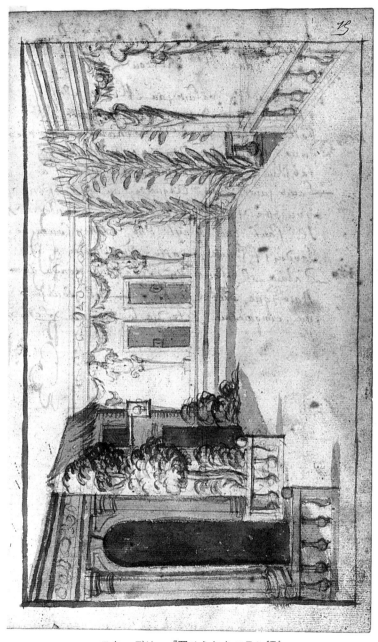

スキュデリー『罰せられたペテン師』

に当たる舞台装置は見当たらない。おそらく舞台手前で演じられたのだろう。第5幕は「宮殿」で、カリストの夫殺しを犯人が自白し、リザンドルの無実が認められる。「剣」は、第1幕第3場の果し合いで使用されて、戦いの途中で「折れる」。

　［テキスト］Du Ryer, Pierre, *Lisandre et Caliste*, Paris, P. David, 1632.

スキュデリーの戯曲『罰せられたペテン師』

　舞台中央に3、4段の階段の上に美しい宮殿、1軒の家で表して、そこに並んだ2つのドアまたはそのだまし絵を作る。舞台の一方の袖には、デンマークの王のためのもう1つの宮殿、その宮殿の横に1軒の小屋、そこには「楡の木」と書いた看板がある。負傷者を乗せる担架1台が要る。舞台のもう一方の袖には、立派な庭園。花々、果実、ぶどうの木、キヅタの絡んだ小石、泉、小川。また美しい1部屋、テーブル1台、腰掛2脚、インクとペンがそえられたインク壺1個、用紙、本。ほかに必要なものは、海、槍、兜2具、円形盾2枚とフルーレ、トランペット、角笛1管、テーブルの上に置くろうそく付きの燭台。また第1幕には夜が要る。

　＊　スキュデリー Scudéry の悲喜劇『罰せられたペテン師』*Le Trompeur puni, ou l'Histoire septentrionale*、初演1631-32年、初版1633年。舞台の設定は作品にないが、大別するとイギリスとデンマークである。アルシドールとネレの仲を裂こうとした恋敵は、アルシドールに刺殺される。一方、ネレは、イギリス国王から、デンマーク王の寵臣アルカンドルとの結婚を命じられる。アルシドールはデンマークに赴き、誰とも知らずに、アルカンドルを暴漢から救う。アルシドールは、デンマーク国王の前でネレを賭けたアルカンドルとの決闘に勝利して、ネレとの結婚を許される。
　場面は、イギリスとデンマークが交互に入れ替わり、1つの幕の途中でイギリスからデンマークに場面が移動することもある。第1幕第1場はイギリスの森で、アルシドールの恋敵が二人の仲を裂く計画をめぐらしている。森に当たる舞台装置は見いだせない。第1幕第2場から第4場と第2幕第6場と第7場はネレの家。スケッチには、舞台上手に庭園があるが、その手前にある「美しい部屋」がネレの家になる。第2幕は、王宮の前の通りとネレの家である。イギリスの宮殿は、「舞台中央の3、4段の階段の上の美しい宮殿」で「2つのドア、そこにだまし絵」がある。第3幕第1場と第2場はイギリス王宮の庭で、舞台上手奥の「立派な庭園」で国王がネレをデンマーク王の寵臣に嫁がせるかどうか、思い悩む。第3幕第5場から第8場で、デンマーク王の寵臣との結婚を言い渡されたネレが、「美しい部屋」で嘆く。第4幕第3場と第4場でアルシドールはデンマークに渡り、森で暴漢に襲われたアルカンドルを助ける。舞台下手奥の「1軒の小屋」の近くであろう。「担架」は負傷したアルカンドルを運ぶた

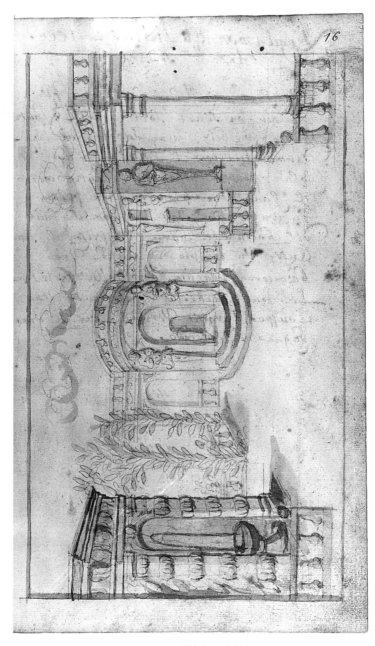

ロトルー『忘却の指輪』

めのものである。第4幕第5場と第6場で、アルシドールは「宮殿の横の1軒の小屋、そこには『楡の木』と書いた看板」の出ている旅籠に泊まる。第5幕第1場に、デンマークに向かうネレが乗る船と「海」が登場する。舞台下手の手前に「デンマークの王のためのもう1つの宮殿」があり、第1幕第5場と第5幕第4場から第7場までの場面で、第5幕ではデンマーク王の面前でアルシドールと寵臣が決闘する。場面転換のめまぐるしさは、世紀前半のバロック劇の典型といえよう。

［テキスト］Scudéry, Georges de, *Le Trompeur puny ou l'Histoire septentrionale*, Paris, P. Billaine, 1633.

ロトルー氏の戯曲『忘却の指輪』

　舞台中央に、手すりの支え柱のついた円形の宮殿。テーブル1脚を備えた1部屋、下に絨毯1枚、部屋には絵画1点、水差しまたは壺1個と水盤1個、タオル1枚。舞台の一方の袖に、洞窟、泉、庭園、花々。庭園と宮殿の側に黒く塗られた絞首台を隠しておき、第5幕第1場で現れる。

＊　ロトルー Rotrou の喜劇『忘却の指輪』*La Bague de l'oubli*、初演1629年1月、オテル・ド・ブルゴーニュ座、初版1635年。「舞台はシシリア島のパレルモ」である。リリアーヌに恋をした国王アルフォンスは、邪魔な父親と婚約者の公爵に無実の罪を着せて、二人を逮捕する。国王の妹レオノールは、相愛の貴族レアンドルに王位簒奪の陰謀を唆す。レアンドルは、嵌めた者の記憶を奪う指輪を手に入れて、国王アルフォンスに嵌めさせる。記憶を失った国王は、二人を一旦は釈放する。しかし、リリアーヌに指輪を与えて、記憶を取り戻した国王は再度父親と公爵を監禁させる。その後、国王は再び指輪の魔力で職務を執行できなくなり、王の妹レオノールはレアンドルを副王に推薦する。指輪をだまし取られた国王は正気を取り戻して、指輪の秘密を知る。国王は魔法にかかったふりをして、陰謀を暴露し、レオノールとレアンドルを追放し、自分の行いを反省する。
　第1幕第1場でレオノールとレアンドルが、舞台下手の「洞窟、泉、庭園、花々」で陰謀をたくらむ。第1幕第4場で彼らは魔術師から指輪を手に入れるのも、同じくこの場面であろう。舞台中央の「手すりのついた円形の宮殿」は、国王の登場する大部分の場面になる。第2幕第5場から第8場では、舞台上手の「テーブル1脚を備えた1部屋」が正気を失った王が入る「衣裳部屋」になると、全集版の校訂者のノエミ・クルテスは解している。第5幕第1場と第2場で公爵の処刑が行われようとするが、「黒く塗られた絞首台」は「隠されていて」、スケッチには描かれていない。

［テキスト］Rotrou, Jean de, *Théâtre complet* 9, Paris, Société des Textes Français Modernes, 2007.

スキュデリー『リグダモンとリディアス』

スキュデリー氏の戯曲『リグダモンとリディアス』

　舞台中央に、非常に豪華な宮殿または元老院。舞台の一方の袖に花盛りの森、その森には散歩のための広場。もう一方の袖には牢獄、牢獄の下に洞窟、そこからライオンが出てくる。鎖が要る。また、牢獄の近くに神殿か祭壇が要る。手すりの支え柱で飾られた門、それはすべて隠している。ほかには、金メッキした銀の杯1個、指輪1個かエメラルド1個。

＊　スキュデリー Scudéry の悲喜劇『リグダモンとリディアス』*Ligdamon et Lidias ou la Ressemblance*、初演1630年、初版1631年。舞台の設定は作品にない。リグダモンとリディアスは他人だが、瓜二つのように似ている。リディアスは、恋人アメリーヌを巡る言い争いの末に恋敵を殺して逃亡する。リグダモンは自分に見向きもしないシルヴィを見返そうと、フランス王に従軍して手柄を立てるが、リディアスと間違われて、投獄される。リグダモンは、刑罰としてライオンの檻に入れられる。1頭を倒したところで、恋人のアメリーヌがリディアス（実はリグダモン）と結婚することを条件に釈放される。一方、森をさまよう本物のリディアスは、シルヴィにリグダモンと取り違えられる。神殿でのアメリーヌとの結婚式のさなか、リグダモンは別の女性と結婚するくらいなら死のうと毒をあおるが、毒はただの眠り薬で、息を吹き返す。そこへリディアスとシルヴィが到着する。取り違いが分かり、許されて、2組の結婚式が執り行われる。
　第1幕は場面の移動はあるが、全体として森と付近の田園で、舞台上手の「花で飾られた森、その森には散歩のための広場」である。第2幕は戦場、リグダモンが従軍する。第3幕第1場はパリの広場、リグダモンはフランス王に従って凱旋する。いずれの場面も、メモにもスケッチにも該当する装置は見いだせない。舞台手前で演じられたのだろうか。第3幕第2場と第3場は、第1幕の森とその近くのアメリーヌの家である。第3幕第4場で、舞台下手の手前の「牢獄」にリグダモンが入れられている。第4幕第3場の裁判では「舞台中央の非常に豪華な宮殿または元老院」が法廷となる。ライオンとの格闘は、「ライオンが出てくる」「洞窟」の近くであろう。第5幕第2場で、舞台下手の「牢獄」の奥の「神殿か祭壇」で結婚式が執り行われようとする。「銀の杯」、「指輪かエメラルド」はこの場面で使われる。
　［テキスト］Scudéry, Georges de, *Ligdamon et Lidias, ou La ressemblance*, Paris, F. Targa, 1631.

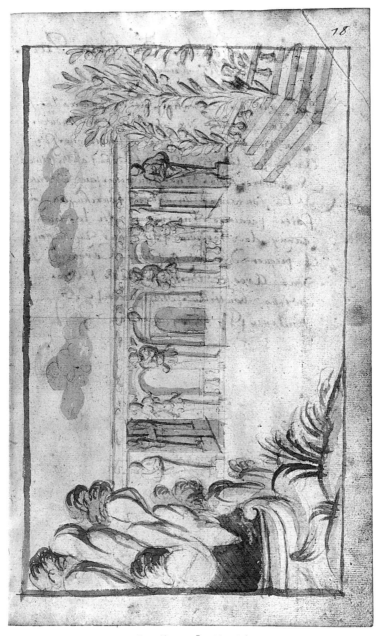

オーヴレー『マドント』

第1章　オテル・ド・ブルゴーニュ座 I

オーヴレー氏の戯曲『マドント』

　舞台中央に、低いが豪華な宮殿。後ろから上に登れる岩山、下には洞窟が必要、そこに船1艘、海を登場させる。漁師のために櫂、魚鉤、網。手すりの支え柱で飾られ、2段の階段がある美しい庭園、その階段を人が上がれる。虎が描かれて銘の入った円形盾1枚が要る。第1幕と第5幕にウグイス。第2幕では血に染まったハンカチ、指輪。兜1具、面頬なしの兜2具、そしてトランペット。

＊　原文には Madonthe Pièce de Mr. とあり、作者名が記されていないが、オーヴレー Auvray の悲喜劇『マドント』 Madonte、初演1628年頃、初版1631年。舞台の設定は作品にない。マドントとダモンは愛し合っているが、マドントの守役のレリアーヌがダモンに横恋慕して、二人の仲を裂こうとする。レリアーヌはマドントの家臣テルサンドルに、マドントが彼を愛していると思わせる。テルサンドルがマドントをなれなれしくするのに怒って、ダモンは決闘で彼を負傷させる。絶望したダモンが川に身を投げたという知らせが入る。ダモンは、通りがかりの漁師と隠者に助けられる。レリアーヌは、姪の産んだ子をマドントとテルサンドルの不義の子だと訴える。裁判が開かれて、それぞれの代理の騎士による決闘で決着をつけることになる。決闘はマドントの代理の騎士が勝利し、レリアーヌに死刑が宣告される。その後、ダモンは森で人を殺して、兵士との争いになる。テルサンドルがダモンに加勢するが、負傷して死ぬ。後を追ってきたマドントは、代理の騎士がダモンだったことを知り、二人は結ばれる。
　第1幕第3場で、舞台上手の「2段の階段がある美しい庭園」でマドントとダモンが愛を語り合う。第2幕で決闘が行われ、第2幕第6場でダモンの侍臣が「血に染まったハンカチ」をマドントに差し出して、決闘の結末を知らせる。場面は、第1幕と同様に「庭園」だろう。第3幕第3場は舞台下手の「1艘の船、海」で、「櫂、魚鉤、網」を持った漁師が身投げして死のうとしたダモンを助ける。同じく舞台下手の「後ろから上に登れる岩山が必要、下に洞窟」は、第3幕第4場の隠者の住む山の上の庵で、虫の息のダモンが運ばれる。第4幕は「舞台中央に、低いが豪華な宮殿」で、マドントの裁判が行われる。第4幕第4場は決闘の行われる広場だが、メモに指示はない。宮殿の前だろう。第5幕の場面は、台詞によれば森の中であるが、メモに指示はない、この場面でも「岩山」と「洞窟」を使ったのだろうか。「円形盾」、「そこに紋章と描かれたトラ」は、代理の騎士ダモンの盾である。「ウグイス」は、第1幕の「庭園」と第5幕の森のための小道具である。
　［テキスト］Auvray, Jean, *La Madonte du sieur Auvray*, Paris, A. Courbé, 1631.

75

アルディ『テュルリュパンの狂気』

アルディ氏の戯曲『テュルリュパンの狂気』

　舞台は田園風景でなければならない。そして、中央に草木のアーケード。そして、一方の袖に山、洞窟、その中の熊を矢で射る。もう一方の袖には、泉。泉の上に幹が太枝に分かれた木、そこに水の精を登場させる。そしてすべては草木に飾られている。牛を追う杖1本が要る、矢筒2具、弓2張、瓢箪形の瓶1瓶、小さな酒瓶1瓶、投槍、羊飼いの杖、棍棒1本。

＊　アルディ Hardy の喜劇『テュルリュパンの狂気』 *La Folie de Turlupin*、初演1626年以前、オテル・ド・ブルゴーニュ座、散逸。

テォフィル・ド・ヴィオー『ピラムとティスベの悲恋』

テォフィル・ド・ヴィオーの戯曲『ピラムとティスベの悲恋』

　舞台中央、大理石と石の壁でふさがれている。手すりの支え柱、また両側から上がるために2、3段の階段。舞台の一方の袖に、クロイチゴの木、ピラミッドで囲まれた墓。花々、スポンジ1個、血、短剣1振り、ヴェール1枚。泉のそばに洞窟、そこからライオンが登場、そして舞台のもう一方の袖に別の洞窟、そこからライオンが退場する。

＊　原文では *Pyrame et Thisbé*, piece de Mr. Theophile、ヴィオー Viau の悲劇『ピラムとティスベの悲恋』*Les Amours tragiques de Pyrame et Thisbé*、初演1621年から1623年の間、初版1621年。「舞台はバビロン」である。ピラムとティスベは愛し合っているが、お互いの家は仲が悪い。ティスベに恋する国王は、ピラムを殺そうとする。ピラムは国王の家来に襲われるが、返り討ちにする。二人は両家を隔てる壁の割れ目から話し合い、墓地で落ち合って逃げることにする。ティスベが墓地で待っていると、ライオンが現れて、ティスベはその場から逃げる。後から来たピラムは、ティスベがライオンに食われたと思い、絶望して「短剣」で自殺する。戻ってきたティスベも、ピラムが死んでいるのを見て、後を追って自殺する。なお、同じ題材を扱った作品にプラドンの『ピラムとティスベ』がある（メモ参照）。
　第1幕で、国王がピラム殺害を命じる。王宮は、メモにもスケッチにも見当たらない。前舞台で、舞台装置なしで演じられたのだろうか。ピラムの家とティスベの家は舞台中央の隣り合わせの家で、「大理石と石の壁」である。第2幕第2場と第4幕第1場で、両側から「2、3段の階段」を上って、二人は「石の壁」越しに愛を語り合う。二人はピラミッドで囲まれたニニュスの墓のある森の大木の下で待ち合わせて逃げる約束する。舞台上手手前の「クロイチゴの木、ピラミッドで囲まれた（ニニュスの）墓」が、待ち合わせの場所である。第4幕第3場で、ティスベがピラムを待っていると、その墓の後ろの「泉のそばの洞窟」から「ライオンが登場」する。舞台下手にも「もう一方の袖に別の洞窟」が設けられて、上手から下手へ舞台前景を横切って「ライオンが退場する」。ティスベがあわててその場を離れた後、第5幕第1場でピラムがやってくる。ピラムは、点々と続く「血」の痕、さらに見覚えのある「ヴェール」も見つけて、ティスベがライオンに食われたと思い込み、「短刀」で自殺する。「スポンジ」は、第5幕の自殺場面で血のりとして使用される。
［テキスト］*Théâtre du XVIIe siècle 1,* Bibliothèque de la Pléiade, Gallimard, 1975.

アルディ『パンドスト 第1日』

アルディ氏の戯曲『パンドスト 第1日』

　舞台中央に美しい宮殿。一方の袖に大きな牢獄、そこにすべてが現れる。もう一方の袖に神殿。その下に、小舟の舳先、浅瀬、葦と階段。香炉1基、水差し1口、花飾りの帽子1個、ワインで満たされた酒瓶1瓶、香袋1個、雷鳴、炎、第4幕に子供1人が要る。ほかに燭台2本とトランペットが要る。

＊　アルディ Hardy の『パンドスト第1日』*Pandoste, première journée*、初演1626年以前、オテル・ド・ブルゴーニュ座、散逸。

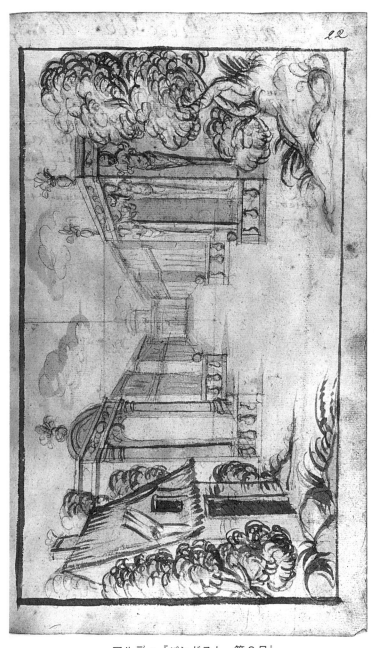

アルディ『パンドスト 第2日』

アルディの戯曲『パンドスト　第2日』

　2つの宮殿、農民の家1軒と森が必要。

＊　アルディ Hardy の『パンドスト 第2日』*Pandoste, 2 ème journée*, 初演1626年以前、オテル・ド・ブルゴーニュ座、散逸。

アルディ『オズマン』

アルディ氏の戯曲『オズマン』

　舞台一方の端に美しい庭園、もう一方には美しい１軒の田舎家、丈の低い雑木林の中の小集落の近くにある。舞台中央は宮殿。ほかに鋤１丁、鉈鎌１丁、石、乞食のマント１着、乞食の帽子１個も要る。

＊　アルディ Hardy の『オズマン』 *Ozmin*、初演1626年以前、オテル・ド・ブルゴーニュ座、散逸。

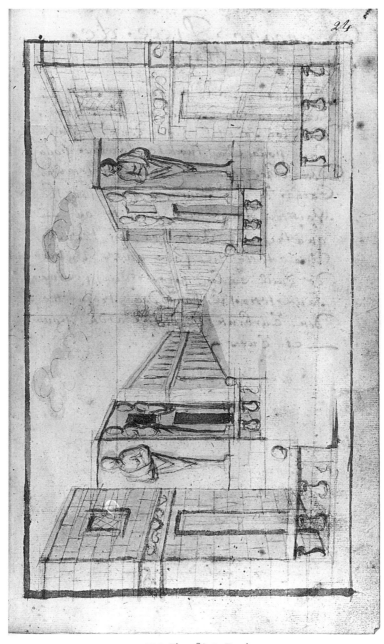

アルディ『シンティ』

アルディ氏の韻文劇『シンティ』

　第5幕に登場させる火刑台、梯子と家々が必要である。死刑執行人にはロープと髭が1つ要る。

＊　アルディ Hardy の『シンティ』 *La Cintie*、初演1626年以前、オテル・ド・ブルゴーニュ座、散逸。

アルディ氏の戯曲『ルコジー』

　舞台は豪華でなければならない。一方の袖に洞穴、そこから人が登場する。小舟2艘、1艘はトルコ人の、もう1艘はキリスト教徒のものである。墓が隠されていて、二度開かれねばならない。トルコ人の船は第4幕に登場、そこで首が切られる。葬列の担架1台も要る、それに首のない1人の女性の遺体を乗せる。トランペット、トルコ人のターバンと投槍が要る。

＊　アルディ Hardy の『ルコジー』 *Leucosie*、初演1626年以前、オテル・ド・ブルゴーニュ座、散逸。

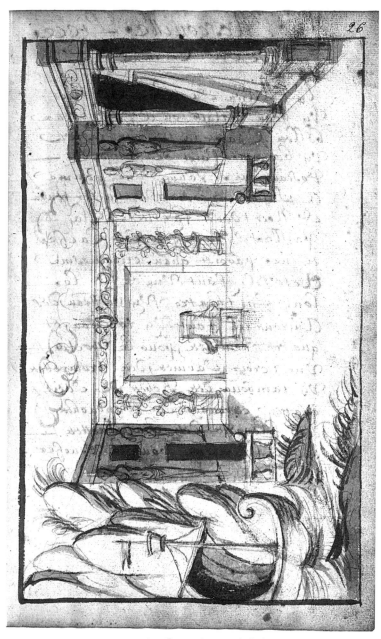

アルディ『クリダマンの狂気』

アルディ氏の『クリダマンの狂気』

　舞台中央に美しい宮殿。そして、一方の袖に海、そこにマストと帆で飾られた1艘の船が現れ、そこから1人の女性が海に身を投げる。そして、もう一方の袖には開け閉めできる美しい1部屋、そこに毛布が用意されたベッド1台がある。皿。

＊　アルディ Hardy の『クリダマンの狂気』*La Folie de Clidamant*、初演1626年以前、オテル・ド・ブルゴーニュ座、散逸。

カニュ『モスクワの女』

カニュ氏の戯曲『モスクワの女』

　舞台中央に美しい宮殿、ここに美しい高位者の椅子が2脚ある。一方の袖にイグサか葦の草むら、そこで1人の女性が救われる。もう一方の袖には、黒布で覆われた火刑台、柴2束、麦藁、それは隠されていて、第5幕にしか現れない。舞台と並行に海、一艘の船、櫂。墓石とそれを運ぶ男4人、十字形に組み合わせた武器、トランペット、太鼓、喪服、首枷4個、円形盾、フルーレ、面頬なしの兜、そして肉屋が持つ松明1本。

＊　無名の作家カニュ Canu の『モスクワの女』 *La Moscovite*、初演年代不明、散逸。

アルディ氏の戯曲『フェリスメーヌ』

　必要となるものは、舞台中央に宮殿、一方の袖に洞窟と岩山、もう一方の袖には «belle chambre»［開閉することで中の様子を見せたり隠したりできるようになっている「区画」compartiment で、内部は装飾が施されている］。また、紙とペン（複数）とインク、椅子2脚、羊飼いの杖（複数）と羊飼いの縦笛1管。

＊　アルディ Hardy の悲喜劇『フェリスメーヌ』*Félismène*、初演1615年以前、初版1626年。スペインの作家モンテマヨール Jorje de Montemayor（1520〜1561）の田園を舞台に羊飼いの男女たちを主人公とする未完の物語『ディアナ』*Los siete libros de la Diana*（1559）に題材を求めている。原作は刊行後間もないころからフランス語にもたびたび翻訳され、しかもそれぞれの翻訳が版を重ねるなど、フランスでも大いに読まれた作品である。アルディはそのなかからフェリスメーヌのエピソードを取り上げ悲喜劇に仕立てあげているのだが、第5幕が田園や森を舞台とし、フェリスメーヌが羊飼いの娘の姿で登場するのは原作の舞台を取り入れているためである。
　トレドの裕福な青年貴族ドン・フェリックスは密かにフェリスメーヌと愛しあっている。フェリスメーヌは類稀な美しさと数々の美徳を兼ね備えた娘だが、財産の点でドン・フェリックスとは釣り合わない。ドン・フェリックスの父は二人の愛を知らされ、息子をドイツ皇帝の宮廷に送り、息子の留守中によりふさわしい相手との縁組をまとめようとする。出発に際し、ドン・フェリックスはフェリスメーヌを慰め、帰ってきたら結婚しようと約束するが、ドイツの宮廷に着くと、皇帝の親族で完璧な美女セリーと出会い、フェリスメーヌのことを忘れてしまう。一方、恋人の不実を疑った

アルディ『フェリスメーヌ』

第1章　オテル・ド・ブルゴーニュ座 I

フェリスメーヌは男装してドイツにやってきて、正体を知られずにドン・フェリックスに小姓として仕えることになるが、心ならずも彼とセリーの仲を取り持つよう命じられ、セリーのもとを訪ねる。セリーは男装のフェリスメーヌに恋してしまうが、女性であるフェリスメーヌはセリーの恋を受け入れることはできない。拒否されたセリーは絶望のあまり、死んでしまう。セリーの突然の死を知らされたドン・フェリックスは、驚きのあまり逃亡する。彼の宿敵で恋敵でもあるドイツ貴族アドルフは、ドン・フェリックスがセリーを毒殺したと思いこみ、仲間の貴族たちとともに彼を追跡する。彼らがドン・フェリックスに追いついたのは、まさにフェリスメーヌが世を捨てて羊飼いの娘となって過ごしていた場所で、ドン・フェリックスが襲われているのを見たフェリスメーヌは（それがドン・フェリックスとは知らずに）助けに駆けつけ、敵たちと戦う。彼女の助けによって勝利を収めたドン・フェリックスは、自分を助けてくれたのがフェリスメーヌだと知る。かくして二人は幸福な結婚へと導かれる。

　スケッチを見れば、洞窟と岩山は舞台下手（客席から見て左側）、«belle chambre» は舞台上手（客席から見て右側）に配置されていることがわかる。舞台中央奥の宮殿だが、3つの区画に分かれていると考える方がよいだろう。中央の区画はセリーの宮殿、その両翼はそれぞれドン・フェリックスとアドルフの館と思われる。ヴィアルトンが指摘するように[2]、向かって左側（何の飾りもないドリア式柱頭が描かれている）が勇猛果敢なゲルマン貴族アドルフの館だとすれば、右側（コリント式アカンサス模様の柱頭）はドン・フェリックスの館となるだろう。

　小道具の紙とペン（複数）とインクだが、おそらくセリーが手紙を書く場面（第3幕）のために用意されていると思われる。だが、戯曲を読めば、セリーは手紙を書くと言って一度舞台から退くようになっているので、実際には使われなかったかもしれない。もしも紙とペンとインクを使うとしたら、セリーが手紙を書いている奥の部屋の様子が観客にも見えるように舞台装置がつくられている必要があっただろう。

　椅子2脚が使われる場面はいくつかの可能性が考えられる。まず第1幕第2場が «belle chambre»（そこがフェリスメーヌの家という設定）で演じられるなら、そこに置かれていても不自然ではない。次の可能性は、第3幕でフェリスメーヌがセリーの宮殿を訪れる場面でセリーの部屋に、また第4幕第1場と第3場のドン・フェリックスの館の中の書斎、あるいは第4幕第2場のセリーの部屋に置かれるかもしれないが、その場合はドン・フェリックスの部屋に1脚、セリーの部屋にもう1脚がそれぞれ配置されると考えることもできるだろう。というのも、これらの場面に登場するのはセリーとフェリスメーヌ、またドン・フェリックスとフェリスメーヌとなるわけだが、フェリスメーヌの身分（ドン・フェリックスに仕える者ということになっている）からすれば、彼女がセリーやドン・フェリックスとともに椅子に座ることは考えにくいからである。もしも第3幕でセリーが手紙を書く様子が観客からも見えるように演じ

2　cf. Vialletan, Jean-Yves, Introduction à *Felismène*, in Alexandre Hardy, *Théâtre complet*, Tome III, p.396.

アルディ『イザベルの狂気』

るのなら、マウロのメモには記されていないが、椅子だけでなく机も必要になってくる。また第4幕第1場と第3場がドン・フェリックスの書斎となるなら、そこにもやはり机が置かれている方が自然だろう。

　羊飼いの杖と縦笛が第5幕第2場で使われるのは確かである。なお、第5幕第2場でフェリスメーヌは弓矢でアドルフを（そしておそらくもう一人の追手も）倒すので、小道具として弓矢が必要になるはずであるが、なぜかメモには記されていない。書き忘れたということだろうか。

［テキスト］

　Le Theatre d'Alexandre Hardy Parisien, Tome troisiesme, Paris, Jacques Quesnel, 1626.

　Le Théâtre d'Alexandre Hardy, éd. par Edmund Stengel, Marburg, N. G. Elwert et Paris, H. Le Soudier, 1883-1884, 5 vol, 1883.

　Alexandre Hardy, *Théatre complet*, Tome III, Édition critique par Tomoki Tomotani et Jean-Yves Vialleton, Paris, Classiques Garnier, 2013.

アルディ氏の『イザベルの狂気』

　舞台は美しくなくてはならない。一方の袖に美しい部屋、そこに美しいベッド1台、座れる椅子。その部屋は、数回開いたり閉じたりする。あなた方（道具方）がそうしたければ、舞台中央に置いてもかまわない。

＊　アルディ Hardy の『イザベルの狂気』*La Folie d'Isabelle*、初演1626年以前、オテル・ド・ブルゴーニュ座、散逸。なお、「あなた方」とは、装置を作るにあたって道具方への注意を促している呼びかけである。ほかにも、「だまし上手」など道具方への指示が書かれていることがある。

アルディ『コルネリー』

アルディ氏の戯曲『コルネリー』

　舞台の一方の端に隠者の庵、もう一方の袖に開け閉めできる部屋。剣、円形盾。

＊　アルディ Hardy の悲喜劇『コルネリー』Cornélie、初演1614から1625年の間、オテル・ド・ブルゴーニュ座、初版1626年。舞台の設定は作品にないが、台詞から舞台はボローニャである。2人のスペインの学生が、ボローニャの路上で奇妙な体験をする。ドン・ジュアンは、通りで新生児を押し付けられる。その後、暴漢に襲われているアルフォンソを救った。一方、ドン・アントワーヌは、途方にくれている女性コルネリーに出会い、家に連れて帰る。ドン・ジュアンが預かった赤子はコルネリーの子供だった。コルネリーが真相を打ち明ける。コルネリーとアルフォンソは愛し合い、ひそかに子供が生まれたが、コルネリーの兄の憎しみを買って、アルフォンソは命を狙われている。ドン・ジュアンの仲介で兄とアルフォンソが話し合うが、コルネリーは「隠者の庵」に逃げ隠れる。隠者の庵でコルネリーとアルフォンソは再会し、結婚の約束が成立して、兄の憎しみも解ける。

　舞台中央はアーケードが奥に向かって続いている。ロレンソンは、純正な透視図法を使った舞台の典型例として挙げている[3]。舞台上手の「開け閉めできる部屋」は、第1幕第2場でドン・ジュアンが招きいれられたコルネリーの家である。「剣と円形盾」は、第1幕第4場でアルフォンスと暴漢の争いで使われる。舞台下手にあるのが、第5幕第1場の「隠者の庵」である。

　［テキスト］Hardy, Alexandre, *Théâtre complet Tome II*, Paris, Classiques Garnier, 2015.

3　Lawrenson, T. E., *The French stage in the XVIIth century, a study in the advent of the Italian order*, Manchester University press, 1957, p136.

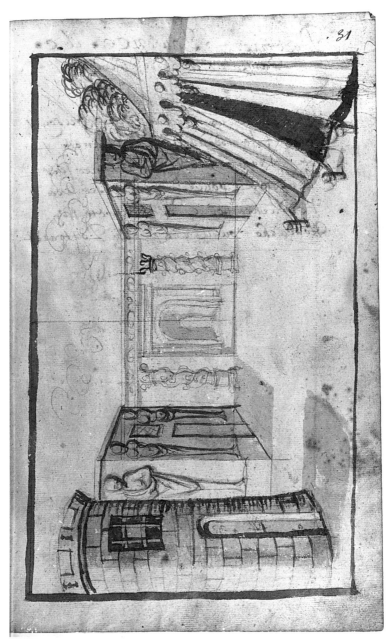

アルディ『美しきジプシー娘』

第1章　オテル・ド・ブルゴーニュ座 I

アルディ氏の『美しきジプシー娘』

　舞台中央に宮殿が必要、一方の袖にテント、それに麦藁、血、布切れ、皿1枚、火が入ったコンロ、もう一方の袖に牢獄。

＊　アルディ Hardy の悲喜劇『美しきジプシー娘』 *La Belle Egyptienne*、初演1626年以前、オテル・ド・ブルゴーニュ座、初版1626年。セルバンテス『模範小説集』 *Novelas Ejemplares*（1613年）の「ジプシー娘」 La Gitanilla を下敷にしている。
　セビリアの長官の娘コンスタンスは、幼いときジプシーの老婆にさらわれ、ジプシーの娘プレシューズとして育つ。その彼女に、裕福な貴族の一人息子ドン・ジャンが恋し、彼女と結婚するためにジプシーの仲間となる。二人が仲間たちと旅する途中に訪れた村で、ある裕福な娘がドン・ジャンに恋してしまうが、ドン・ジャンに拒否されると、逆恨みして彼に宝石を盗まれたと嘘をつき訴えたので、兵士と村人たちがドン・ジャンを捕らえに来る。濡れ衣を着せられたドン・ジャンは、兵士に平手打ちされたため、その侮辱に怒って兵士を殺してしまう。ドン・ジャンは逮捕投獄され、セビリアで裁かれることになるが、プレシューズが長官の娘コンスタンスであることがわかり、そのとりなしで救われる。長官は、ドン・ジャンが旧知の貴族の息子だと知り、コンスタンスとの結婚を認める。
　舞台中央奥の宮殿は、実際には3つの「区画」 compartiment からなるもので、中央はセビリアの長官ドン・フェルディナンの館（第2幕第3場、第5幕第1場〜第3場、第5場）、両脇はそれぞれマドリードのドン・ジャンの住まい（第1幕第1場ドン・ジャンの独白が終わるまで）とドン・サンショ（プレシューズに恋し、クレマンと名乗ってその後を追う青年貴族）の住まい（第1幕第2場）と考えてよいだろう。
　舞台下手に描かれている牢獄は第5幕第4場で使われる。また上手に描かれているテントはジプシーの老婆のテントという設定で、老婆の娘として育てられたプレシューズのテントでもある。テントは舞台上の同じ場所に設けられるのだろうが、実は筋の展開に応じて移動することになる。
　小道具の麦藁、血、布切れ、皿1枚、火が入ったコンロは、第3幕第1場から第2場にかけて使われる。プレシューズにひかれて彼女のあとを追ってきたクレマン＝ドン・サンショがジプシーの犬たちに噛まれた（第3幕第1場）ので、ジプシーたちが手当てするために老婆のテントに運んでくる（第3幕第2場）。クレマンはテントの中の麦藁の上に寝かされる。血は彼が血まみれになっているのをみせるため、布切れは包帯のかわり、皿とコンロは老婆に言われてプレシューズが皿にいれて持ってきた傷薬を火の入ったコンロで温めるのに使うという段取りだろう。
　次に劇が演じられる場所についてである。
　第1幕はスペインのマドリード。第1場、ドン・ジャンは住まいの中かその前にい

アルディ『パルテニー 第1日』

てプレシューズが通りかかるのを見張っている。そこにプレシューズとジプシーの老婆がやってくるのを見て、ドン・ジャンは出てきて彼女たちとのやり取りとなる。彼らが舞台から去った後、第2場では、彼らを見送るようにしてドン・サンショが住まいの中で、あるいは住まいから出てきて独白する。

　第2幕の場所は、台詞からは特定できないが、第3場でセビリア長官とその妻（コンスタンス＝プレシューズの両親）が登場するので、セビリアとするのが自然だろう。さらに第1場でドン・サンショがプレシューズに詩を捧げるが、プレシューズは第4場で彼のことを「セビリアの詩人」と呼んでいる。つまり彼がこの町つまりセビリアの人だと思ったということだろう。とすれば、第1場と第2場はセビリアの町のどこか、第3場はセビリア長官の館、そして第4場は舞台上手のテントのあたり（セビリアの町の外に設営されたジプシーたちのキャンプ）ということになるだろう。

　第3幕の場所も台詞からは特定できない。ただ、第1幕がマドリード、第2幕がセビリアだとしたら、そして第4幕がセビリアに近い村だとすれば、第3幕は一行がセビリアを出てあまり遠くない場所（第4幕のセビリアに近い村がその先にある）を野営地として夜を過ごしているときのこと、と考えることができるのではないか。犬たちに噛まれて負傷したドン・サンショ＝クレマンについて「次の村まで馬に助けられて」と言うドン・ジャンの台詞も手掛かりのひとつである。

　第4幕はセビリアに近い村。ドン・ジャンに恋した娘のせいで、彼が逮捕されることになる。

　第5幕はセビリアの町、長官ドン・フェルディナンの館（第1場〜第3場、第5場）と、ドン・ジャンが閉じ込められている牢獄（第4場）。プレシューズが長官の娘コンスタンスだとわかり、ドン・ジャンは救われ、コンスタンスとの結婚が許される。

［テキスト］

　Le Théatre d'Alexandre Hardy Parisien, Tome cinquiesme, Paris, François Targa, 1628.

　Le Théâtre d'Alexandre Hardy, éd. par Edmund Stengel, Marburg, N. G. Elwert et Paris, H. Le Soudier, 1883-1884, 5 vol., 1883.

アルディ氏の『パルテニー　第1日』

　2つの宮殿、牢獄、松明2本、槍2本、トランペット、用紙、変装のための仮面、円形盾、フルーレ、肖像画の描かれた円形盾1枚。

＊　アルディ Hardy の『パルテニー　第1日』*Parténie, première journée*、初演1626年以前、オテル・ド・ブルゴーニュ座、散逸。

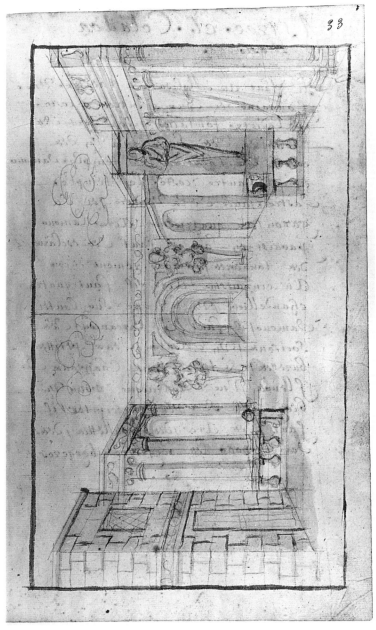

アルディ『パルテニー 第2日』

第1章　オテル・ド・ブルゴーニュ座 Ⅰ

アルディ氏の『パルテニー　第2日』

　2つの宮殿、閉じた部屋とベッド1台、担架1台、生首1個、大皿1枚、首輪1個、短剣1振り、ワインか水で満たした酒瓶1瓶、トランペット、幽霊のためのシーツ1枚、炎と導火線。

＊　アルディ Hardy の『パルテニー　第2日』*Parténie, seconde journée*、初演1626年以前、オテル・ド・ブルゴーニュ座、散逸。

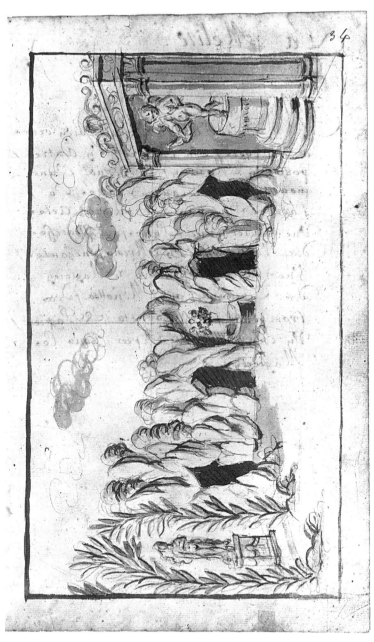

レシギエ『田園悲喜劇、アストレとセラドンの恋』

第1章　オテル・ド・ブルゴーニュ座 I

『田園悲喜劇、アストレとセラドンの恋』

　舞台中央に、泉と泉の横に2つの洞窟が必要、そこからライオンと一角獣が登場。舞台の一方の袖には愛の神の神殿、もう一方の袖にはアストレの神殿と草むらと芝生。第4幕で愛の神が空中に登場。稲妻と雷が要る。愛の神は第5幕で再び登場。愛の神の祭壇の上に4本の燭台とテーブルクロス1枚が要る。楽器の松脂、導火線、羊1頭、素焼きの小瓶2瓶、花の帽子3個、羊飼いが身を投げようとする山。弓1張、羊飼いの杖、羊飼いと女羊飼いのための投槍。

＊　原文は Astrée et Celadon, pastroralle、レシギエ Rayssiguier の『田園悲喜劇、そこでアストレとセラドンの恋にディアーヌとシルヴァンドルとパリスの恋とイラスの浮気が絡む』(『田園悲喜劇、アストレとセラドンの恋』と略す) Tragicomédie pastorale, où les Amours d'Astrée et de Céladon sont meslées à celles de Diane, de Silvandre et de Paris, avec les inconstances d'Hilas、初演年代不明、初版1630年。この戯曲は、当時の流行小説のオノレ・デュルフェの『アストレ』の第5部の翻案である。舞台の設定は作品にないが、リニョン川のほとりである。セラドンはアストレから死ねと命じられて、リニョン川に身を投げるが、生き返る。芝居はここから始まる。セラドンは女装して、アストレに近づく。セラドンが正体を現すと、アストレは怒ってふたたび死ねと命じる。セラドンは、ディアーヌに失恋したと思い込んでいるシルヴァンドルと一緒に、「愛の真実の泉」で生贄になろうとする。アストレとディアーヌも、死を求めて泉までやって来る。一角獣とライオンが現れる。2組の男女がお互いをかばいあうと、泉の魔法が解けて愛の神が現れる。愛の神は、シルヴァンドルを生贄にするように命じる。「愛の神の神殿」の前での儀式の最中、シルヴァンドルがドルイド僧の行方不明の息子のパリスで、シルヴァンドルでないことが分かり、許される。愛の神がふたたび現れて、2組の男女の結婚を命じる。

　場面はリニョン川に近い草地であるが、メモに川は出てこない。第1幕は舞台下手のセラドンが建てた「アストレの神殿」で、身投げしたセラドンが死にきれず現れる。第2幕で、友人がセラドンに女装させる。第3幕第1場と第2場はアダマスの家の前、ディアーヌに恋する男が、彼女と結婚するために羊飼いになると決意する。第3場はディアーヌの家の前で、父親が彼女の結婚相手について悩んでいる。これらの場面の舞台装置は、メモにもスケッチにもない。装置は省略されたか、前舞台で演じられたのだろう。第4幕で、男女4人が舞台中央奥の「(愛の真実の) 泉」に向かう。「泉の横のふたつの洞窟」から、「ライオンと一角獣が登場」するが、そこへ「愛の神が空中に登場」して、恋人たちを救う。「導火線」は、愛の神の登場の時の「稲妻と雷」に使

105

ランパル『ベランド』

われる。第5幕第3場で生贄の儀式が行われるのは、舞台上手の「愛の神の神殿」で、「祭壇の上に4本の燭台とテーブルクロス」がある。「羊飼いが身を投げる山」は、「愛の神の神殿」の奥に設けられているが、セラドンがリニョン川に身の投げるのは、この劇の始まる前の出来事で、場面としては登場しない。

［テキスト］Rayssiguier, De, *Tragicomédie pastorale. Ou les Amours d'Astrée & de Céladon sont meslees à celles de Diane, de Silvandre & de Paris, avec les inconstances d'Hilas*, Paris, Pierre David, 1632.

『ベランド』

　中央にきれいに飾られた宮殿。舞台の一方の袖に、山の上に魔術師の洞窟。舞台のもう一方の袖に庭園。第1幕、夜、運行する月、ウグイス、魔法の鏡1面、魔術師の杖1本。首枷または手錠、トランペット、紙袋、魔法使いのキプロス絹の帽子1個。

　＊　メモには『メリット』*La Melite* と記されているが、校訂者二人はメモの内容からランパル Rampalle の悲喜劇『ベランド』*Bélinde* と判断している。初演年代不明、初版1630年。舞台の指示は作品にない。アルメニアの王女メリットと貴族アリマンは駆け落ちするが、魔法使いの魔力で二人は別れ別れになる。メリットは男装して、シプル王に仕える。カンディの王子ポリドールはシプルの王女ベランドに恋して、女装して彼女に仕える。アルメニア軍がシプルを侵攻、メリットは偵察を命じられる。メリットとポリドールはそれぞれ変装を解いて、ポリドールが代わりに戦場に赴く。ポリドールは手柄を立てて凱旋する。アルメニアと講和が成立して、アルメニア軍に従軍して捕虜となったアリマンが連れてこられる。真相を知った国王は、ベランドとポリドール、メリットとアリマンを結婚させる。

　舞台下手の「庭園」は、第1幕第1場でメリットとアリマンが駆け落ちするために落ち合った場所である。第1幕第2場で、魔術師が舞台上手の「山の上の魔術師の洞窟」で眠り込んだ二人に魔法をかける。「夜、運行する月、ウグイス、魔法の鏡、魔術師の杖」と「魔法使いのキプロス絹の帽子1個」は、この場面で用いられる。第2幕以降の場面は、シプルの王の宮殿の内外である。「中央にきれいに飾られた宮殿」はシプルの王の宮廷で、第2幕でメリットは男装して、シプル王に仕える。第3幕は「宮殿」の国王の居室とベランドの居室と城の外である。国王の居室で、国王が女装したポリドールに恋する。城の外で、王女のベランドは男装したメリットに恋をする。男装したメリットは女装したポリドールに、自分の正体を明かす。第4幕第1場と第2場は宮廷、ベランドの居室と謁見の間である。アルメニア軍が攻めてきたという知らせが入る。第3場は城外で、「宮殿」の前である。アリマンはアルメニア軍に従軍し、メリットとポリドールは前線に向かう。第5幕でポリドールが凱旋する。場面は、「宮

デュ・リエ『アレタフィル』

殿」のベランドの居室と謁見の間である。

［テキスト］Rampalle, Daniel de, *La Belinde tragi-comédie, ou parmy le meslange agréable de diverses variétés, deux Princesses arrivent au comble de leurs désirs,* Lyon, Pierre Drobet, 1630.

デュ・リエ氏の戯曲『アレタフィル』

　舞台中央に隠された宮殿、そこには墓1基、武器、ろうそく、葬儀を表す物、2つのきらめくピラミッドがある。この宮殿の手前に、王のためのもう1つの宮殿。舞台の一方の袖に大きな塔、もう一方の袖に閉じた部屋、部屋の中に絵画、テーブル1台、燭台。第3幕は夜にする。手錠か鎖、小瓶2個、花飾りの帽子1個、手紙を結び付けた紐1本。

＊　デュ・リエ Du Ryer の悲喜劇『アレタフィル』*Arétaphile*、初演1628年頃、当時未出版（1983年に原稿を元に校訂版出版）。舞台の設定は作品にない。リビアの王子フィラルクと大臣の娘アレタフィルは愛し合っている。アレタフィルに恋心を抱く王子のニコクラットが反乱を起こし、国を奪う。アレタフィルは、ニコクラットを毒殺しようとした嫌疑で逮捕される。彼女に恋しているニコクラットは、処罰できず、彼女を釈放する。ニコクラットは、アレタフィルの妹で弟のクレアンドルの恋人に心変わりする。クレアンドルはニコクラットを恨んで、彼を刺殺する。クレアンドルは攻め寄せたフィラルクに降伏し、フィラルクとアレタフィルは結婚する。
　第1幕で、フィラルクとアレタフィルの結婚が決まる。台詞によれば、寺院の近くと王宮である。寺院はメモにもスケッチにもない。王宮は舞台中央の「王のためのもう1つの宮殿」で、多くの場面の舞台となる。第2幕で、ニコクラットの反乱が成功し、「王のためのもう1つの宮殿」で王位に就く。第2幕第4場で、「ガラスの小瓶」に入った毒薬の効き目を試すために囚人に飲ませる。第3幕で、舞台下手の「塔」がアレタフィルが投獄された牢獄で、「夜」にフィラルクが縄梯子で彼女を救出しようとする。「手紙を結び付けた紐」も、第3幕第3場で使用される。第4幕第3場は舞台下手の「閉じた部屋、絵画、テーブル、部屋の中に燭台」で、アレタフィルの妹がクレアンドルに、ニコクリットを殺すようにそそのかす。「王のためのもう1つの宮殿」の後ろの「隠された宮殿」は、第5幕第3場でアレタフィルが隠れたニコクラットの墓である。「花の帽子」は、第5幕第12場でフィラルクのかぶる勝利の栄冠である。第5幕第6場は城を包囲するアレタフィルの陣営であるが、場面はメモとスケッチにない。

［テキスト］Du Ryer, Pierre, *Arétaphile*, Genève, Paris, Slatkine, 1983.

アルディ『偽りの近親相姦』

アルディ氏の戯曲『偽りの近親相姦』

　舞台中央に葬儀の部屋、その横にたくさんのろうそくが飾られて、上に心臓の作り物の付いたピラミッドがある。葬儀を表す物とともにすべてが黒布で覆われている。一方に隠者の庵、登ったり降りたりする。その部屋は第5幕で開いたり閉じたりする。ほかに投槍と槍。

＊　アルディ Hardy の『偽りの近親相姦』*L'Inceste supposé*、初演1626年以前、オテル・ド・ブルゴーニュ座、散逸。

デュ・リエ『アルジェニス』

デュ・リエ氏の『アルジェニス』

　舞台中央に非常に豪華な祭壇、2本の燭台と灯火、香炉1基、お香。舞台の一方の袖の海の中に花火を隠す。もう一方の袖に洞窟。槍1本、生首1個とトランペット。

＊　原文では、*Poliarque et Argenis* となっている。「アルジェニス」という題名のついたデュ・リエ Du Ryer の作品は、悲喜劇『アルジェニスとポリアルク』*Argénis et Poliarque, ou Théocrine*（初演1629年、初版1630年）と『アルジェニス』*Argénis*（初演1629年、初版1631年）がある。後者は前者の続編である。メモの「祭壇」と「トランペット」は両作に共通するが、そのほかの装置は後者のみで使われるから、このメモは続編の『アルジェニス』のためのものである。『アルジェニスとポリアルク』では、シシリアの王女アルジェニスに恋したフランス王ポリアルクが王女と王位を奪おうとするリコジェーヌを降伏させて、シシリアに平和をもたらす。『アルジェニス』はここから始まる。舞台の設定は作品にない。ポリアルクはリコジェーヌの使者に襲われて、行方不明になる。リコジェーヌは、和平交渉でアルジェニスとの結婚を要求する。神意が下り、神殿でこの結婚に神の怒りが示される。幕間で、モーリタニアの王子アルコブロットがリコジェーヌを殺し、アルジェニスとの結婚が決まる。サルディニアの王ラディオバンヌがこの結婚に横槍を入れて、アルジェニスを船で誘拐しようとするが、アルコブロットに邪魔される。怒ったラディオバンヌは、アルコブロットの祖国モーリタニアを攻める。この時、フランスからシシリアに戻る途中のポリアルクが、モーリタニアでラディオバンヌを倒す。ポリアルクはシシリアに到着して、彼が携えたモーリタニアの女王の手紙で、アルコブロットが実はシシリア王の息子で、アルジェニスと兄妹であることが判明する。アルジェニスとポリアルク、アルコブロットとポリアルクの妹の結婚が決まる。

　第1幕で、ポリアルクは、シシリアの森で刺客に襲われる。第2幕第3場で彼は、舞台下手の「洞窟」に身を潜める。第2幕第5場で舞台中央奥の神殿の「祭壇」の前でリコジェーヌとアルジェニスの結婚について神意を尋ねる。「祭壇、2本の篝火と灯火、香炉1基、お香」は、この場面で使われる。第3幕第1場のト書きで「アルコブロット、槍の先にリコジェーヌの首を刺して登場」する。第4幕の海岸の場面でサルディニアの王がアルジェニスを船で誘拐しようとする。舞台の上手手前には船が置かれている。「海の中の花火」は、第1場で航路目標にあがる花火である。第5幕は、モーリタニアからシシリアの宮廷に場面は移り、アルジェニスとポリアルクの結婚が決まる。

　［テキスト］Du Ryer, Pierre, *Argenis et Poliarque, ou Théocrine*, Paris, N. Bessin, 1630.
　Du Ryer, Pierre, *L'Argenis du sr Du Ryer, tragi-comédie. Dernière journée*, Paris, N. Bessin, 1631.

作者不詳『三人の似た者同士』

『三人の似た者同士』

　舞台は田園風景、だまし上手（道具方）に一任。同じような服3着、靴3足、上履き、膏薬、ほら吹きの付け髭2つとベギン帽2個、小麦粉、飾りのいっぱい付いた非常に長いベルト1本、カブ、根菜、たまねぎ、ねぎ、大蒜、パイ、菓子、タルト、小銭入れ、そしてベルトの端には非常に大きな汚れた1通の手紙。さらに、投槍、羊飼いと女羊飼いの杖、服とそろいのよく似た帽子3個。

＊　作者不詳の田園劇『三人の似た者同士』*Les Trois Semblables*、初演年代不明、散逸。

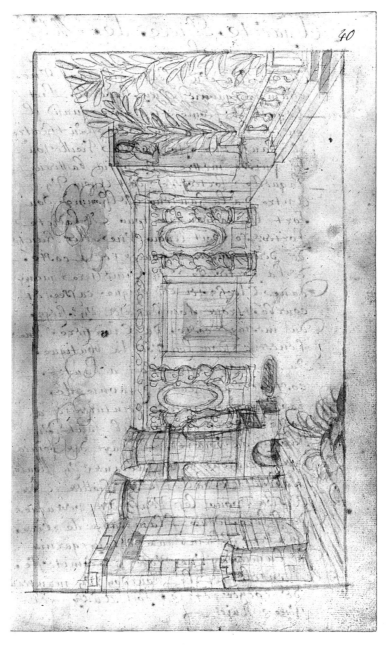

ピシュー『不実な女友達』

ピシュー氏の『不実な女友達』

　舞台中央に宮殿。舞台の一方の袖に井戸。井戸の横に城と跳ね橋。舞台のもう一方の袖には、庭園、そこに上る２、３段の階段。庭園の近くに１軒の家と手紙を手渡す窓。第１幕と第２幕は夜。それに、柵１枚とトランペットが要る。

＊　ピシュー Pichou の悲喜劇『不実な女友達』L'Infidèle confidente、初演1629年、初版1631年。「舞台はスペイン」である。リザノールとロリーズは恋仲だが、ロリーズの父親は二人の仲を認めない。ロリーズが預けられた家の娘セファリーはリザノールに恋心を抱いて、愛を告白する。セファリーとリザノールは、駆け落ちする。セファリーが駆け落ちしたのはロリーズのせいだと、彼女はセファリーの兄に刺されるが、命に別状ない。セファリーとリザノールはポルトガルに逃げて、結婚する。リザノールは自分にロリーズ殺害未遂の嫌疑がかかっていることを知り、冤罪を晴らすためセファリーの兄との決闘を国王に申し出る。変装したロリーズが、リザノールの介添えとして現れる。決闘は中止され、ロリーズは別の男と結婚することになる。
　「舞台はスペイン」となっているが、第１幕から第３幕まではトレドとその近郊、第４幕と第５幕はリスボンである。第１幕と第２幕はトレドのセファリーの家で、舞台上手の「庭園」と「１軒の家」である。第２幕第３場で、庭園の奥の「庭園の近くの１軒の家の手紙を手渡す窓」が、セファリーがリザノールに自分の肖像画と恋文を渡す場所である。第３幕で二人は駆け落ちするが、第１場で駆け落ちの途中でリザノールの友人が暗闇で誤って舞台下手の手前の「井戸」に落ちる。第３幕で二人は捕らえられて、城に幽閉される。舞台下手奥の「城と跳ね橋」が、閉じ込められた城である。第４幕はリスボンで、結婚した二人は、ロリーズ殺害の嫌疑がかかっていることを知る。第５幕は舞台奥の「宮殿」で、リザノールは無実を訴える。「柵とトランペット」は、第５幕第３場の闘技場の場面で使われる。
　［テキスト］Pichou, L'infidèle confidente, Genève, Droz, Paris, Champion-Slatkine, 1991.

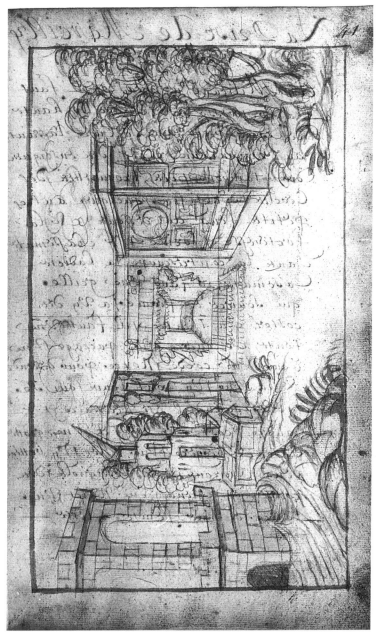

デュルヴァル『アガリット』

第1章　オテル・ド・ブルゴーニュ座 Ⅰ

デュルヴァル氏の戯曲『アガリット』

　舞台中央に豪華なベッドで飾られた部屋、必要に応じて閉じたり開いたりする。舞台の一方の袖に古い要塞、そこに小舟を1艘置いてもよい、その要塞には人の高さの洞窟が必要、そこから小舟が出る。この要塞の周りには2ピエ8プス（約82cm）の高さの壁が要る、そして、要塞の横に墓地、壊れて崩れた煉瓦の鐘楼、墓3基、腰掛1脚がある。墓地と同じ側に窓、そこから舞台のもう一方の袖にある絵画で飾られた画廊が見える。そして、画廊の横に庭園か森、リンゴ、こおろぎが要る。鬼火、（バレエのための）巻き上げ機1機、バレエの衣装、酒瓶、（バレエの）風の精のための翼、毛髪のかつら、ろうそくの燭台2本、明かりのついた錫の燭台4本。隠者の服1着、聖職者のケープ、そして巡礼の杖、御者の外套1着と鞭も、そして夜。

　＊　デュルヴァル Durval の悲喜劇『アガリット』*Agarite*、初演1633年、初版1635年。舞台の設定は作品にない。アガリットとポリカストは、結婚式を間近に控えている。国王がアガリットとの結婚を望んでいることに困惑して、父親は彼女を宮廷から遠ざけて匿おうと計画する。アガリットは、ポリカストと手を携えて行方をくらますことにする。国王は、アガリットの婚礼の晩に彼女をさらってくるように命令する。祝宴の余興の途中、明かりが消え、アガリットの姿が消える。墓地で、アガリットの結婚衣装が発見されて、彼女が溺死したと思われる。国王は後悔し、アガリットを諦めて、別の女性との結婚を決める。アガリットとポリカストが王の前に現れて、赦しを求める。国王は二人の結婚を許す。
　第1幕第1場、第2場と第4場で、国王が父親にアガリットとの結婚を求める。舞台奥の「豪華なベッドで飾られた部屋」は王宮の国王の居室で、背景幕に隠されていて、幕の開閉によって必要に応じて現れる。第1幕第3場で、舞台上手の「画廊」でアガリットが絵を鑑賞する。第2幕はアガリットの潜伏先であるが、それにあたる舞台装置は見当たらない。第1幕の国王の居室は背景幕で隠されるから、背景幕にそれにあたる場面が描かれたのだろうか。第3幕で、結婚の祝宴が催される。「鬼火、巻き上げ機、バレエの衣装、酒瓶、風の精のための翼、毛髪のかつら」は、第3幕第3場の祝宴の出し物のバレエで使われる。第3幕第2場と第4幕第1場は彼女がポリカストと駆け落ちするための待ち合わせた川辺の墓地で、舞台下手の「古い要塞、そこに小舟1艘」と「要塞の横には墓地、壊れて崩れた煉瓦の鐘楼、墓3基」である。第4幕第3場でアガリットが隠れるのは、舞台上手の「画廊」の手前の「庭園または森」である。第5幕は王宮で、二人の結婚が許される。「御者」は、第2幕第3場で連絡役として

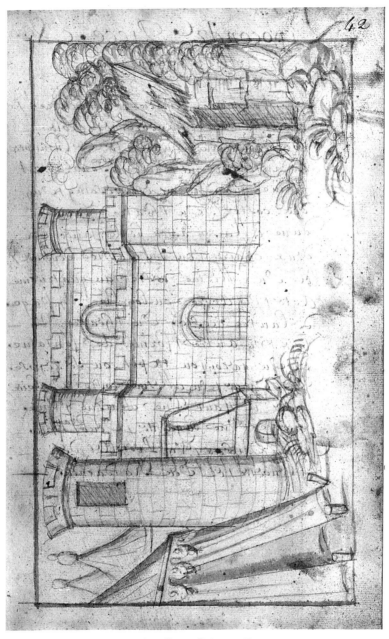

オーヴレー『ドランド』

登場する。「聖職者のケープ、そして巡礼の杖」は、第4幕第5場で罪を清めるため聖地に向かう国王の寵臣の持ち物である。

［テキスト］Durval, Jean-Gilbert, *Agarite*, Paris, F. Targa, 1635.

オーヴレー氏の『ドランド』

　舞台中央はマルシリーの要塞、高さは5ピエ（約152cm）、第5幕で攻撃が行われる、軍旗、太鼓、トランペット、花火の輪、ほかの小さな火。要塞の下の外堀に陣地の作り物。この陣地には開け閉めできる柵が要る。舞台の一方の袖に、野営のテント、塹壕、塔、塔から降りるための綱1本、跳ね橋は必要に応じて跳ね上がる、もう一方の袖には、森と洞窟、羊飼いの小屋、海。船1艘、櫂2本、ウグイス、鶏、犬、夜、投槍1本と偽の首1個。

　＊　『覚書』には *La Prise de Marcilly de Mr.*（マルシリーの攻略）と記されて、作者も書かれていない。この題名の作品は見当たらない。校閲者二人は、内容からオーヴレー Auvray の悲喜劇『ドランド』*Dorinde*（初演1630年、初版1631年）と判断している。舞台の設定は作品にない。リヨンの王子のシジスモンとドランドは恋仲であるが、父親の王ゴンドボーが横恋慕する。ドランドはマルシリーに逃げ、シジスモンは幽閉された塔から脱出する。王はマルシリーを攻撃するが、シジスモンの働きで劣勢になる。マルシリーの女王に諭されて、王はドランドを諦める。
　舞台は、第1幕から第4幕までがリヨンで、第5幕がマルシリーである。第1幕で、国王がドランドに横恋慕していることが明かされる。第2幕で、シジスモンは身の危険を避けるため身を隠すことにする。第1幕と第2幕の場面は王宮内のドランドの居室と王の居室、庭園であるが、メモにもスケッチにも記されていない。舞台手前で演じられたのだろうか。第3幕で、シジスモンは森に身を隠す。第3幕と第4幕第1場の場面は舞台上手の「森と洞窟、羊飼いの小屋」で、ドランドが隠れた森である。第4幕で、ドランドはマルシリーに逃げ、シジスモンは幽閉された塔を脱出する。第4幕第2場で舞台下手奥の「塔」とその横の「跳ね橋」にシジスモンが幽閉されるが、そこから脱出するために「塔から降りるための綱」が使われる。第4幕第4場は「海」で、シジスモンは漁師に変装して、「1艘の船」で逃亡する。第5幕で攻囲戦が繰り広げられる。舞台中央奥が「マルシリーの要塞」で、舞台下手の「野営のテント」は王の陣営で、「偽の首」は、父親の同盟軍の王の首で、第5幕第6場で討ち果たされ、第7場で城壁に掲げられる。

［テキスト］Auvray, Jean, *La Dorinde du Sr Auvray*, Paris, A. de Sommaville et A. Soubron, 1631.

ロトルー『憂鬱症患者』

ロトルー氏の戯曲『憂鬱症患者』

　舞台中央に葬儀の部屋とたくさんの灯明のついた墓3基、そしてその部屋は必要に応じて開いたり閉じたりする。舞台の一方の袖には、十分に美しい部屋の作り物、中に2脚の座れる高位者の椅子、同じ側に、第4幕で1本の木、そこに小姓を縛りつける。舞台のもう一方の袖に、森、洞窟、泉の作り物、森と同じ側に1人の女性が休む芝。それに、鎖1本、財布1枚、棒1本、亡霊のための毛布2枚、短銃1挺、フルーレ、円形盾。

＊　ロトルー Rotrou の悲喜劇『憂鬱症患者』*L'Hypocondriaque ou le Mort amoureux*、初演1628年、オテル・ド・ブルゴーニュ座、初版1631年。舞台の設定は作品にない。クロリダンはペルシッドと相愛の仲だが、父親の言いつけでコリントスに向かう。旅の途中で彼は、森で暴漢に襲われているクレオニスを救う。クレオニスはクロリダンに夢中になり、ペルシッドからの手紙を横取りして、彼女が死んだと書き換える。手紙を読んだクロリダンは、狂気に陥る。ペルシッドはクロリダンの行方を尋ねてコリントスに向かう。途中で手紙を託した小姓から、クロリダンが狂気に陥った経緯を知らされる。ペルシッドは、クレオニスの館にたどり着く。彼女がさまざまな手を尽くした末に、クロリダンは正気を取り戻す。
　第1幕第1場はギリシアのとある都市で、クロリダンは旅に出るためペルシッドに別れを告げる。第1幕第2場で、場面はクレオニスがいるコリントスに移るが、メモにもスケッチにもない。おそらく舞台手前で演じられたのだろう。第2幕はコリントスである。第1場で舞台下手の手前の「芝」でクレオニスが休憩している。第2場と第3場は、舞台下手の「芝」に近い「森、洞窟、泉」で、暴漢に襲われたクレオニスをクロリダンが助ける。第3幕で、クロリダンは狂気に陥るが、メモにもスケッチにも該当する場面は記されていない。一方、第3幕第4場で、故郷のペルシッドは彼の身を案じて、女占い師に相談に行く。「棒」は、女占い師が使う魔術の杖である。第4幕第3場と第4場で、彼の身を案じたペルシッドは、舞台上手の「2脚の高位者の椅子」のある「十分に美しい部屋」で、椅子に座った彼の両親と相談する。第5幕第2場で、舞台上手の部屋の手前の「1本の木」に小姓が追いはぎに縛り付けられる。ランカスターも指摘しているように、マウロは第4幕と書き間違えている。「鎖、財布」もこの時の小道具である。舞台中央奥の「葬儀の部屋」は、第5幕でクロリダンが死んだと思われて葬られた部屋である。この場面は「必要に応じて開いたり閉じたり」して、背景幕で隠されている。「短銃」と「亡霊の毛布2枚」は、第5幕第6場でクロリダンを正気に戻すための細工に使われる。

　［テキスト］Rotrou, Jean de, *Théâtre complet 5*, Paris, Société des Textes Français Modernes, 2002.

デュルヴァル『ユリスの功業』

デュルヴァル氏の『ユリスの功業』

　舞台中央奥に冥界を隠しておき、それと冥界のさまざまな責め苦が必要。冥界の上には、アポロンの空、そしてアポロンの上にはジュピテル（ユピテル）の空。冥界の脇にシジッフ（シジフォス）の山、もう一方の袖には（水の精）ヘスペリスの園。庭の横には、船の航路。さらにその横に、シルセ（キルケ）の宮殿。船の出口は、シジッフの山と（食人族の王）アンティファトの宮殿の間にある。海、その側にスティックスの川、（冥界への渡し守）カロンが1本のオールで飾られたボートに乗って現れる、すべてが隠れたり、現れたりする。豚の頭の付いた兜3具、シレーヌ（サイレン）の尾6本、鏡6面、（風の神）エオールの翼、銀の棒1本、金の棒1本、ジャムの壺1瓶、ナプキン1枚、フォーク1本、杯1個、ワイン、シレーヌの帽子4個、花2輪、魔法の花1輪、メルキュールの帽子、メルキュールの杖、メルキュールの踵の小翼、雷、プリュトンの玉座、王冠、庭を飾る草、風、雷鳴、炎、音、シジッフの岩1個、ユリスの船の帆桁の中にしこむ花火1本。

＊　デュルヴァル Durval の悲喜劇『ユリスの功業』*Les Travaux d'Ulysse*、初演1630年4月フォンテヌブロー、オテル・ド・ブルゴーニュ座員、初版1631年。この作品は、トロイア戦争の後、ユリス（オデュッセウス）が帰国の旅の途中に出会った艱難辛苦をオムニバス風に並べたもので、スペクタクルを見せる仕掛け芝居の先駆とも言える。舞台の設定は作品にない。事件は次々と展開するが、舞台にはさまざまな場面が複雑に入り組んで配置されている。

　場面は、必要に応じて「すべてが、隠れたり、現れたりする」ように背景幕で隠されている。第1幕で、ユリスの船は「（風の神）エオール（の翼）」の逆風で「（食人族の王）アンティファトの宮殿」にたどり着く。舞台の下手の手前にある骸骨の山がそれである。第2幕で祖国をめざすユリスの一行は、食人国からシルセの島へ向かい、そこでシルセを降参させる。舞台上手にあるのが「シルセの宮殿」である。第3幕でシルセの勧めで、預言者のティレジー（ティレジアス）の予言を聞くため、ユリスは冥界に赴く。まず、舞台下手の「アンティファトの宮殿」の手前に、「（冥界への渡し守）カロンがスティックスの川にボートに乗って登場する」。ついで、「アンティファトの宮殿」の後ろにある「シジッフの山」で、シジッフが「石」を繰り返し運んでいる。第4幕で背景幕が上がり、「舞台中央奥に、隠された奈落と冥界のさまざまな責め苦」が現れる。ユリスは冥界の王プリュトンに会い、ティレジーに自分の未来を

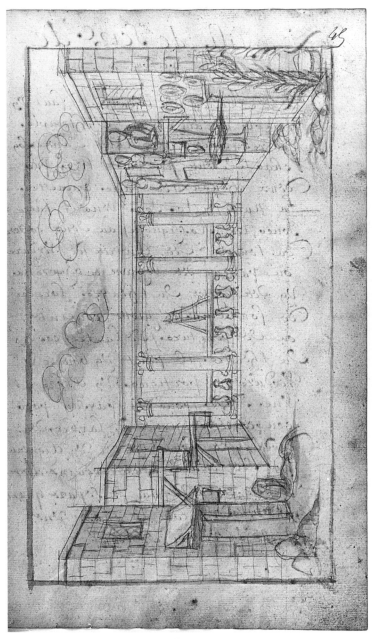

バロ『運命の力』

ついて予言してもらいに来たことを告げる。「プリュトンの玉座」は、この場面で用いる。第5幕では、この世に戻ったユリスは、ふたたび旅を続ける。舞台上手の「（水の精）ヘスペリスの園」を通過して、アポロンの神の島では神の牛を食べて、船にジュピテルの雷火が落ちる。「冥界」の上の「アポロンの空」と「ジュピテルの空」は第5幕で登場するが、オテル・ド・ブルゴーニュ座にあった上舞台を使用したのだろう。「ユリスの船の帆桁の中にしこんだ花火」は、第5幕の最終場でジュピテルの雷火が船に落ちた時の効果として使用される。なお、舞台上手から下手には、「船の航路」があり、第1幕と第5幕に使われる。

［テキスト］Durval, Jean-Gilbert, *Les travaux d'Ulysse*, Paris, P. Ménard, 1631.

バロ氏の『運命の力』

　舞台中央、隙間のある手すりの支え柱で飾られた部屋、椅子のある広間の作り物、ここで1人の貴婦人が描かれる。画架1台、パレット、絵筆、肘突き、絵の具、小さな肖像画を張り付ける蝋。この広間の横に、父親の下彫り工の家、訴訟の書類2冊、インク壺1個。舞台の一方の袖に、看板と小さな藁束をだした居酒屋、キヅタの帽子、テラスの小さな椅子の作り物、そして樹木のトンネル。舞台のもう一方の袖に、田舎風レストラン、そこには「家具付きの貸し部屋」の張り紙か、何かの看板がある。レストランのドアのそばに、隊長のこぶしにロープを引っかけて空中に吊るす仕掛け、梯子1台と紙の龕灯に入れたろうそく1本。

＊　バロ Baro の『運命の力』*La Force du destin*、初演年代不明、散逸。なお、「小さな藁束」は居酒屋のしるしである。

ピシュー『スキロス島のフィリス』

ピシュー氏の『スキロス島のフィリス』

　舞台中央（奥）に神殿が必要、神殿の頭上に2頭の馬が引く二輪戦車に乗って「夜」が登場する。そして夜になり、朝がきて、鶯が鳴く。神殿の両側には緑の洞窟。そこを羊飼いの男女が通る。舞台の一方の袖には水が流れている洞窟状の泉あるいはそれを描いたもの。もう一方の袖には柱廊状の緑の森、1本の木が必要。枝を切るための百姓の鉈鎌1丁、投槍（複数）、羊飼いの杖（複数）、生きた羊（1匹）、必要に応じて2つに分けられるように組み合わされた金の首輪、狩の角笛1、小瓶1、ぶどう酒、水。

＊　ピシュー Pichou の田園喜劇『スキロス島のフィリス』 *La Filis de Scire*、初演1630年、初版1631年。イタリアの詩人・劇作家グイドバルド・ボナレッリ Guidobaldo Bonarelli（1563～1608）の戯曲 *Filli di Sciro*（初版1607、初演はその4年前フェラーラにて）からの「翻訳」とされているが、実際にはかなり自由な翻案といった方がよい。
　スキロス島のフィリスとティルシスは、幼いころ貢ぎ物としてトラキアに連れてこられた。トラキア王は、幼い二人が愛しあっているのを見て大層気に入り、二人を婚約させ、黄金の輪を二等分して半分ずつ与える。しかし、トラキアとスミルナとのあいだに戦争が起こり、戦乱のさなか、フィリスとティルシスは別れ別れとなり、フィリスはクロリス、ティルシスはニーズと名前を変えて育てられる。その後、クロリスはスキロス島に移り住むが、それが自分の生まれ故郷だとは知らずにいる。一方ニーズは、つい最近、乗っていた船が嵐にあってスキロス島に流れ着き、ここで羊飼いとして暮らすようになった。そしていま、トラキア王の重臣オロントが再びスキロス島にやってきた。彼こそ15年前に幼いフィリスとティルシスを連れ去っていった人物である。今度もまた子どもたちを奪いにやってきたのだろうか。以上が幕が開くまでに起きたことである。
　羊飼いの娘セリーが親友クロリスに打ち明ける。森でケンタウロスに襲われたが、羊飼いで狩人のアマントと外国人のニーズが駆けつけ、私を救ってくれた。しかし、二人とも重傷を負って倒れたので、必死に助けようとしたと。だが、看病しているうちに、アマントとニーズの二人を愛してしまったことまでは、打ち明けられずにいる。ところでニーズとアマントだが、ニーズはセリーを愛するようになる。それを知ったアマントは、以前からセリーに恋していたが、ニーズへの友情から、彼にセリーを譲ろうとする。ニーズはかつてトラキア王からもらった黄金の輪をセリーにプレゼントするため、クロリスに――彼女が実はフィリスであると気づかずに――託そうとする。いまもティルシスを愛しているクロリスは、その輪を見てニーズがティルシスだと悟るとともに、彼がセリーを愛していると知って愕然とする。絶望したクロリスは、その輪を手に取ったまま、逃げるようにその場を去る。一方、二人の男性を愛してしま

ったセリーは、苦しみのあまり毒草を食べて死のうとする。木陰に横たわるセリーを見つけたアマントとニーズは、彼女が死んでしまったと思って悲しむが、彼らの涙がセリーの顔を濡らしたことで、セリーは生き返る。なぜ私を生き返らせ、苦しみを長引かせるのかとセリーが嘆けば、アマントが言う。私が死ぬ、そうすれば私の苦しみは終わり、セリーはニーズを愛することができると。アマントもセリーを愛していたことを知ったニーズは、自分こそが死ねばよいのだと言う。そこに、羊飼いの少年が駆けつけてきて、クロリスが死にたいと言っていると告げ、クロリスから預かった黄金の輪を見せる。それを見たニーズは、フィリスがもっていたはずのもう片方の輪が合わさっていることに気づく。どこでこれを手に入れたと聞くと、少年は、これをニーズに渡してといってクロリスがくれた、彼女は「ティルシスが私の愛を裏切ったのだから私は死ぬ」と嘆いていたと答える。クロリスこそフィリスだと知ったニーズは、後悔の念にさいなまれ、輪を投げ捨てる。その輪はトラキアの兵士に拾われ、オロントのもとに届けられる。オロントは、王の顔が刻まれている輪を捨てて冒瀆した者は死罪に処すといって、探し出すよう命じる。だがその輪を調べるうちに、王が二人の子どもに与えたものだと気づく。そこにニーズが現れ、その輪は自分のものだと言う。クロリスも現れ、それは自分のものだと言う。自分にこそ罪があると二人が言いあうのを聞いてオロントは驚くが、この二人こそティルシスとフィリスであると知る。オロントは、二人を神殿に連れてゆき、スキロス島の貢ぎ物の免除と、ティルシスとフィリスの結婚を宣言する。

　劇が演じられる場所についてだが、メモにもあるように、劇が始まる前に舞台中央奥の神殿の頭上に2頭の馬が引く二輪戦車に乗って「夜」が登場し、プロローグを述べる。これは、オテル・ド・ブルゴーニュ座の舞台の上方に作られた小舞台で演じられたのだろう。舞台中央奥の神殿は、第5幕第5場から最終場まで──オロントの前にフィリスとティルシスが現れ大団円へと続く場面──が演じられる場所。ただ、神殿の中と外（神殿の前）をどのように使い分けたかは不明。劇のほとんどは、おそらく舞台中央前方──「柱廊状の緑の森」と「水が流れている洞窟状の泉」のあいだの、田園と見立てられた場所──で展開されると思われる（第1幕全体、第2幕第2場から第5幕第4場まで）。第2幕第1場が演じられる場所は、登場人物たちやその台詞などからは特定することができないが、オロントが登場し、フィリスとティルシスの父親たちに二人の子どものことを語る場面なので、田園とは別の場所──たとえば舞台中央奥の神殿の前あたり──で演じられると考えた方がよさそうである。舞台の一方の袖（スケッチでは上手）の、「水が流れている洞窟状の泉」は、劇中でときどき台詞で語られる「泉」がこれということだろう。もう一方の袖（スケッチでは下手）の「柱廊状の緑の森」は、舞台上では演じられないが、セリーがケンタウロスに襲われた森がこれだろう。また、第3幕第5場、ニーズとアマントがクロリスを追いかけて森の方に行くが、この「緑の森」の方に行くということだろう。「1本の木」は、スケッチで舞台下手の端に描かれている木のことと思われる。第3幕第6場、この木の下に横たわってセリーは死を待つことになる。

第1章　オテル・ド・ブルゴーニュ座 I

次は装置や小道具について。数が多いので、箇条書き式に列挙する。
- 枝を切るための百姓の鉈鎌 ── 第4幕第4場で使う。横たわったセリーの上に木の枝が覆いかぶさっているので、枝を切って彼女がよく見えるようにする。
- 投槍（複数）── ニーズは第3幕第3場で投槍をもっていたことがわかる。セリーへの贈り物として、これはどうかと自分の投槍を示しているからである。また狩人でもあるアマントも投槍を手に持っている可能性が高い。セリーも第2幕第2場で投槍をもって登場したはずである。というのも、第2幕第2場の最後で、セリーはアマントと羊飼いの老婆ネレがやってくるのを見て急いで逃げ去るのだが、その時の様子を後でネレが、セリーは「投槍を宙に投げ、稲妻のような速さで去っていった」（第3幕第3場）と語っているからである。
- 羊飼いの杖（複数）── 若い羊飼いたち──アマント、ニーズ、セリー──が投槍をもって登場したとすると、杖はむしろ老人たち（ティルシスの父オルマン、フィリスの父シレーヌなど）がもっていたのだろう。
- 生きた羊 ── セリーがかわいがっていた子羊。毒草を食べて死んだと思われていたが実は生きていた。第4幕第4場で使われる。
- 必要に応じて2つに分けられるように組み合わされた金の首輪 ── トラキア王からティルシス（ニーズ）とフィリス（クロリス）に与えられた、2つに分けられた輪。第3幕第3〜第4場、第4幕第7場、第5幕第1場と第4場以降で使われる。なお、台詞からは確認できないが、第4幕第1場でクロリスが登場するとき、首にかけるか手に持つなどして2つに合わせた輪をもっている可能性は大いにある。というのも、第4幕第7場で羊飼いの少年フィランがクロリスから頼まれたと言って輪をニーズに渡すが、フィリスが持っているはずのもう片方の輪も合わさっていたからである。
- 狩の角笛 ── ニーズが第3幕第3場でこれをもっていたことが台詞からわかる。セリーへの贈り物として、「この角笛」はどうかとネレに示しているからである。
- 小瓶 ── 第3幕第5場で、セリーが小瓶と草（毒草という設定）を手にもって登場する。
- ぶどう酒、水 ── 水は小瓶に入っているのだろう。第3幕第6場でセリーが「このわずかな水」と語るので、そこで使われるはず。だが、ぶどう酒がどの場面でどのように使われるのか不明。

［テキスト］Pichou, *La Filis de Scire, comédie-pastorale, Tirée de l'Italien, par le sieur Pichou*, Paris, François Targa, 1631.

ロトルー『幸いな貞節』

ロトルー氏の『幸いな貞節』

　舞台の一方の袖に部屋が必要、テーブル1台、高位者の椅子1脚、腰掛け、絵画、絵、鏡、テーブルとテーブルクロスを備えている。第5幕に銀の鉢1個、皇帝の冠1個。部屋の近くには宮殿の作り物に国王の出入り口。舞台のもう一方の袖に美しい宮殿、女王の座る肘掛け椅子を備えている、そして宮殿の横に村が要る。巡礼の服2着、巡礼の杖2本。舞台中央に森、洞窟、洞穴、岩山の風景は異国を思わせる。商人のための髭1つ、3, 4通の手紙とトランペット。

＊　ロトルー Rotrou の悲喜劇『幸いな貞節』*L'Heureuse Constance* 、初演1633年、オテル・ド・ブルゴーニュ座、初版1636年。新全集版には舞台の設定は記されていないが、旧全集版には、「舞台は、ある時はハンガリー、ある時はダルマチアで演じられる」。ハンガリー王はダルマチア女王と婚約しているが、廷臣の妹ロゼリーに恋をする。ロゼリーは、王弟のアルカンドルと恋仲である。そのことを知ったハンガリー王は、弟に女王との結婚を命じる。ハンガリー王はロゼリーとアルカンドルの双方に、それぞれが別の相手と結婚したという偽手紙を送る。あわてて帰国したアルカンドルは、逮捕される。お忍びでハンガリーにやってきたダルマチア女王の美貌に、ハンガリー王は魅了されて求婚する。

　スキュデリーの『罰せられたペテン師』（メモ参照）と同様、場面はハンガリーの村里と宮廷、ダルマチアの宮廷と、両国を行き来する。第1幕第2場で、ハンガリー王が村人に変装して、村里でロゼリーを見て、一目ぼれする。舞台下手奥が「（ハンガリーの）村」である。第1幕第3場にハンガリーを「田園の国」と呼ぶロゼリーの台詞があるが、ランカスターは「舞台中央の異国を思わせる森」を指すと指摘している。第2幕第1場はハンガリーの宮廷である。舞台上手手前の「テーブルで飾られた部屋」で、ハンガリー王が婚約者のダルマチアの女王を帰国させる。第3幕の大部分もハンガリーの宮殿で、国王は弟にダルマチアの女王との結婚を命じる。第4幕は、舞台下手のダルマチアの「女王の座る肘掛け椅子で飾られた美しい宮殿」である。アルカンドルは偽手紙を読んで、慌てて帰国する。第5幕はハンガリーの宮殿で、舞台上手の「宮殿の作り物」である。5幕第3場でダルマチアの女王が「巡礼の服と巡礼の杖」で、巡礼姿に身をやつして、ハンガリーにやってくる。「商人のための髭」は、第5幕第3場でアルカンドルが忍んで来る時の変装の小道具である。「3,4通の手紙」は王の策略の一つである。

　［テキスト］Rotrou, Jean de, *Théâtre complet* 11, Paris, Société des Textes Français Modernes, 2014.

　Rotrou, *Œuvres de Jean Rotrou*, Tome 1, Slatkine, 1967.

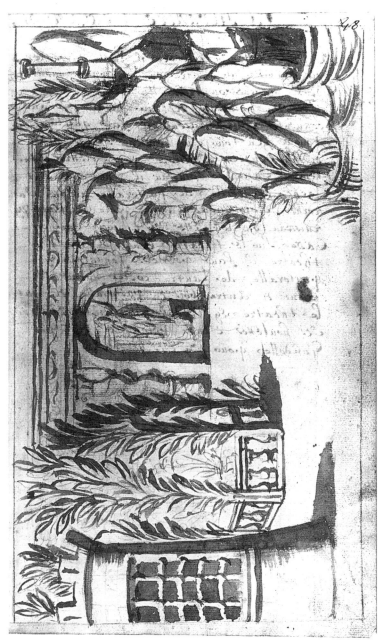

デュ・リエ『クリトフォン』

デュ・リエ氏の『クリトフォン』

　舞台中央はすばらしい神殿、第5幕で使われる、それはこの舞台で最も美しいもので、キヅタ、輝く金、手すりの支え柱、胸像柱か円柱で飾られている。神殿の中央にディアナの絵1枚、ろうそくの付いた2つの燭台。舞台の一方の袖に、丸い塔の形の牢獄、格子は3人の囚人を見せるために大きく低い。牢獄の横に、手すりの支え柱、花々、生垣で飾られた広々とした美しい庭園。舞台のもう一方の袖に、そそり立つ山。その山の上に墓1基、柱1本、首枷1個、供物台1台、草木の林、岩。そこに観客の前で登ることができる。岩山の横に洞窟、海、半分の船。岩山の下に、2人の人物のための牢獄が隠されている。血、スポンジ、供犠者の首を入れたふりをするための小さな皮袋1袋、花飾りの帽子、ろうそくの燭台1本。望むなら夜を作る。トルコ人のためのターバン、投槍、槍、太鼓、トランペット、鎖、鍵、法服1着、面頬なしの兜2具、草むら、龕灯1本とその中にろうそく。

＊　デュ・リエ Du Ryer の悲喜劇『クリトフォン』Clitophon、初演1628年、初版1978年（当時未出版）。「第1幕の舞台はティール（フェニキア）、第2幕と第3幕はエジプト、第4幕と第5幕はエフェーズ（ギリシア）」である。クリトフォンとルシップは逃避行を続けて、各国をめぐり、艱難辛苦の末に再会して結ばれる。
　第1幕の場面はティールで、クリトフォンとルシップは恋仲だが、ルシップ誘拐の計画が練られている。第1幕第3場から第5場でクリトフォンとルシップが海辺で語りあうが、海辺にあたる舞台装置はメモにもスケッチにも見出せない。舞台下手の「（ルシップの家の）手すりの支え柱、花々、生垣で飾られた広々とした美しい庭園」で演じられたのだろう。二人は身の危険を感じて、エジプトのアレクサンドリアに逃げる。第2幕と第3幕は二人が逃亡したエジプトで、難破したクリトフォンとルシップは海賊に捕えられて、生贄の儀式でルシップは胸を切り裂かれて殺される。舞台上手には、「海辺、（難破した）半分の船」、その横に「そそり立つ山」があり、「岩山の下に、2人の人物のための牢獄」、「その上に墓」、「岩山の横に、洞窟」、ここで第2幕第8場から第10場でルシップが生贄にされる。「血、スポンジ、供犠者の偽の首のための小さな皮」は、ルシップが殺される場面に使われる。ルシップの死は狂言で、二人はアレクサンドリアの王の許に逃げるが、ルシップが攫われる。「龕灯」と「トランペット」は、第3幕第2場と第3場の海上の場面で、エジプト人が海賊と戦う場面で使われる。第4幕と第5幕はギリシアのエフェーズで、クリトフォンはある未亡人

メレ『シルヴァニール』

の家に逗留している。ルシップは殺されたことになっているが、悪人たちが仲間割れしている間に逃げて、未亡人の奴隷になっている。そこでクリトフォンはルシップと再会する。未亡人の死んだはずの夫が帰ってきて、ルシップに一目ぼれする。二人の仲を裂くため、夫はルシップが殺されたと偽って、クリトフォンにルシップ殺しの罪をなすりつける。ルシップが現れて、素性を明かす。クリトフォンは釈放されて、ルシップとの結婚が認められる。第5幕の主な場面は、町の通り、未亡人の家、牢獄、神殿である。第5幕第2場から第5場で、舞台下手の「丸い塔の形の牢獄」にクリトフォンが投獄される。舞台中央の「神殿」の「ディアナの絵」の前で、第5幕第8場から第13場までクリトフォンの裁判が行われる。

［テキスト］Du Ryer, Pierre, *Clitophon*, Bologna, Pàtron, 1978.

メレ氏の『シルヴァニール』

　舞台の一方の袖に洞窟の形の岩山、2、3段の階段を登ると頂上には墓とその中に経帷子に包まれた女性。できれば墓の周りは回れねばならない、そして後ろの入り口からその女性を墓に入れる。それは田園の幕で隠されていなければならない。今言った岩山の麓に小川が要る、そこに鏡を投げ入れて舞台上で壊す。舞台中央には、門柱と田園の泉。もう一方の袖に廃墟の作り物と洞窟、田園の森、舞台はすべて草むら。投槍、羊飼いの杖、短剣2振り、1人の羊飼いのためのゴンドラ椅子が要る。

＊　メレ Mairet の田園悲喜劇『シルヴァニール』*La Silvanire ou la Morte-vive*、初演1629年、オテル・ド・ブルゴーニュ座、初版1631年。「舞台はフォレ」である。プロローグ付きの5幕で、プロローグで愛の神は、シルヴァニールとアグラントが結ばれることを予告する。羊飼いのアグラントは、女羊飼いのシルヴァニールの結婚話を聞いて絶望する。シルヴァニールに恋するティラントは魔法の鏡を使って、彼女をなびかせようとするが、彼女は気を失う。その知らせを聞いてアグラントも気を失う。意識を取り戻したシルヴァニールの介抱で、アグラントは息を吹き返す。しかし、シルヴァニールはふたたび仮死状態に陥る。ティラントに味方する魔法の鏡の持ち主が、墓に葬られたシルヴァニールに解毒剤を振り掛けると、彼女は蘇る。ティラントはシルヴァニールに愛を拒まれると、彼女を奪っていこうとする。アグラントが現れて、彼女を救う。シルヴァニールの父親も、二人の結婚を許す。
　場面はリニョン川のほとりの田園で、「舞台はすべて緑で覆われる」。台詞から、第1幕第1場は谷間の牧場で、アグラントはシルヴァニールの結婚話を知る。絶望したアグラントは舞台上手の「洞窟の形の岩山」に身を隠す。ト書きによれば、第2幕は牧場のブナの木のそばで、アグラントはシルヴァニールに恋をうち明けるが、彼女は

ロトルー『セリアーヌ』

耳を貸さないそぶりをする。第3幕は舞台上手手前の「岩山の麓の小川」である。シルヴァニールは、魔法の「鏡」を見て気絶する。「そこに（小川に）、鏡を投げ入れて舞台上で壊す」。第4幕は、シルヴァニールが仮死状態に陥る。第5幕は「洞窟の形の岩山」の上のシルヴァニールの「墓」で、「その中に経帷子に包まれた女性（シルヴァニール）」を舞台裏の「入り口」から入れる。台詞によれば第2場はリニョン川のほとりで、川には「漁師の小船」が浮かんでいる。第4場で、ティラントがシルヴァニールを「短刀」でおどす。最終場は神殿であるが、メモには記されていない。
　［テキスト］Mairet, Jean, *Théâtre complet*, Tome II, Paris, H. Champion, 2008.

ロトルー氏の『セリアーヌ』

　舞台中央、透視図法で描かれた洞窟の中に泉水の大きな水盤の形、その前の草むらに絵で描かれた3本の柱廊が必要。中央の柱廊には手すりの白と黒の支え柱。舞台の袖には、上下が手すりの支え柱を備えた八角形の美しい広間。閉じるドア。そのドアの横に1軒の家。その広間には、テーブル1脚と高位者の椅子2脚。絵画と金ぴかの腕木に取り付けられた燭台で飾られた広間、テーブルの上には銀の燭台2本、テーブルの上にはテーブルクロス1枚。もう一方の袖には、手すりの白と黒の支え柱を備えたピラミッド形の泉。泉の近くに2人の役者のための椅子。その他に、洞窟、洞穴、高い大木の森。第1幕と第3幕にウグイス。把手の付いた籠1個、中には百合、薔薇、金盞花、カーネーション、さもなければ他の花。また鶴首フラスコ1本とその中にワイン。

＊　ロトルー Rotrou の悲喜劇『セリアーヌ』*La Céliane*、初演1631-32年、オテル・ド・ブルゴーニュ座、初版1637年。舞台の設定は作品にない。パンフィルは事実無根の不貞を責められて、騎士に変装した恋人のニーズと争う。相手がニーズと分かって、パンフィルは変わらぬ愛を誓う。一方、パンフィルの親友のフロリマンは、セリアーヌと森から出てきたところを恋敵のフィリドールに襲われる。フィリドールは、パンフィルに止められて立ち去る。フロリマンがニーズに一目ぼれしたこと知って、パンフィルは身を引く。フロリマンは自分の理不尽な要求に気づいて、二人は互いにニーズを譲りあう。ニーズはやむなくフロリマンをいったんは受け入れるが、毒を仰いで自殺しようとする。フロリマンの妹ジュリーに止められ、セリアーヌと3人で策略を練る。ニーズと庭師に変装したセリアーヌが密会しているところをフロリマンに見せて、彼に愛想尽かしさせる。フロリマンは、森で自殺寸前のパンフィルを連れ帰る。ジュリーが事の次第を説明して、一同は仲直りし、ジュリーもフィリドールと結婚することになる。

ボワロベール『ピランドルとリジメーヌ』

第1章　オテル・ド・ブルゴーニュ座 I

　場面は、全体としてフロリマンの家とその近くの森である。第1幕と第2幕で、パンフィルとニーズの決闘、パンフィルへのフィリドールの襲撃が演じられるが、場面は森で、主な場面は、舞台下手の「手すりの白と黒の支え柱で飾られたピラミッド形の泉。泉の近くに、2人の役者のための椅子。他に、洞窟、洞穴、高い大木の森」である。第3幕と第4幕は、場面は舞台上手の手前の「八角形の美しい広間」とその奥のフロリマンの「家」で、第4幕第3場で庭師の変装したセリアーヌが登場する。第4幕第4場に「ニーズ、部屋で毒薬を持って」とト書きがある。ニーズが自殺しようとして、ジュリーに止められる。第5幕では、ジュリーがフロリマンに「広間」の外から、「閉じた部屋の中」での密会の現場を見せる。その後で、真相を明かして、フロリマンの家の庭で一同が仲直りをするが、それが舞台中央の「洞窟の中の泉の大きな水盤。その前に草むらに絵で描かれた3本の柱廊」の前である。「ウグイス」は第1幕の「森」で登場する。「把手の付いた籠、中には百合、薔薇、金盞花、カーネーション、さもなければ他の花。また鶴首フラスコと中にはワイン」は、第3幕のフロリマンの家の調度である。

　［テキスト］Rotrou, Jean de, *Théâtre complet* 10, Paris, Société des Textes Français Modernes, 2011.

ボワロベール氏の『ピランドルとリジメーヌ』

　舞台中央に美しい宮殿、そして舞台の一方の袖に部屋と窓のある塔が必要。上り下りするために縄梯子1本が要る。その部屋の下の庭園に2、3本の柱廊、生垣、花と果樹。この部屋の手すりの支え柱には隙間がなくてはならない、そして塔も丸く、それが絵であっても丸くなくてはならない。舞台のもう一方の袖には2つの牢獄、牢獄に入るドア1枚、牢番が座る椅子1脚。鍵1束、ろうそくのついた銀か錫の燭台2本、小姓のためにろうそくの燭台1本、短剣2振り、龕灯1本とろうそく、第2幕の始めに夜、第3幕まで続く。封印した手紙1通、聖職者の美しい服1着、ダマスクの服1着、第5幕に国王の椅子1脚。

＊　原文は *L'Heuruese Tromperie*、ボワロベール Boisrobert の悲喜劇『ピランドルとリジメーヌ』*Pyrandre et Lisimène ou l'Heureuse Tromperie* で、初演1631-32年、初版1633年。「舞台はアルバニア」である。アルバニアの英雄ピランドルとトラキアの王女リジメーヌは相思相愛である。アルバニアの王女オラントから、ピランドルに恋文が届く。オラントに思いを寄せるリジメーヌの兄ピロクセーヌが、代わりに忍んで行く。オラントの兄アラクスが密会を襲撃し、誤ってピランドルが逮捕される。調査の結果、ピランドルは実は国王の息子で、幼い時アラクスと入れ替わったことが判明する。ピラン

ロトルー『メネクム兄弟』

第 1 章　オテル・ド・ブルゴーニュ座 I

ドルはリジメーヌと、オラントはピロクセーヌと結婚の運びとなる。
　第 1 幕は宮殿の 1 部屋、舞台中央奥の「美しい宮殿」で、ピランドルがオラントからの恋文を受け取る。第 2 幕は第 3 場まではオラントの部屋で、舞台上手の「1 部屋と窓のある塔」である。彼女はピランドルが忍んでこられるように「縄梯子」を用意する。第 4 場からは、「庭園には 2、3 本の柱廊、生垣、花と果樹。この部屋は、手すりの支え柱に隙間がなくてはならない」。リジメーヌが、「手すりの支え柱の隙間」を通して庭園からオラントの部屋での密会の様子を窺っている。第 3 幕第 1 場から第 4 場で、討手が密会中のピロクセーヌを襲い、彼は「塔」から「縄梯子」で逃亡する。ピランドルは、ピロクセーヌを逃がそうとして、自分が捕まる。第 5 場で舞台下手の「2 つの牢獄」の一方に投獄される。「剣」はピロクセーヌが逃げるときに、兵士たちとの戦いに使う。第 4 幕第 1 場と第 2 場で、ピロクセーヌが真実をオラントに告白する。第 3 場と第 4 場は「牢獄」で、リジメーヌがピランドルと面会して、二人の誤解が解ける。第 5 幕は、「舞台中央の美しい宮殿」で、「国王の座る椅子」がある玉座の間である。国王は真相を知って、ピランドルを釈放し、リジメーヌとの結婚を許す。
　［テキスト］Boisrobert, François de, *Pyrandre et Lisimène, ou l'Heureuse tromperie, tragi-comédie par le Sr de Bois-Robert*, Paris, T. Quinet, 1633.

ロトルー氏の『メネクム兄弟』

　通りと家々の舞台。1 軒の家に、3 丁の鎌か他の何でもいいが看板が必要。ダイヤモンドの極印 1 個が要る、奴隷のための鎖の付いた首枷 1 個が要る。またよく似た髭 2 つ、棍棒、財布 1 枚、小銭、手に持つ小さな棒 1 本、鍵 1 束、ナプキン 2 枚と料理を盛る皿 4 枚、それで全部。

＊　ロトルー Rotrou の喜劇『メネクム兄弟』*Les Ménechmes*、初演 1631-32 年、オテル・ド・ブルゴーニュ座、初版 1636 年。舞台の設定は作品にない。メネクム・ソジクルが、幼いころに行方不明になった双子の兄弟を探しにやってくる。この町で暮らす兄弟のメネクム・ラヴィは、隣の未亡人エロティに気がある。エロティは、ソジクルをラヴィと間違える。ラヴィの妻オラズィもソジクルを人違いし、浮気を責める。ソジクルは狂人のふりをして逃げ出す。エロティとオラズィは鉢合わせして、言い争いになる。ラヴィが医者と義父に連れられてやってくる。事情が分かり、兄弟は再会を喜ぶ。
　台詞から、舞台はエブダムニの町で、「3 丁の鎌か、さもなければ他の何でもいいが看板」の出ている居酒屋がある通りである。ロレンソンは、スケッチを左右対称の舞台装置の例として挙げている[4]。スケッチの両袖の 2 軒の家が、メネクム・ラヴィとエロティの家になる。場面によって、それぞれの戸口の前で演じられる。「同じ 2 つの

4　*Ibid.*, p.133.

デ・ブリュイエール『パリスの冒険』

髭」は、双子の兄弟を演じるためである。「ダイヤモンドの極印（作品では髪飾り）」は、第1幕第3場でメネクム・ラヴィが隣の未亡人の気を惹くためのものである。「ナプキン2枚と料理を盛る4枚の皿」は、第2幕第2場で居酒屋の従僕が料理を用意している。「鍵の束」は、第5幕第1場で従僕がメネクル・ソジクルをからかうのに使う。「奴隷の首枷」と「棍棒」は、第5幕第7場で登場する医者の従僕の持ち物である。

　［テキスト］Rotrou, Jean de, *Théâtre complet* 8, Paris, Société des Textes Français Modernes, 2005.

デ・ブリュイエール氏の『パリスの冒険』

　舞台中央に、泉の透視図と4列の手すりの支え柱。舞台の一方の袖に立派な墓、墓の周りに3つのピラミッド、すべては金、極彩色、ダイヤモンドで飾られて、すべては草むらの洞穴の中にあり、すべてが2、3段の階段の上にある。舞台のもう一方の袖には、草むらと花々のある庭園。庭園の周りに椅子1脚、1人の女性が座る。女性のための付け髭1つ、体から血を出すための偽の胸甲1具、模造の刀1振りと見せかけの血。

＊　無名の作家デ・ブリュイエール Des Bruyères の『パリスの冒険』 *Le Roman de Pâris*、初演年代不明、散逸。

メレ『シルヴィ』

メレ氏の『シルヴィ』

　装置としては、舞台中央に魔法の宮殿、宮殿の横に祭壇、それは第5幕にしか登場しない。祭壇と同じ側に、泉、庭園の作り物、木々、果実、オレンジ、リンゴ、梨と花々。泉のそばに、羊飼いと女羊飼いが座る場所2ヶ所。泉の側に小麦、舞台のもう一方の袖には、洞窟、洞穴、果物、ぶどうの木、ぶどう、草むら。洞穴と洞窟の穴のそばに炎。第5幕に夜、雷鳴、稲妻、導火線、投槍、羊飼いの杖と魔法の鏡1枚。

＊　メレ Mairet の田園悲喜劇『シルヴィ』 La Sylvie、初演1626年、オテル・ド・ブルゴーニュ座、初版1628年。冒頭の「装置としては」pour la decoration を、ランカスターは本文中の最初の文章としている。一方、パスキエは、作品名の補足として「メレ氏の『シルヴィ、装置について』」としている。ほかの作品名との整合性から、ランカスターの判断を採る。「舞台はカンディ（クレタ島）とシシリア（島）」である。女羊飼いのシルヴィとシシリアの王子テレームは恋仲である。恋敵の羊飼いが、仲たがいさせようとするが失敗する。父親の国王が二人の仲を裂くため魔法をかけると、二人は仮死状態になって、元に戻らない。テレーム王子の妹を求めてカンディの王子が現れ、二人の魔法を解く。2組の結婚が整う。
　第1幕第1場はカンディで、王子が肖像画の王女に恋をして、シシリアに旅立つ。第1幕第2場から第5幕の終わりまで、舞台はシシリア島に移る。第1幕は主にシルヴィがテレームと待ち合わせた野原である。第1幕第4場で、シルヴィとテレームは木陰の「羊飼いと女羊飼いが座る場所」で憩う。第2幕はシルヴィの家の前、シルヴィの両親は彼女を恋敵の羊飼いと結婚させようと相談するが、メモに場面の指示はない。第3幕は森の近く、恋敵が悪巧みで二人を仲たがいさせる。ランカスターは、「泉、庭園の作り物、木々、果実、オレンジ、リンゴ、梨と花々」がこの場面に当たるとしている。第4幕第1場は「舞台中央の魔法の宮殿」で、父親の国王が二人の仲を裂こうと、家臣たちと相談する。第2場と第3場は野原、二人は仲直りするが、国王の命令で、シルヴィは宮殿に連れて行かれる。第5幕第1場はクレタ島にたどり着いたカンディの王子が休む野原、王子は「小麦、小さな林、ぶどうの木」などシシリア島の美しさを賞賛する。彼は疲れて、「泉」のそばで眠り込む。メモの「泉の側に小麦」がこの場面である。通りかかった羊飼いの話から、王子は、シルヴィとテレームが父親の国王に魔法をかけられて、仮死状態になっていることを知る。第2場以降の場面は、「宮殿の横に祭壇、それは第5幕にしか登場しない」。第5幕までは背景幕で隠されている。この場面で、カンディの王子が悪霊と戦い、「夜、雷鳴、稲妻、導火線、投槍、（…）魔法の鏡」が使われる。王子の働きで二人は正気に戻り、王子も肖像画の王女と結婚する。

メレ『クリゼイッドとアリマン』

〔テキスト〕Mairet, Jean, *Théâtre complet*, Tome II, Paris, H. Champion, 2008.
〔訳書〕『シルヴィ』(皆吉郷平、橋本能訳)、in『フランス十七世紀演劇集 悲喜劇・田園劇』、中央大学出版部、2015年

メレ氏の『クリゼイッドとアリマン』

　舞台中央に、「二人の恋人の墓」と名付けられた墓が必要、だまし上手(道具方)の創意によって、それは3、4段高くなっていて、金ぴかの筋かい、そして壁画、手すりの支え柱で飾られる。この墓のそばに、小さな祭壇、その上に灯明、花々、祭司のための花飾りの帽子1個と作り物の羊1頭。この墓と祭壇は第5幕にしか登場しない。舞台の一方の袖に藁屋根の農民の家、森の中で家の窓から明かりが漏れる。パン、ワイン、グラス1客、ナプキン1枚。舞台のもう一方の袖には、洞窟と岩山の作り物、草木の扉。舞台中央には国王の椅子1脚。それに第3幕と第4幕にはウグイスを鳴かせる。それから縄も要る。

＊　メレ Mairet の悲喜劇『クリゼイッドとアリマン』*Chryséide et Arimand*、初演1626年、オテル・ド・ブルゴーニュ座、初版1630年。舞台の設定は作品にない。南フランスの大貴族のアリマンとクリゼイッドは相思相愛であるが、二人は別々にブルゴーニュ王ゴンドボーに捕えられている。二人はそれぞれ城を脱出するが、クリゼイッドはふたたび捕えられる。クリゼイッドに恋するブルゴーニュ王は、「恋人たちの墓」の前で儀式を行い、彼女の気持ちを変えさせようとする。そこへ現れたアリマンは、自首した褒美にクリゼイッドの釈放を求める。アリマンの従者は、自分が脱獄を手助けした犯人だと自白する。ブルゴーニュ王は、一同を赦す。
　「だまし上手」とは、パスキエによれば、舞台の製作者、道具方を指す。大別すると、舞台は全体としては、フランスのジェルゴビとリヨンの2ヶ所である。第1幕のアリマンの囚われているジェルゴビの城、第2幕は、クリゼイッドの囚われているリヨンの王宮の庭だが、メモにもスケッチにもない。「舞台中央の国王の椅子」は、第5幕に登場する「墓と祭壇」の前に置かれるから、第2幕のリヨンのブルゴーニュ王の宮廷は背景幕に描かれたのだろう。第3幕は、舞台上手の「森の中」の「農民の家」で、クリゼイッドとアリマンの隠れ家である。第4幕第3場、第5幕第1場にも登場する。舞台下手の「洞窟、岩山の作り物、草木の扉」は、戯曲の設定とは異なるが、第4幕第3場のブルゴーニュ王の追手の捜索場面だろうか。第5幕第3場の場面は舞台中央奥の「二人の恋人の墓」と名付けられた「墓」と「祭壇」で、「第5幕にしか登場しない」とあるから、宮殿を描いた背景幕が開けられて登場する。第3幕と第4幕の「ウグイス」は、「森の中」を表す。「縄」は、第5幕でアリマンの従者が縛られて連れて

ピシュー『カルデニオの狂気』

第 1 章　オテル・ド・ブルゴーニュ座 I

来られる。

　［テキスト］Mairet, Jean, *Théâtre complet*, Tome II, Paris, H. Champion, 2008.

ピシュー氏の『カルデニオの狂気』

　舞台中央に、だまし上手（道具方）の空想による田園の宮殿の作り物。（役者から見て）舞台左手に、高いところに隠者の庵、その下に洞窟。隠者の庵の前と後ろに入り口。舞台のもう一方の袖に、森、その森の中に1軒の家。また、槍、棍棒、手紙、短剣が要る。

＊　ピシュー Pichou の悲喜劇『カルデニオの狂気』*Les Folies de Cardénio*、初演1628年、初版1629年。セルバンテスの『ドン・キホーテ』のエピソードのひとつをモチーフに戯曲化したもの。カルデニオにはリュサンドという恋人がいるが、彼女の父親はフェルナンという金持ちの男と結婚させたいと思っている。フェルナンにもドロテという恋人がいるのだが、彼はリュサンドとの結婚を熱望するようになる。リュサンドの父親とフェルナンの策略で、カルデニオは旅に出てしまう。フェルナンはカルデニオのいないすきにリュサンドをものにしてしまおうと考えていたのだ。リュサンドは困惑してカルデニオに手紙を書く。その手紙を読んだカルデニオは自分が騙されていたことを知り、急ぎ戻る。しかし、フェルナンとリュサンドの結婚式が挙行され、カルデニオは絶望し、再び旅に出る。一方、リュサンドが気絶してしまうが、その胸元には1通の手紙と短剣が忍ばせてあった。手紙には「フェルナンとの結婚よりも死を選ぶ」と書かれてあり、フェルナンは怒ってその場を去ってしまう。リュサンドはカルデニオへの思いを胸に修道院へ入る決意をする。また、ドロテも絶望し、旅に出てしまう。カルデニオは人里離れた場所で自分の不運を嘆いているのだが、さまざまな妄想に囚われ、正気を失ってしまう。そこへドン・キホーテとサンチョが通りかかると、カルデニオはドン・キホーテを倒すと息まき、ドン・キホーテもこれに応じ、二人は森の中へ。しばらくすると、ドン・キホーテが1人で戻る。彼によると、カルデニオは逃げてしまったとのこと。ドン・キホーテは武勲を立てられなかったと悔しがる。そんな中、フェルナンはリュサンドをあきらめきれず、修道院にいる彼女を誘拐することを計画する。一方、カルデニオは絶望しているドロテに出会う。二人はお互いのために協力しあうことにする。そこへドン・キホーテを探している学士と床屋にも出会い、彼らとも協力をすることにする。彼らは幸運にもドン・キホーテと再会することができた。そこへフェルナンとリュサンドが通りかかり、二人は口論を始める。その騒ぎを聞いたカルデニオとドロテが出てきて、四人は再会する。カルデニオは剣を抜くが、ドロテの説得でフェルナンがその非を認めるので、和解。しかし、ドン・キホーテは自分が活躍できなかったことを嘆きながら去っていく。

　「宮殿」、「隠者の庵」、「洞窟」、「森」、「1軒の家」は、カルデニオが正気を失ってい

151

る際の場面で使われる。「槍」はドン・キホーテの持ち物。「棍棒」については具体的な指示はないものの、喧嘩の場面がいくつかあるので、そこで用いられるものと考えられる。「手紙」と「短剣」は、第2幕で気絶したリュサンドが手にしているもの。
［テキスト］Pichou, *Les folies de Cardenio*, Genève, Paris, Droz, 1989.

ロトルー氏の『セリメーヌ』

　舞台中央に、手すりの支え柱を備えた2軒の家の間に透視図法で描かれた泉の水盤、粗朶と草むらが必要。舞台の一方の袖に、岩山、洞窟、生垣と高い木々。そこに2人の役者が隠れる。舞台のもう一方の袖に、岩の座れる場所1ヶ所、岩のテーブルの作り物1台、そこで手紙を書く。携帯用インク壺、用紙、手紙2通、従僕の兜1具と泥棒の服2着。

＊　ロトルー Rotrou の喜劇『セリメーヌ』*La Célimène*、初演1631 ‒ 32年、オテル・ド・ブルゴーニュ座、初版1636年。舞台の設定は作品にない。フロラントが愛するフィランドルは、セリメーヌに心変わりする。フロラントは、フィランドルの心を奪い返してみせると宣言する。彼女は男装して、セリメーヌと姉のフェリシーの両方の心を奪う。セリメーヌとフェリシーに恋するアリドールとリジスは、フロラントが姉妹二人の両方を口説くのを見て、剣を抜いて詰め寄る。フロラントは、万事、自分にまかせておくように二人を説得する。フロラントは、セリメーヌとは森で、フェリシーとは自室で会う約束をして、二人に恋する男をそれぞれ自分の代わりに行かせる。セリメーヌは森で盗賊に襲われるが、アリドールに救われる。フェリシーは、フロラントの代わりに現れたリジスに罵倒されて、失神する。姉妹はフロラントが女であることを知り、それぞれ相手を受け入れる。フィランドルはフロラントの才知に感心して、よりを戻す。
　台詞から、舞台はパリを離れたとある地方でセーヌ川に近い。舞台中央の「手すりの支え柱で飾られた2軒の家」は、フロラントの家とセリメーヌの家である。フロラントの家は第1幕のみ登場する。第2幕は「岩山、洞窟」のある森で、第2幕第2場で、森の中の「舞台のもう一方の袖に、岩の座れる場所1ヶ所、岩のテーブルの作り物」で、「携帯用のインク壺、用紙」で、アリドールがセリメーヌ宛の恋文を書く。セリメーヌの家が第3幕、第4幕、第5幕第9場から終わりまでの舞台となる。第5幕第4場から第8場までの場面は、「岩山、洞窟」のある森で、セリメーヌが泥棒に襲われる。「泥棒の2着の服」は、第5幕第5場の泥棒の衣装である。
［テキスト］Rotrou, Jean de, *Théâtre complet* 6, Paris, Société des Textes Français Modernes, 2003.

第 1 章　オテル・ド・ブルゴーニュ座 I

クラヴレ氏の『あまのじゃく』

　舞台中央に、宮殿の中に泉の作り物を現さねばならない。舞台は全面、林と高い木々の森、草むらに道と遊歩道、そこを人が横切る、そこで芝居の筋のほとんどが展開する。第 3 幕にウグイス。従僕の服 1 着、それが全部である。

＊　原文は *L'Angélie ou l'Esprit fort*、クラヴレ Claveret の喜劇『あまのじゃく、あるいはアンジェリー』*L'Esprit fort ou l'Angélie* で、本題と副題が逆に記されている。初演 1630 年、初版 1637 年。「舞台はヴェルサイユに近い公園の道」である。オリラムはアンジェリーとの結婚を考えている。彼は、この恋愛を隠しておくために、アンジェリーの姉妹オラントとセリレーの両方と恋仲のふりをしている。オラントに恋するクレオントはオリラムを恋敵と思い、決闘を申し込む。しかし、クレオントは事情を知って、オリラムと和解する。一方、姉妹にあてたオリラムの詩と時計の中の姉妹の肖像画をアンジェリーに発見されて、オリラムは窮地に陥る。オリラムの母親が三姉妹の父親に頼んで、彼とアンジェリーの結婚が決まる。オラントはさる貴公子と結婚が決まり、セリレーはクレオントと結婚することになる。題名になっている「あまのじゃく」な人物はアンジェリーの求婚者の 1 人で、父親によって追い払われる喜劇的人物で、脇役に過ぎない。
　場面はほぼ 1 ヶ所で、場所の移動はない。舞台装置は、戯曲の指示に従っているといえよう。「第 3 幕のウグイス」は、夜の場面で使われる。従僕が 2 人登場するが、1 人は「バスク人」で、「従僕の服」はバスクの服ではないだろうか。
［テキスト］Claveret, Jean, *L'esprit fort*, Genève, Droz, 1997.

アルディ氏の『無分別な兄弟』

　舞台中央に建物か家の透視図が必要。舞台の一方の袖に窓、そこに1人の役者が現れて、もう1人をこっそり覗く。舞台のもう一方の袖に、立体的な岩山の作り物、洞窟、草むら、1人の男が身を投げるのに十分な広さの川。半分に折れる剣1振り、血、スポンジ、手紙1通と円形盾。

＊　アルディ Hardy の『無分別な兄弟』*Le Frère indiscret*、初演1626年以前、オテル・ド・ブルゴーニュ座、散逸。

第1章　オテル・ド・ブルゴーニュ座 Ⅰ

ベス氏の『セリーヌ』

　舞台中央に美しい宮殿が必要。宮殿の脇に美しい小部屋、そしてその中に美しい絵画、テーブル1台、その上にテーブルクロス1枚、飾りの付いた美しい燭台、腰掛1脚も要る。舞台のもう一方の袖に高い木々の深い森、その横に出入口。それに、面頬のない兜、羊飼いの杖、投槍、円形盾とトランペット。

＊　作者名は Baif と綴られているが、ベス Beys の悲喜劇『セリーヌ』*Céline, ou les Frères rivaux*、初演1633年、初版1637年。舞台の設定は作品にない。デンマークの宮廷にやってきた羊飼いの姿のセリーヌは、美しさと卑しからぬ振る舞いで王女の庇護を受ける。セリーヌは、子供の時に海賊に攫われて、羊飼いに育てられたため、自分の素性を知らない。彼女は、リザノールと一緒に羊飼いに育てられた。リザノールを愛していて、冒険の旅に出た彼を探してやってきた。リザノールは、国王の息子を危機から救って、この宮廷に招かれている。デンマークを救おうとやってきたモスコヴィー公爵の二人の息子は、二人ともセリーヌに恋をして、互いに競い合う。デンマークの二人の王女は、リザノールに夢中になる。しかし、リザノールは勇気を試そうと野心に燃え、恋には無関心で、セリーヌも二人の王女も相手にしない。姉妹から頼まれた恋文を、セリーヌは自分の名前に書き換えて、リザノールに手渡す。そこへ現れた公爵の二人の息子は、セリーヌを争ってリザノールに挑戦する。姉妹も加わって、一同が鉢合わせして、大騒ぎになる。国王が現れて、仲裁に入り、モスコヴィー公爵からの手紙でセリーヌが公爵の娘であることが分かる。またリザノールも、デンマーク国王の息子であることが判明する。二人の王女は、公爵の二人の息子と結婚することになる。一同の勧めで、リザノールもセリーヌと結婚することになる。
　「宮殿の脇の美しい小部屋」は、第1幕第1場のデンマーク王女の居室である。第1幕第2場以降は、デンマーク王の「舞台中央に美しい宮殿」である。第2幕も「宮殿」で、二人の王女はリザノールに夢中になる。第3幕でセリーヌとリザノールが再会するが、ランカスターは、「舞台のもう一方の袖に、高い木々の深い森、その横に出入口」をその場面としている。第4幕と第5幕は、宮殿の1部屋である。「羊飼いの杖」は、第3幕第4場に登場する羊飼いのためのものである。「トランペット」は、第5幕第6場でモスコヴィー公爵の使者の到着を告げるために使われる。
　［テキスト］Beys, Charles de, *Céline, ou Les frères rivaux*, Paris, T. Quinet, 1637.

デュ・リエ『シュレーヌのぶどうの取り入れ』

デュ・リエ氏の『シュレーヌのぶどうの取り入れ』

　舞台中央にシュレーヌの村、その下にセーヌ川の流れを見せる。舞台の両袖には、ぶどうの木、ぶどう、木々、クルミの木、桃の木と他の草むらで飾られた遠くの風景の作り物を見せる。さらにシュレーヌの村の上に丘と隠者の庵を見せる。しかし、舞台両袖に厚紙を切って描いたブルゴーニュ風のぶどうの木が要る。ぶどうとぶどうの枝でいっぱいにした収穫人の背負い籠が要る。籠2個、添木2本、小鉈鎌1丁、手紙3通。ぶどうの季節なら、みせかけのためにぶどうが5房か6房が必要である。

＊　デュ・リエ Du Ryer の喜劇『シュレーヌのぶどうの取り入れ』*Les Vendanges de Suresne*、初演1633年頃、オテル・ド・ブルゴーニュ座、初版1636年。「舞台は（パリ近郊の）シュレーヌ」である。ドリメーヌとポリドールは恋仲である。ポリドールに恋するフロリスの密告の手紙で、ドリメーヌの父親は二人の交際を禁止する。ポリドールは、連絡手段として架空の恋人宛ての手紙を書く。ドリメーヌに恋するティルシスが、その手紙をポリドールの心変わりの証拠としてドリメーヌに見せるが、相手にされない。ポリドールはぶどうの収穫人に変装して、ドリメーヌに会う。ポリドールのおじが死んで、彼に遺産が入るという知らせが入る。ドリメーヌの父親は結婚を許す。ティルシスはポリドールに決闘を申し込むが、負けて彼女を諦める。ドリメーヌが別の恋敵に攫われそうになるが、二人は協力してドリメーヌを救い出す。ドリメーヌとポリドール、ティルシスとフロリスの結婚が決まる。
　場面の大部分は、ぶどう畑のある丘陵とその周辺と道である。ほかに、第2幕第5場から第7場はドリメーヌの家または家の前、第4幕第7場から第9場はその友人のオレニーの家または家の前が舞台となる。舞台中央奥のシュレーヌの街並みに、二人の家がある。「手紙」は、第1章第7場、第2幕第6場と第3幕第2場と第5場で使われる。「厚紙を切って描いたブルゴーニュ風のぶどうの木」の書割の指示は珍しい。「隠者の庵」は、丘や岩山につきものの常套的な装置で、この芝居では使われていない。
　［テキスト］Du Ryer, Pierre, *Les Vendanges de Suresne*, Roma, Bulzoni, 1980.

第 2 部　『マウロの覚書』注解

クラヴレ氏の『ロワイヤル広場』

　だまし上手（道具方）は、舞台の上にロワイヤル広場か、ほとんどそれをまねたものを見せる。舞台の中央には翼舘を現し、そこに国王の具足があり、翼舘の下のアーチを通してミニミ会修道士を登場させる。広場の一方の横に窓、そこに人物を登場させる、そして舞台両袖は 2 つの広間で、テーブルとじゅうたん、椅子、燭台、ろうそくを備えている。これらの部屋の一方に、適宜明かりをつける。インク壺 1 個、ペン、用紙が要る。また美しい花束、水で満たされたグラスも要る。また、ハンドバック 1 個、女性用の片めがね 1 個が要る、彼女はこのハンドバックと片めがねを持った小姓に付き添われている。また、スイス人傭兵の服 1 着、矛槍 1 本、手紙。第 1 幕は夜。

＊　クラヴレ Claveret の『ロワイヤル広場』*La Place Royale*、初演1633年、散逸。

ロトルー氏の『アメリー』

　舞台中央にだまし上手（道具方）の空想による宮殿、美しい 1 軒の家には温泉施設が付属して、帯状装飾、手すりの支え柱、そのほかに絵画が飾られる。舞台両袖には庭園の作り物、一方は森。森の近くに 2 人の人物が座るのにちょうどよい芝生の場所 1 ヶ所、そしてもう一方には泉。泉の近くに芝生の場所 1 ヶ所、そこに 1 人の女性が横になる、そして別にいくつかの座る場所。それにまた手紙 3 通が要る。

＊　ロトルー Rotrou の悲喜劇『アメリー』*Amélie*、初演1630-31年、オテル・ド・ブルゴーニュ座、初版1637年。舞台の設定は作品にないが、舞台はヴァレンシアである。アメリーとディオニスは愛し合っている。アメリーの父親は、彼女とエラストとの結婚を決める。アメリーとディオニスは駆け落ちし、「森」で男装のクロリスと出会う。二人を追ってきたエラストは、クロリスが死んだはずの恋人であることに気づき、互いに再会を喜ぶ。父親は、二人の結婚を許す。
　舞台は、両袖に「庭園」と「森」が配される。第 1 幕で、「庭園」の「泉の近くの芝生の場所」で、ト書きによれば「アメリーが眠ったふり」をして、ディオニスに寝言で愛を告白する。第 2 幕と第 3 幕の舞台は、「美しい 1 軒の家」とその前で、アメリ

ーの父親が、彼女とエラストとの結婚を決める。アメリーとディオニスは、駆け落ちを決意する。第4幕は「森」で、第1場で「森の近くの（…）芝生の場所」に、ト書きによればクロリスが「1人で、男装で、森に座っている」。第5幕は、台詞に「すばらしい葉むら」とあり、「森」である。場面の移動はあるが、第4幕と第5幕は全体として、二人が駆け落ちしてたどり着いた「森」である。「手紙3通」は、第2幕第7場、第3幕第1場、第5幕第5場に使われる。舞台中央奥の「宮殿」は特にこの劇に必要ない。「美しい1軒の家」を比喩的に言ったものだろう。「温泉施設」は、作中に登場しない。

［テキスト］Rotrou, Jean de, *Théâtre complet*. 5, Paris, Société des Textes Français Modernes, 2002.

ロトルー氏の『恋する巡礼の女』

　舞台はだまし上手（道具方）の空想に委ねなければならない。しかし、舞台中央に、役者たちが出入りする正面玄関、手すりの支え柱の作り物と2本の横木、白と黒の帯状装飾、その上も手すりの支え柱である。上も下も帯状装飾と手すりの支え柱で飾られた美しい2軒の家、その2軒の家の横に2本の通り、その通りの横は2つの翼舘で、2本の通りを区切っている。2つの翼舘の上も下も柱廊と手すりの支え柱でなくてはならない。巡礼の女のために巡礼の杖1本と瓢箪形の瓶1瓶が要る。また棍棒1本も要る、画家のためにパレット1枚、絵筆1本、肘付き1個と絵の具が要る。

＊　ロトルー Rotrou の悲喜劇『恋する巡礼の女』*La Pèlerine amoureuse*、初演1633-34年、オテル・ド・ブルゴーニュ座、初版1637年。舞台の設定は作品にない。金持ちの娘セリーは、リュシドールと婚約している。しかし、セリーは画家に変装したレアンドルと愛し合い、妊娠している。リュシドールとの結婚を避けるため、彼女は精神に異常を来たしているふりをしている。父親は、精神の病に詳しい巡礼の女に相談する。巡礼の女はリュシドールの死んだはずの恋人アンジェリックで、リュシドールの行方を捜して、諸国を巡っていた。セリーはアンジェリックに本心を明かして相談する。セリーは父親に、自分の病気は佯狂で、妊娠した相手はレアンドルだと明かす。レアンドルが貴族だと分かり、全ての誤解が解けて、2組の結婚が決まる。
　台詞から舞台はフィレンツェで、スケッチがないため配置は正確なところは分からないが、イタリア・ルネサンスの三叉路の通りであろうか。場面は、セリーの家とアンジェリックの宿泊する家の前の通りである。「上も下も帯状装飾と手すりの支え柱で飾られた美しい2軒の家」は、1軒がセリーの家、もう1軒がアンジェリックの泊ま

っている家である。第1幕から第5幕まで、ほとんどの場面はセリーの家の前の通りである。第3幕第1場から第7場、第4幕第7場と第8場は、アンジェリックの宿泊先の宿の前の通りで、セリーがアンジェリックに事情を明かす。第5幕第5場と第6場は通りだが別の場所で、父親が巡視隊を連れてくる。舞台中央奥の「正面玄関」はセリーの家の門で、第2幕第6場でセリーに恋する男がそこに入るが、第8場で「棍棒」で叩き出される。また、第5幕第1場でセリーとレアンドルの逢引の場に巡査が踏み込み、第3場でレアンドルが外に引きずりだされる。

 ［テキスト］Rotrou, Jean de, *Théâtre complet 7*, Paris, Société des Textes Français Modernes, 2004.

パサール氏の『幸せな心変わり』

 だまし上手（道具方）の創意による田園の舞台。（役者から見て）舞台右手に泉、花で一杯の庭園の近くにあり、庭園の花壇の中に気絶している女のためのじゅうたん1枚。庭園のそばに人が登れる1本の木。その木の中程に、鳥の巣を見せる。舞台中央にはミルトの木が1本、田園の中の3本の柱廊の透視図の近くにある。舞台のもう一方の袖には、その木と似たような大きな木。その木の横に山があり、女が登る、そしてこの山の下に羊飼いが休憩できる木陰。それから、短剣1振り、手紙1通、片めがね1個、絹のベルト1本、投槍、羊飼いの杖、そして短剣がもう1振り。第2幕は夜。それぞれふさわしい数の花と枝の茂み。

 ＊パサールPassarの『幸せな心変わり』*L'Heureuse Inconstance*、初演年代不明、散逸。

『忠実な羊飼い』

 舞台中央に、3、4段の階段の上に非常に豪華なディアナの神殿が必要。この神殿の中に3枚の絵が要る、1枚はディアナ、もう1枚はヘラクレス、そして牧神の絵。神殿の横にディアナの祭壇、そこで生贄が捧げられる、燭台2つ、香炉1個、香、水瓶1瓶。祭壇の横に3つの洞穴、中央のそれは石で塞がれている。これに加えて、人を縛るための縄。さらに、舞台のもう一方の袖に3つの洞窟が要る、そして中央の洞窟に泉が要る。また、泉の近くに1本の木。矛、狩の角笛、矢筒、矢、半分に折れる弓1張りが要る。サテュロスの棍棒1本、キヅタのベルト、同じ材料のロープ、帽

子1個。さらに、2人の老人のために花飾りの帽子と祭司のための服4着。

＊　作者不詳（ボワロベール Boisrobert か？）の『忠実な羊飼い』Le Berger fidèle、初演1630から32年の間、散逸。

ロトルー氏の『ディアーヌ』

　舞台は、帯状装飾の透視図、上から下までの手すりの支え柱とだまし上手（道具方）のアイデアによる柱廊の作り物、通りと出入りが簡単で自由な家々でなければならない。御者の服1着と鞭1本、従僕の服1着と手紙3,4通、花籠1個が要る。

＊　ロトルー Rotrou の喜劇『ディアーヌ』Diane、初演1632年または1633年、オテル・ド・ブルゴーニュ座、初版1635年。「舞台はパリ」である。リジマンはディアーヌを捨てて、金持ちの娘オラントの婚約者におさまっている。ディアーヌはオラントの侍女に成りすまして、リジマンからもらった恋文をオラントに渡して、彼女の不信感をあおる。オラントは実はアリストと恋仲で、この手紙を渡りに船と、アリストと婚約する。リジマンは、悔し紛れにロザンドと結婚すると告げて去る。ディアーヌは男装して、ロザンドの婚約者のリザンドルになりすまして、リジマンの縁談を破談にする。そこへ本物のリザンドルが現れて、ディアーヌは窮地に立つ。ディアーヌの父親が現れて、リザンドルとディアーヌは兄妹で、ある貴婦人の子供だと明かす。リジマンは、ディアーヌとの結婚に同意する。
　場面はパリの通りで、オラント、リジマン、エリアント、クレオントの家が並んでいる。ト書きと台詞から、第1幕はオラントの家の前とすぐ近くのリジマンの家の前の通りである。第2幕は、リジマンの家の前の通りである。第3幕は、エリアントの家の前とクレオントの家の前である。エリアントとクレオントは舞台に登場しない。第4幕と第5幕は、オラントの家の前である。オラントの家とリジマンの家、エリアントの家とクレオントの家はそれぞれ近い。2組の家の位置関係はあいまいであるが、全体としては「通りと出入りが自由な家々」で、場所の移動はないといえよう。「御者」は第1幕第5場に、「従僕」は第3幕第9場に登場する。「3,4通の手紙」は、第1幕第3場のト書きでディアーヌが「ポケットから手紙を出してオラントに手渡す」。「花籠」は、第1幕第2場に「私の花が売れたら」という花売りの台詞がある。
　［テキスト］Rotrou, Jean de, *Théâtre complet* 6, Paris, Société des Textes Français Modernes, 2003.

クラヴレ氏の『延期された訪問』

　舞台は、だまし上手（道具方）の空想による、家と通り、帯状装飾、手すりの支え柱、その他の絵画が必要。半分に折れる剣1振り、棺桶、手紙1通、喪服2着、2人の従僕のための喪服2着。

＊　クラヴレ Claveret の『延期された訪問』 La Visite différée、初演1633年頃、散逸。

ロトルー氏の『フィランドル』

　舞台中央にセーヌ川と小枝と葦に覆われた島を見せねばならない。そこに役者が1人隠れる。舞台両袖は洞窟と泉でなければならない。泉のそばに芝生、そこに役者が横になる、そして、その後ろに女の役者が座る場所。もう一方の舞台袖の泉の近くにも座る場所。深い草むら、葦、芝生、手紙2通、羊飼いの杖1本、水先案内人の櫂1本、瓶1瓶、魚鉤1つ。

＊　原文は Fiandre ou l'Amitié trahye par l'Amour, de Mr de Rotrou、ロトルー Rotrou の喜劇『フィランドル』Le Filandre、初演1633年、オテル・ド・ブルゴーニュ座、初版1637年。舞台の設定は作品にないが、台詞によればパリ近郊の「セーヌ川と川に浮かぶ島」である。フィランドルはテアーヌに恋しているが、テアーヌはティマントと恋仲。セフィーズはセリドールが好きだが、セリドールはネレと恋仲。フィランドルとセフィーズは、2組の仲を裂こうと計画する。フィランドルはネレに、セリドールがセフィーズに心を移したと告げる。セフィーズはティマントに、テアーヌが心変わりしたと通報する。さらに、二人はセリドールに、ネレがフィランドルを口説いたという嘘の話を立ち聞きさせる。ネレとテアーヌが互いに悩みを打ち明けたことから、フィランドルの計略がばれて、セリドールとネレは仲直りする。そこへ、絶望したティマントがセーヌ川に身を投げたという知らせが入る。ティマントは救い上げられ、二人は罪を告白して、許される。
　「舞台両袖は洞窟と泉」である。ト書きによれば第1幕は「庭園」で、メモの「泉」と「泉の近く、芝生」にあたる。セフィーズとフィランドルは、二人の仲を裂こうと計画する。第2幕のト書きに「森」とあり、場面はメモの「洞窟」である。第3幕と第4幕には、場所を示すト書きも台詞もない。したがって、マウロのメモに従えば、第1幕、第2幕と同じ森か、舞台のもう一方の「洞窟」の前になるか、決め手はない。第5幕でティマントがセーヌ川に身を投げたという知らせで、一同はセーヌ川に向か

う。第5幕第5場から終わりまでの場面は舞台中央奥の「セーヌ川と小枝と葦に覆われた島」で、川に身を投げたティマントが島にたどり着く。「手紙2通」は、第1幕第2場、第3場で、セフィーズが恋人たちの仲を裂くための小道具である。
　［テキスト］Rotrou, Jean de, *Théâtre complet* 10, Paris, Société des Textes Français Modernes, 2011.

ロトルー氏の『フロラント』

　帯状装飾と手すりの支え柱で閉ざされた2軒の美しい家が必要。舞台一方の袖に森、そして舞台のもう一方の袖、観客から見て左手に（舞台下手に）広間、そして上から下まで手すりの支え柱と帯状装飾で閉ざされていなくてはならない。この広間には高位者の椅子1脚。それに蝋で封印された手紙1通。

*　ロトルー Rotrou の『フロラント』*Florante ou les Desdains amoureux*、初演年代不明、オテル・ド・ブルゴーニュ座、散逸。

デュ・リエ氏の『アルキメドン』

　装置としては、美しい庭園の区画、生垣、木々、果実、花、その庭園の中に小道が必要。そこを王妃が散歩する。舞台のもう一方の袖に洞窟と高い木の森が要る。さらに、だまし上手（道具方）のアイデアで、円柱、帯状装飾、手すりの支え柱の非常に美しい2軒の家。戯曲によるとフルーレが要る。

*　デュ・リエ Du Ryer の田園劇『アルキメドン』*Alcimédon*、初演1632年または1633年、初版1636年。舞台の設定は作品にない。ダフネは、父親にアルキメドンとの仲を裂かれて、故郷を離れ、今は大貴族の未亡人の侍女になっている。アルキメドンは苦労の末に顔かたちが見分けられないほどすっかり変わってしまったが、未亡人に愛されている男が彼であることが分かる。二人は再会を喜ぶ。真相を知った未亡人は、ダフネを殺そうと殺し屋たちを送るが、撃退される。国王の計らいで、二人の父親が二人の仲を認める知らせが入る。未亡人もあきらめて、二人の結婚に同意する。
　第1幕は、「庭園」とその中の「小道」で、アルキメドンが正体を隠して、ダフネに愛を告白する。第2幕でダフネとアルキメドンが再会するのは、「非常に美しい2軒の家」の1軒である。第3幕と第4幕はもう1軒の家で、大貴族の未亡人が怒って、

アルキメドンを殺す計画を立てる。第5幕第2場、第3場で殺し屋たちが撃退されるのは、「洞窟と高い樹林の森」である。「フルーレ」は、殺し屋とアルキメドンたちとの争いの場面で使われる。「だまし上手」とは、道具方や画家を指す。
［テキスト］Du Ryer, Pierre, *Alcimédon*, Paris, A. de Sommaville, 1636.

ラ・ピヌリエール氏の『サン゠ジェルマンの市』

　舞台の装置は店舗でなければならない。舞台中央に、いわゆる透視図法で、細工師の非常に立派な金銀細工と宝飾品の大きな店。賽と賽筒で遊ぶためのテーブル1台。懐中時計1個とほかに銀の食器が要る。舞台のもう一方の袖に、絵画が飾られた画廊が要る。画家のこの店の中には、荷車を牽く牛と風景、牛を追う道具、花籠、大きなメロン、すべては絵で、それに加えて杖に支えられた老人、幾つかの古代人の肖像画。舞台のもう一方の袖に、ジャム、シュガーアーモンド、缶、ハムのコルネの店。この店の近くに、店の飾りつけにリボンやほかの物を飾った手芸材料の別の店が必要。店は閉じていなければならない。それは第1幕で開き、芝居の終わりで閉まる。手紙3通が要る、それで全部。

＊　ラ・ピヌリエール La Pinelière の『サン゠ジェルマンの市』*La Foire de Saint-Germain*、初演1634年のカーニヴァル直前、散逸。

ロトルー氏の『ドリステ』

　壁掛けがかけられ、絵画、美しい銀の板、明かりをのせる銀の腕木で飾られた大きな1部屋が必要。この部屋には小部屋への入り口がある。もう一方の袖に、泥棒が登る山。舞台中央に叢林、そこに男装の女性を隠す。そして舞台の残りは森、岩山、洞窟、木々、通り抜けできる小道。森の入り口の芝生に座れる場所2ヶ所、そこに2人の役者を配す。聖職者の服1着、服1着、猟師の杖1本、剣を濡らす血。

＊　原文は *Cleagenor et Doristee*, de Monsieur de Rotrou。ロトルー Rotrou の悲喜劇『ドリステ』*La Doristée*、初演1634年始め、オテル・ド・ブルゴーニュ座、初版1634年。場面の設定は作品にない。クレアジェノールは、恋敵に奪われた婚約者のドリステを探している。彼は、ドリステを暴行しようとしていた男を殺す。しかし、ドリステは

再び盗賊に拉致され、クレアジェノールは殺人の容疑で逮捕される。男装して小姓姿のドリステは盗賊の仲間入りしたふりをして、盗賊に襲われたテアンドルを救う。テアンドルの妻と侍女が小姓に変装したドリステに夢中なり、テアンドルもドリステが女性と知って、愛を告白する。テアンドルは、クレアジェノールが殺されたと偽って、ドリステに諦めさせようとする。そこへクレアジェノールが現れて、再会を喜ぶ。

　第1幕から第2幕第2場までの場面は、「森、岩山、洞窟、木々」である。第1幕第3場で恋敵がドリステを暴行しようとしている場面は、2人の役者が座る「芝生」である。第1幕第4場で、舞台の一方の袖の「泥棒が登る山」から泥棒が通行人を窺っている。第2幕第1場で、「舞台中央の叢林」に小姓姿のドリステが隠れる。第2幕第4場以降はテアンドルの家で、舞台のもう一方の袖に設けられた「大きな部屋」で演じられる。「血のついた剣」は、第5幕第6場で死んだはずのクレアジェノールが持って現れる。

　［テキスト］Rotrou, Jean de, *Théâtre complet* 5, Societé des Textes Français Modernes, 2002

パサール氏の『フロリス』

　舞台中央に絵画が飾られたすばらしい2軒の家、舞台中央にその2軒の家の間に2本の通路の透視図が必要。それに、舞台両袖に2つの森がなければならない。一方は、花々、果実、生垣が見事で、もう一方は高く茂った樹木と生垣でなければならないが、すべてはだまし上手（道具方）の空想に任せる。ベルローズ嬢への手紙1通が要る。銀の盆1枚、心臓1個、短刀1振り、肖像画を入れた箱1個、第5幕に高位者の椅子1脚が要る。それで全部。

＊　パサール Passar の『フロリス』*Florice*、初演1634年のカーニヴァル、散逸。「ベルローズ嬢」はオテル・ド・ブルゴーニュ座の女優で、俳優ベルローズの妻である。この芝居の登場人物に扮したのだろう。

ロトルー氏の『死にゆくエルキュール』

　舞台は豪華でなければならない。一方の袖にユピテルの神殿、古代風に建てられ、祭壇の周りはアーケードで覆われて、祭壇の周りを人が回ることができる。祭壇の上には香炉1基と装飾品。（祭壇の）脚の部分は古代風に丸くしなければならない、そこにユピテルの像を置く。四角い祭壇の

第2部　『マウロの覚書』注解

上の小さな4つのピラミッドは、炎が描かれた小さな花瓶で飾られている。神殿は、隠されていなくてはならない。舞台のもう一方の袖には、山をつくらなくてはならない。そこに観客の前で人が登り、後ろから下りる。この山は、高い樹木の森でなければならない。山の下には悲しみに満ちた葬儀の部屋、エルキュール（ヘラクレス）の壮麗な墓が要る。3つのピラミッド、2つの花瓶からは描かれた炎が出ている。エルキュールの試練が、すべてそこに表されなくてはならない。この墓は、隠されていなければならない。さらに、舞台の中央には、手すりの支え柱と銀の板と他に壁画の装飾で見事に飾られて、中が見える広間が要る。第5幕では、雷鳴、そしてその後で天が開き、エルキュールが雲に乗って天から地上に降りてくる。天の玉座は、黄道十二宮と雲と十二の風と輝く星、透明な紅石榴石のような太陽とだまし上手（道具方）の空想による装飾で満たされている。その他に、花飾りの冠4個、柏の葉の冠1個、月桂冠1個、他に花の冠が2個。墓のそばに牢獄。鎖1本と縄1本、トルコ風の投槍1本、箙1腰、エルキュールの大槌1丁、ライオンの皮と仮面、高位者の椅子2脚、短刀1振り。

*　原文では Hercule となっているが、ロトルー Rotrou の悲劇『死にゆくエルキュール』Hercule mourant、初演1634年2月、オテル・ド・ブルゴーニュ座、初版1636年。舞台の設定は作品にない。第1幕、エルキュールはオイカリアの王女イオールに、恋人アルカスの命と引き換えに愛人になるように脅す。第2幕、エルキュールの妻デジャニールは、エルキュールの心を取り戻そうと、半人半馬のネッソスの血を彼の服に塗る。第3幕、ネッソスの血の毒がまわって、エルキュールは断末魔の苦しみ。第4幕、エルキュールはデジャニールが自殺したという知らせを受けて、オイタ山上に薪を積んで、焼死することを決意する。第5幕第3場、アルカスは墓に縛り付けられて、生贄として矢で射殺されようとする。第4場でエルキュールがオイタ山上から降臨して、アルカスとイオールの命を救う。なお、ラ・チュイユリーの『エルキュール』が同じ題材を扱っている（メモ参照）。
　第1幕と第2幕は、舞台の中央の「手すりと銀の板と他の絵画の装飾で見事に飾られた広間」である。第2幕第4場でイオールと「墓のそばの牢獄」の中のアルカスが格子越しに言葉を交わす。第3幕は「一方の袖のユピテルの神殿」である。第4幕は、再び「宮殿の広間」である。第5幕は、「舞台の（神殿の）反対の袖に、（オイタ）山」、「山の下に悲しみに満ちた葬儀の部屋、エルキュールの壮麗な墓」である。「エルキュールが雲に乗って天から地上に降りてくる」のは、舞台の上のもう一つの舞台か宙乗りを使ったと考えられる。「鎖1本と縄1本」、「トルコ風の投槍1本、箙1腰」は、

アルカスを殺すために使われる。「エルキュールの大鎚1丁、ライオンの皮と仮面」は、エルキュールの常套的な持ち物である。

　［テキスト］Rotrou, Jean de, *Théâtre complet* 2, Paris, Société des Textes Français Modernes, 1999.

パサール氏の『セレニー』

　舞台中央に十分美しい宮殿、3本の柱廊の作り物、その真ん中の柱廊は他より高く、壁掛けで飾られている。帯状装飾が施された、約3ピエ（約91cm）の3つの玄関の後ろには、国王の武具や2軒の家が並べられている。宮殿の横には、観客側から見て左手に八角形の広間、帯状装飾、白と黒の柱廊、その下は手すりの支え柱で飾られている。そしてこの広間には絵が並べられている。テーブル1台、じゅうたん1枚、燭台2本、椅子2脚。舞台のもう一方の袖に厚紙で作った岩でできた大きな洞穴。洞穴の足元に海と島、そこの葦の間の砂地に役者が横になる。魔術師がでてくる洞窟が要る。花飾りの帽子1個が要る。洞窟の近くに、森と3人の女性の座る場所を見せる。非常に美しい草むらが森になっている。それに、黒布で覆われた担架1台、それに女の役者を乗せる、血、見せかけのために絵の具が要る。円形盾、フルーレ、ターバン、手紙、ダマスクかサテンの聖職者の服1着、携帯用のインク壺1個、用紙2枚。それで全部。

　＊　パサール Passar の『セレニー』*Célénie*、初演年代不明、散逸。

パサール氏の田園劇『クレオニス』

　舞台中央に、役者を縛り付ける1本の木。舞台の一方の袖に泉、そしてそのそばは芝生で、女羊飼いが横になる。芝生の近くに1本の大きな木、それに役者が登る。舞台のもう一方の袖に山、その山の上に女の役者が登る。この山の麓に羊飼いが横たわる芝生。第2幕で夜が要る。ロープ1本、手紙1通、短刀1振り、ベルト1本、腕輪1個、花飾りの帽子1個、投槍、羊飼いの杖が要る。

　＊　パサール Passar の田園劇『クレオニス』*Cléonice ou l'Amour téméraire*、初演1634年

第2部 『マウロの覚書』注解

カーニヴァル直前、散逸。

レシギエ氏の『セリデあるいは愛の気高さ——セリデの名をカリリに変えて』

　必要となるものは、舞台中央、階段一段分高いところに装飾が施されている部屋、その天井は2つの家と同じ高さで、遠近法に従い奥が狭くなっている。この部屋は第5幕まで閉じられていなくてはならない。上述の部屋にはテーブル1、絨毯1、燭台複数、明かり、鏡1、ひじ掛けとまっすぐな高い背もたれがある木製の椅子1。この部屋は上部も背面も金色の革が張られていなければならない。プレート複数、ろうそく複数。下手には閉じられておりタピスリーが掛けられている部屋、この部屋には緑色の寝台1、テーブル1、絨毯1、燭台複数。この部屋は第1幕第2場で開かれ、そのあとは開いたままになる。舞台のもう一方の袖には人里離れた場所、森の中の少し高くなった芝草の上で登場人物の1人が休んでいる。また1通の手紙が必要。

＊　レシギエ Rayssiguier の悲喜劇『セリデあるいは愛の気高さ——セリデの名をカリリに変えて』 *La Célidée sous le nom de Calirie, ou de la Générosité d'amour*、初演1634年、初版1635年。
　この作品は当時流行したオノレ・デュルフェ Honoré d'Urfé の長編田園小説『アストレ』*Astrée*（1607〜1627）のなかの「セリデ、タミール、カリドンの物語」*Histoire de Célidée, Thamyre et Calidon* を題材としているが、作者レシギエは、人物の名前をそれぞれカリリ、オロント、アリドールに変え、また原作では羊飼いだった三人を貴族階級に属すると思われる人物として登場させている。原作のタミールとカリドンは従兄弟同士だったが、オロントとアリドールは叔父と甥の関係になっている。さらにいえば、カリリがオロントとアリドールの愛を試すために自らの顔を傷つけるという主筋は原作をふまえたものだが、レシギエは原作にはない人物——アリドールを愛する男装の娘サンティーユ、サンティーユを男性と思って愛してしまうメリセ、メリセを愛するフロラントール——を登場させ、複雑な恋愛模様を描き出そうとしている。
　オロントとカリリは愛しあっている。しかしオロントの甥アリドールがカリリに一目惚れし、それがもとで重病になる。甥の命を救うため、オロントは自分の恋を犠牲にし、カリリにアリドールと結婚するよう頼む。しかしアリドールを嫌っているカリリは、オロントの裏切りをなじり、アリドールとの結婚を拒否する。アリドールは絶望し、カリリの前で自殺しようとする。カリリはそれを押しとどめ、オロントとアリ

第1章　オテル・ド・ブルゴーニュ座　I

ドールの二人に明日まで待ってほしいと答える。ところで、アリドールはイギリス滞在中にサンティーユと愛しあっていた。サンティーユは、兄弟アルカンドルとそっくりなのを利用して男装し、アルカンドルになりすましてフランスにやってくる。そして、アルカンドルの友人フロラントールと出会う。フロラントールはメリセを愛しているが、メリセはそれに応えようとはせず、サンティーユを男だと思って愛するようになってしまう。一方、アリドールがカリリを愛していることを知ったサンティーユは、フロラントールとメリセと共に、カリリのところに赴くことにする。

　さて、アリドールを死なせず、しかもオロントへの愛を貫くためにカリリが考えついた方法は、自分の美しい顔を傷つけることだった。そこに、サンティーユ、フロラントール、メリセ、そしてオロントとアリドールがやってくる。カリリの血まみれの顔を見て目をそむけたアリドールに向かって、カリリは言う——あなたは私の美しさだけを愛していた、だから私はこの顔を傷つけた、しかしオロントはそれゆえにいっそう私を愛してくれるはずだと。自分の非を悟ったアリドールはカリリとオロントに赦しを願い、またサンティーユへの仕打ちを後悔していると告げる。それを聞いてサンティーユは正体を明かし、アリドールを赦す。そして、サンティーユが女だと知ったメリセは、フロラントールの愛を受け入れる決心をする。こうして3組の恋人たちの結婚が約束されたところで幕となる。

　舞台装置と小道具については次のように考えられる。

・舞台中央奥、階段一段分高いところに装飾が施されている部屋 ― 「第5幕まで閉じられていなくてはならない」この部屋は、第5幕第3場以降で演じられる場所、つまりカリリの部屋である。メモではこの部屋に、「テーブル1、絨毯1、燭台複数、明かり、鏡1、ひじ掛けとまっすぐな高い背もたれがある木製の椅子1、プレート複数、ろうそく複数」があるとされている。部屋には「絨毯」が敷かれ、複数の「燭台」に「明かり」がともされている。「ひじ掛けとまっすぐな高い背もたれがある木製の椅子」に座ったカリリは、「テーブル」に向かい、「鏡」を手に取り、鏡に映る自分の顔を見ながら、その顔を傷つける、という具合だろう。なお、カリリの顔は血まみれになるはずだが、マウロのメモには「血」は記されていいない。「プレート複数」が実際には何なのか、またどう使われるのか不明。

・下手には閉じられておりタピスリーが掛けられている部屋——マウロのメモには「この部屋は第1幕第2場で開かれ、そのあとは開いたままになる」とある。「絨毯」が敷かれ「燭台複数」があるこの部屋には、「テーブル」だけでなく「緑色の寝台」が置かれていることから、この部屋はアリドールの病室とみてよい。この部屋が開いたとき、医者がそこから出てくることになるだろう。

・上手の人里離れた場所、森の中の少し高くなった芝草の上で登場人物の一人が休んでいる ― 第2幕第1場はこの場所と思われる。もしもそうだとしたら、「休んでいる」のはサンティーユだろう。

・マウロのメモでは漠然としか記されていないが、中央奥のカリリの部屋に隣接する「2つの家」があると見てよい。一方はカリリの家、もう一方はメリセの家と思われ

第 2 部　『マウロの覚書』注解

る。だとしたら、向かって左手（下手側）がカリリの家、右手（上手側）がメリセの家か。舞台上手側の袖の「上手の人里離れた場所」で第 2 幕第 1 場が演じられるとしたら、そのすぐ後にメリセの家（または家の前）に場面が移るので、場所が隣接している方が無理がない。

・また、メモにある「1 通の手紙」は、どの場面でどのように使われるのか、それを示すようなト書きはないし、登場人物の台詞からも推測できない。

　［テキスト］Rayssiguier, *La Célidée sous le nom de Calirie ou la générosité d'amour, par le sieur de Rayssiguier*, Paris, Toussainct Quinet, 1635.

ベス氏の『いわれのないやきもち焼き』

　舞台はだまし上手（道具方）の考案によらなくてはならない。何かの絵画が飾られた 2 軒の美しい家が要る。舞台両袖に 2 つの広間の作り物、あるいは小部屋でもかまわない。舞台中央は役者が通れる宮殿か通りの作り物。

＊　原文は *Clarice* であるが、クラリスはヒロインの名前。ベス Beys の悲喜劇『いわれのないやきもち焼き』*Le Jaloux sans sujet*、初演1634年、初版1636年。舞台の設定は作品にない。アランドールとクラリスは愛し合っているが、クラリスの父親は金持のベラニールのほうを好む。ベラニールにあきらめさせようと、アランドールは友人のエラースにクラリスと愛し合っている振りをしてもらう。エラースが書いた偽手紙のために、エラースの恋人アルテミーズは、彼が裏切ったと思い込む。エラースとアランドールの決闘寸前に、アルテミーズが二人の間に割って入り、誤解が解ける。エラースが父親を説得して、二人の結婚が許される。

　場面はすべて、2 軒の家を隔てる通りである。メモに従えば、場面はクラリスの家とアルテミーズの家が、舞台の上手と下手に設けられる。2 軒の家は「絵画で飾り」たてられているが、家の内部は場面として使われない。

　［テキスト］Beys, Charles de, *Le Jaloux sans sujet*, Paris, T. Quinet, 1636.

バンスラードの『イフィスとイヤント』

　舞台中央に、あらゆる物で飾られた非常にすばらしい神殿が必要。舞台の上に雲、その上に女神、そして神殿の中に女神の絵を見せる。舞台袖に天井の高い美しい広間、帯状装飾、手すりの支え柱、柱廊、壁掛けで飾られ、テーブル1台、テーブルクロス1枚、燭台、椅子2脚。短刀1振り、第5幕の途中で雷鳴が要る。舞台のもう一方の袖は、だまし上手（道具方）の空想に任せる。神殿は第5幕まで隠されていて、その幕の途中で現れる。変身のためにつけ髭1つが要る、それは顎に貼り付ける。それに加えて、主教の冠1個、女神イシスの鎌と玉座、それで全部。

＊　バンスラード Benserade の喜劇『イフィスとイヤント』 *Iphis et Iante*、初演1634年、オテル・ド・ブルゴーニュ座、初版1637年。「舞台はクレタ島」である。イフィスは、金持ちの娘イヤントと結婚が決まる。しかし、イフィスは男として育てられたが、実は女である。イフィスを愛するエルガストは秘密を知っていて、この結婚を邪魔しようとする。誰もがエルガストの言葉に取り合わず、結婚式が執り行われる。後悔した母親が神殿ですべてを明かす。その時、女神イシスが現れて、イフィスを男に変える。
　舞台中央に「神殿」とあるが、「神殿は第5幕まで隠されていて、その幕の途中で現れる」。神殿は背景幕で隠されている。メモに、第1幕と第2幕の舞台装置の指示はない。背景幕でイフィスとイヤントの家のある通りを表していたのではないだろうか。第3幕第3場と第4場で、イヤントの家の部屋での「舞台袖に天井の高い美しい広間」で、結婚の祝宴の準備がされる。第4幕第1場に「寝室の中」というト書きがあり、イフィスとイヤントの初夜の場面である。メモには「舞台のもう一方の袖にだまし上手（道具方）の空想に任せる」とあり、道具方に装置をゆだねて、その場面について明記するのをあえて避けたのではないだろうか。「舞台中央に、あらゆる物で飾られた非常にすばらしい神殿」は、背景幕が上がって、第5幕第5場で登場する。母親が真実を明かして、イフィスが「短刀」で自殺しようとする。その時、ト書きによれば、「大音響がする」と「彼女（女神イシス）が空中に現れる」。メモに「舞台の上に雲、その上に女神」とあり、宙乗りを使ったか、上舞台を使用した。「主教の冠、女神イシスの鎌と玉座」は、女神の衣裳である。「変身のためのつけ髭」は、イフィスが男になったことを表す。
　［テキスト］Benserade, Isaac de, *Iphis et Iante*, Vijon, Lampsaque, 2000.

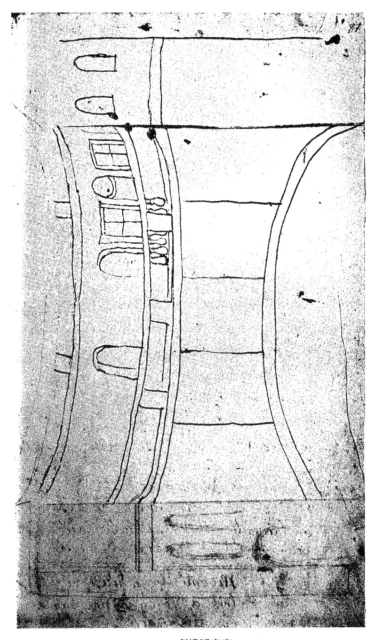

L'INTÉRIEUR D'UN THÉÂTRE (p. 106, note).

劇場観客席

第1章　オテル・ド・ブルゴーニュ座 Ⅰ

　左記のスケッチは、劇場の馬蹄形の観客席である。オテル・ド・ブルゴーニュ座は長方形の劇場で、観客席は馬蹄形ではない。この観客席はイタリア式の劇場の様式である。おそらく、ロラン・マウロはイタリア式の劇場の知識を持っていて、描いてみたのではないだろうか。このスケッチを描いた意図は分からないが、当時の最先端の劇場建築であり、舞台装置家がその知識を持っていたことを示している。

第2部　『マウロの覚書』注解

第2章　オテル・ド・ブルゴーニュ座 II

1[5].『シュレナ』

　舞台は任意の宮殿。

＊　ピエール・コルネイユ Pierre Corneille の悲劇『シュレナ』 Suréna, général des Parthes、初演1674年12月15日以前、オテル・ド・ブルゴーニュ座、初版1675年。「舞台はユーフラテス川のほとりのセレウキア」である。パルティアの救国の英雄シュレナは、アルメニアの王女ユリディスとひそかに愛し合っている。ユリディスはパルティアの王子との結婚を控えている。シュレナの力を恐れた国王は、彼に娘を与えると提案する。シュレナはこの話を断り、暗殺され、ユリディスも死ぬ。
　場面はパルティアのセレウキアの「宮殿」の1部屋で、各幕とも場面は繋がり、場所の移動はない。
　［テキスト］Pierre Corneille, Œuvres complètes, tome 3, Paris, Bibliothèque de la Pléiade, Gallimard, 1987.

2.『エディップ』

　舞台は任意の宮殿。

＊　ピエール・コルネイユ Pierre Corneille の悲劇『エディップ』 Œdipe、初演1659年1月25日、オテル・ド・ブルゴーニュ座、初版1659年。「舞台はテーバイ」である。テーバイは原因不明の疫病に襲われて、死者が続出している。先王の娘ディルセは、自ら生贄になって民衆を救おうとする。ディルセを愛する英雄テゼは、彼女の身代わりになろうとする。国王エディップは、自分が父親を殺し、母親と近親相姦を犯したことを知り、両目をくり抜いて犠牲となり、神の怒りを収める。
　場面は「宮殿」の1部屋で、各幕とも場面は繋がり、場所の移動はない。
　［テキスト］Pierre Corneille, Œuvres complètes, tome 3, Paris, Bibliothèque de la Pléiade, Gallimard, 1987.

5　番号は、原文に付けられている。

3.『ロドギュンヌ』

　舞台は宮殿の1部屋。第2幕に必要なのは肘掛け椅子1脚と腰掛2脚。第5幕では肘掛け椅子3脚と腰掛1脚、金の杯1個。

＊　ピエール・コルネイユ Pierre Corneille の悲劇『ロドギュンヌ』*Rodogune*、初演1644-45年、マレー座、初版1647年。「舞台はセレウキアの王宮」である。シリアの女王クレオパートルは双子の王子に、夫が愛したパルティアの王女ロドギュンヌを殺させようとする。権力を維持しようと、さらに2人の王子も殺そうとするが、自分の用意した毒杯を仰いで死ぬ。
　場面は「宮殿の1部屋」で、登場人物の入れ替わりはあるが、場所の移動はない。第2幕第3場はクレオパートルと2人の王子と家臣の4人で、2人の王子のどちらが王位を継ぐかを議論する。「肘掛け椅子」にクレオパートルが座り、2脚の「腰掛」に2人の王子が座る。第5幕第3場で、クレオパートルは双子の王子の1人アンティオーシュに王座を譲ると宣言する。この場面には、クレオパートルとアンティオーシュ、ロドギュンヌ、ファラントの大使オロント、家臣ラオーニス、パルティアとシリアの人々が登場する。ト書きでは、「ここでアンティオーシュが肘掛け椅子に座る。ロドギュンヌはその左に並んで座り、クレオパートルは右だが、後ろの列で、身分の差を表す。オロントはロドギュンヌの左で、同様に身分の差を示して座る」。3脚の「肘掛け椅子」に、クレオパートルとアンティオーシュ、ロドギュンヌが座り、オロントが「腰掛」に座る。クレオパートルに促されて、「ラオーニスが手に杯を持って、戻ってくる」。この杯が「金の杯」で、クレオパートルが用意した毒の杯である。
　〔テキスト〕Pierre Corneille, *Œuvres complètes*, tome 2, Paris, Bibliothèque de la Pléiade, Gallimard, 1984.
　〔訳書〕『ロドギュンヌ』(伊地智均、竹田宏訳)、in『コルネイユ名作集』、白水社、1975年

4.『ドン・サンシュ・ダラゴン』

　舞台は宮殿。第1幕で玉座と肘掛け椅子3脚、腰掛6脚またはベンチ2台が必要、指輪1個。

＊　ピエール・コルネイユ Pierre Corneille の英雄喜劇『ドン・サンシュ・ダラゴン』*Don Sanche d'Aragon*、初演1649-50年、初版1650年。「舞台はヴァラドリッド」である。出自不明の騎士カルロスには、カスティリア女王イザベルへの身分違いの恋は許され

第 2 部　『マウロの覚書』注解

ない。大貴族のアルヴァールはアラゴンの王女エルヴィールと相思相愛の仲で、自分がイザベルの結婚相手の候補者であることを悩んでいる。カルロスの育ての親の漁師が持ってきたアラゴンの先王の手紙で、カルロスが先王の息子ドン・サンシュであることが分かり、イザベルと結婚する。

「舞台は宮殿」で、場所の移動はない。「玉座」は第 1 幕が謁見の間であることを示す。第 1 幕第 3 場で、イザベルは自分の結婚相手を選ぶ方法について一同に告げる。彼女に促されて、一同着席する。ト書きで、「ここで 3 人の王女はそれぞれ（3 脚の）肘掛け椅子に座り、3 人の伯爵と居並ぶ貴族たちは、特別に用意されたベンチに座る。カルロスは空いた席を見て、そこに座ろうとするが、ドン・マンリック（貴族の 1 人）にさえぎられる」。第 5 幕第 6 場で、漁師がもたらした宝石箱を開けると、アラゴンの亡き王の手紙と「指輪」が入っている。「指輪」は、カルロスがアラゴンの国王の息子であることを示す証拠の品である。

［テキスト］Pierre Corneille, *Œuvres complètes*, tome 2, Paris, Bibliothèque de la Pléiade, Gallimard, 1984.

5.『嘘つき男』

　　第 1 幕の舞台は庭園、第 2 幕は家々と 2 つの窓
　　第 1 幕、手紙 1 通
　　第 2 幕、手紙 2 通
　　第 4 幕、小銭

＊　ピエール・コルネイユ Pierre Corneille の喜劇『嘘つき男』*Le Menteur*、初演1643-44年冬、マレー座、初版1644年。「舞台はパリ」である。ドラントは、自分が一目ぼれした相手のクラリスをリュクレースだと思い込む。ドラントは、自分のほら話のせいで、友人との決闘騒ぎまで起こすが、最後に自分の取り違えに気づいて、クラリスと結婚する。

「第 1 幕の舞台は庭園」とあるのは、台詞によれば、チュイルリー公園である。ドラントはクラリスに一目ぼれするが、クラリスを女友達のリュクレースと思い違える。第 2 幕の「家々と 2 つの窓」は、台詞によれば、第 4 場まではロワイヤル広場に面したクラリスの家の中である。第 2 幕第 5 場ではクラリスの家の前でドラントと父親が話をしているが、ト書きに「この時、クラリスは窓から二人を見る。また、リュクレースもイザベルとともに窓から二人を見る」。第 3 場は第 4 場まで、ロワイヤル広場のリュクレースの家の前である。ドラントは家の前にいて、リュクレースとクラリスは家の中から窓越しに会話する。第 5 場でクラリスが家から出てきて、ドラントと話す。第 4 幕は、ロワイヤル広場のリュクレースの家の窓の下である。第 5 幕は、ロワイヤル広場のクラリスの家の窓の下である。したがって、第 2 幕以降は、場面はロワ

イヤル広場で、舞台の上手と下手にクラリスの家とリュクレースの家がある。「通りに2軒の家」が喜劇の常套的な舞台の一つであるが、通りがロワイヤル広場に置き換えている。第1幕のチュイルリー公園の場面は、公園が描かれた背景幕の前で演じられたのだろう。「手紙」は、第1幕、第2幕でクリトンとリュクレースが取り交わす。「小銭」は、第4幕でドラントが従僕に与えるチップである。
［テキスト］Pierre Corneille, Œuvres complètes, tome 2, Paris, Bibliothèque de la Pléiade, Gallimard, 1984.
［訳書］『嘘つき男』（岩瀬孝訳）、in『コルネイユ名作集』、白水社、1975年
『嘘つき男・舞台は夢』（岩瀬孝・井村順一訳）、岩波文庫、2001年
『嘘つき男』（持田担訳）、in『コルネイユ喜劇全集』、河出書房新社、1996年

6.『オラース』

　舞台は任意の宮殿、第5幕で肘掛け椅子1脚。

＊　原文は Les Horaces。ピエール・コルネイユ Pierre Corneille の悲劇『オラース』Horace、初演1640年5月、マレー座、初版1641年。「舞台はローマ、オラース家の1部屋」である。古代ローマとアルバは対立しているが、双方の代表の決闘で決着をつけることが決まる。ローマのオラース兄弟がアルバのキュリアス兄弟を倒したという報せが入る。オラースが凱旋してくる。オラースの妹カミーユは、婚約者のキュリアスを殺した兄を罵り、ローマを呪ったために、オラースに殺される。オラースの裁判が開かれるが、国王は彼の功績を認めて、恩赦を与える。
　オラース家の人々は、「宮殿」の1部屋に集まって、決闘の成行きに一喜一憂する。場所の移動はない。「肘掛け椅子1脚」は、第5幕で登場するローマの国王が座るためである。
［テキスト］Pierre Corneille, Œuvres complètes, tome 1, Paris, Bibliothèque de la Pléiade, Gallimard, 1980.
［訳書］『オラース』（伊藤洋訳）、in『コルネイユ名作集』、白水社、1975年

7.『ポンペ』

　任意の舞台。第1幕の開幕に玉座と肘掛け椅子1脚、椅子3脚。第4幕に骨壺1個。

＊　ピエール・コルネイユ Pierre Corneille の悲劇『ポンペ』Pompée、初演1643年末、マレー座、初版1644年。「舞台はアレクサンドリア、プトロメの宮殿」である。エジ

プト王プトロメは、セザール（シーザー）に敗れて逃れてきたポンペ（ポンペウス）の処置に困り、暗殺する。セザールはこの行為を憎み、犯人の処罰を命じる。プトロメはセザールと戦って死に、姉のクレオパートル（クレオパトラ）が王位について、セザールと結ばれる。

原文は「任意の舞台」となっているが、「任意の宮殿」の誤りだろう。第1幕は会議の場面で、エジプト王プトロメと3人の家臣が亡命してきたポンペの扱いを協議する。「玉座」は謁見の間での会議を表し、「肘掛け椅子」に王が、「椅子3脚」には家臣が座る。第2幕と第3幕はクレオパートルの居室、第4幕はプトロメの居室、第5幕はポンペの妻が捕えられている部屋である。場面は変わるが、椅子によって場面転換を示したものと思われる。「骨壺」はポンペの遺骨を入れた壺である。「第4幕に骨壺」と指示しているが、第5幕のト書きに「コルネリー、手に小さな骨壺を持っている」とあり、第5幕の誤りである。

［テキスト］Pierre Corneille, *Œuvres complètes*, tome 1, Paris, Bibliothèque de la Pléiade, Gallimard, 1980.

8.『ニコメード』

舞台は任意の宮殿。第5幕に指輪1個。

＊　ピエール・コルネイユ Pierre Corneille の悲劇『ニコメード』*Nicomède*、初演1651年2月下旬、オテル・ド・ブルゴーニュ座、初版1651年。「舞台はニコメディア」である。ビチュニアの国王プリュジアスの後妻アルシノエは自分の息子アタールを王位につけようと画策し、兄の王子ニコメードを逮捕させる。暴動が起こり、ニコメードは解放される。ニコメードは父王に恭順の意を示し、一同は和解する。

舞台は、ニコメディアの「宮殿」の1部屋で、各幕とも場面は繋がり、場所の移動はない。第5幕第9場に「（ニコメードの救出者が）証拠の品として私にダイヤモンドを求めた」というニコメードの台詞がある。「指輪」によって、ニコメードを解放したのがアタールであることが分かる。

［テキスト］Pierre Corneille, *Œuvres complètes*, tome 2, Paris, Bibliothèque de la Pléiade, Gallimard, 1984.
〔訳書〕『ニコメード』（伊藤洋、皆吉郷平訳）、in『コルネイユ名作集』、白水社、1975年

『セルトリユス』

舞台は任意の宮殿。第1幕で手紙2通、第3幕で肘掛け椅子2脚、第

5幕で燭台と手紙2通。

＊　ピエール・コルネイユ Pierre Corneille の悲劇『セルトリユス』 Sertorius、初演1662年2月25日、マレー座、初版1662年。「舞台は、セルトリユスに占領されたアラゴンの都市ネルトブリッジ、現在のカタユッド」である。ルシタニアに亡命したローマの将軍セルトリユスは、ローマと戦っている。ポンペ（ポンペウス）はセルトリユスと交渉するが、和平は不調に終わる。セルトリユスは女王ヴィリアトを愛しているが、女王に恋する部下ペルペンナに暗殺されて、王国はローマの支配に下る。ペルペンナはポンペにローマの内通者の名前を記した手紙を差し出すが、ポンペは手紙を読まずに焼き捨てて、戦争の終結を宣言する。
　場面はネルトブリッジの「宮殿」の1部屋で、各幕とも場面は繋がり、場所の移動はない。第1幕第2場で、セルトリユスはペルペンナと作戦を協議する。その席で、セルトリユスは、ポンペが離婚した妻の両親と友人たちから味方につくという「手紙2通」を見せる。第3幕第1場は、セルトリユスとポンペの交渉の場面である。「肘掛け椅子2脚」に、二人が座る。第5幕第7場でペルペンナが、ローマの内通者の名前を記した「手紙2通」をポンペに手渡す。ポンペは「それを読まずに燃やした」とト書きがある。「燭台」は、手紙を燃やすために使われる。
　[テキスト] Pierre Corneille, Œuvres complètes, tome 3, Paris, Bibliothèque de la Pléiade, Gallimard, 1987.

『エラクリユス』

　舞台は任意の宮殿の1部屋。手紙3通。

＊ Pierre Corneille ピエール・コルネイユの悲劇『エラクリユス』 Héraclius empereur d'Orient、初演1646-47年、マレー座、初版1647年。「舞台はコンスタンティノープル」である。フォカスは先帝を殺して、皇帝の地位を奪った。フォカスの息子マルシアンは乳母から、自分が先帝の息子エラクリユスであると明かされる。乳母の息子も先帝の手紙を読んで、自分がエラクリユスだと思い込む。反乱が起こり、フォカスは殺される。乳母が持っていた先帝の妻の手紙で、マルシアンこそエラクリスであることが判明する。
　台詞から、第1幕は王宮内のフォカスの居室、第2幕は乳母のレオンティーヌの家、第3幕は王宮内のマルシアンの恋人ピュルケリの居室、第4幕と第5幕は王宮内のマルシアンの居室である。第2幕を除けば、場面は「宮殿の1部屋」にまとめることも可能だろう。「手紙」は、第2幕第5場でマルシアンが乳母に見せる先帝の手紙（実は偽手紙）、第5幕第7場で先帝の皇后が真実を明かした手紙の2通である。メモの指示が「3通」となっているのは、ランカスターは数え間違えたのではないかと推測

している。
〔テキスト〕Pierre Corneille, *Œuvres complètes*, tome 2, Paris, Bibliothèque de la Pléiade, Gallimard, 1984.

『シンナ』

　舞台は宮殿。第2幕で肘掛け椅子1脚と腰掛2脚、第5幕では肘掛け椅子1脚と王の左手に腰掛1脚が必要である。

＊　ピエール・コルネイユ Pierre Corneille の悲劇『シンナ』*Cinna*、初演1642年8月または9月、マレー座、初版1643年。「舞台はローマ」である。ローマ皇帝オーギュストの養女エミリーは、寵臣で恋人のシンナと皇帝暗殺を企む。陰謀は発覚するが、皇帝は二人を赦す。二人は、皇帝への忠誠を誓う。
　場面は「宮殿」であるが、台詞から、第1幕はエミリーの居室、第2幕はオーギュストの居室、第3幕は特定できないが「宮殿」の1部屋、第4幕の第3場まではオーギュストの居室、第4場以降はエミリーの居室、第5幕はオーギュストの居室と考えられる。コルネイユ自身、『自作吟味』*Examan* の中で場面が複数であることを認めているように、1つの舞台装置で宮殿の2部屋を表している。第2幕で、オーギュストが「肘掛け椅子」に、シンナともう1人の寵臣マクシムが「腰掛」に座って、退位について話し合う。第5幕ではオーギュストとシンナが「肘掛け椅子1脚と王の左手の腰掛1脚」に座る。椅子の出し入れで、場面の移動を表したのだろう。
〔テキスト〕Pierre Corneille, *Œuvres complètes*, tome 1, Paris, Bibliothèque de la Pléiade, Gallimard, 1980.
〔訳書〕『シンナ』（岩瀬孝訳）、in『コルネイユ名作集』、白水社、1975年

『ル・シッド』

　舞台は4つの扉のある1部屋。国王には肘掛け椅子1脚が必要である。

＊　ピエール・コルネイユ Pierre Corneille の悲喜劇『ル・シッド』*Le Cid*、初演1637年1月、マレー座、初版1637年。「舞台はセヴィリャ」である。父親の恥辱を雪ぐため、ロドリーグは、恋人シメーヌの父親を決闘で倒す。その後ロドリーグは、モール人との戦いで敵将から「ル・シッド」の称号を与えられるほどの戦功を収める。シメーヌは、ロドリーグを父の仇と訴えるが、国王は決闘で決着をつけるように命じる。ロドリーグは勝利する。国王は、モール人との戦いでロドリーグが凱旋した上で結婚するようにシメーヌに勧める。

第 2 章　オテル・ド・ブルゴーニュ座 Ⅱ

　第 1 幕第 1 場はシメーヌの家、第 2 場は王宮の王女の居室、第 3 場から第 1 幕の終わりまで王宮の 1 部屋。第 2 幕第 1 場と第 2 場は王宮の 1 部屋、第 3 場から第 5 場は王女の居室、第 6 場から第 8 場は王の居室である。第 3 幕第 1 場から第 4 場はシメーヌの家、第 5 場と第 6 場はセヴィリャの町の通り。第 4 幕第 1 場と第 2 場はシメーヌの家、第 3 場以降は王宮である。第 5 幕第 1 場はシメーヌの家、第 2 場と第 3 場は王女の居室、第 4 場と第 5 場はシメーヌの家、第 6 場以降は謁見の間である。場面は各幕各場でめまぐるしく変わる。場面は、少なくとも王宮、シメーヌの家、通りが必要である。初演当時は並列舞台が使われていただろうが、この時代には、場面転換を「4 つの扉」によって登場人物の出入りで示しているのではないだろうか。なお、「国王の肘掛け椅子」は、第 5 幕の謁見の間であることを表す。

　〔テキスト〕Pierre Corneille, Œuvres complètes, tome 1, Paris, Bibliothèque de la Pléiade, Gallimard, 1980.
　〔訳書〕『ル・シッド』(岩瀬孝訳)、in『コルネイユ名作集』、白水社、1975 年

『ポリュークト』

　舞台は任意の宮殿。

＊　ピエール・コルネイユ Pierre Corneille の悲劇『ポリュークト』Polyeucte martyr、初演 1642-43 年、マレー座、初版 1643 年。「舞台はアルメニアの首都メリテーヌ、フェリックスの宮殿」である。アルメニアの貴族でアルメニア総督フェリックスの婿のポリュークトは、キリスト教に改宗して殉教する。
　場面はフェリックスの「宮殿」の 1 部屋で、各幕とも場面は繋がり、場所の移動はない。
　〔テキスト〕Pierre Corneille, Œuvres complètes, tome 1, Paris, Bibliothèque de la Pléiade, Gallimard, 1980.
　〔訳書〕『ポリュークト』(岩瀬孝訳)、in『コルネイユ名作集』、白水社、1975 年

『オトン』

　舞台は任意の宮殿。第 3 幕で肘掛け椅子 1 脚と椅子 1 脚が必要。第 5 幕も同じ。

＊　ピエール・コルネイユ Pierre Corneille の悲劇『オトン』Othon、初演 1664 年 7 月 31 日フォンテヌブロー、オテル・ド・ブルゴーニュ座員、11 月 5 日、オテル・ド・ブルゴーニュ座、初版 1665 年。「舞台はローマ、皇帝の宮殿」である。元老院議員のオ

トンは、プロティーヌを愛している。彼女は、オトンと父の身の安全のために、皇帝ガルバの姪カミーユに言い寄るようにオトンに勧める。ガルバはオトンとカミーユの結婚を認めるが、次期の皇帝には別の人物を推薦する。皇帝の取り巻きたちの間で皇帝の位とプロティーヌを巡ってさまざまな駆け引きが行われるが、暴動が起こり、ガルバは殺害され、オトンが皇帝の位につく。

　場面は皇帝の「宮殿」の1部屋で、各幕とも場面は繋がり、場所の移動はない。第3幕第3場と第4場、第5幕第1場から第4場で、皇帝のガルバが「肘掛け椅子」に座り、皇帝の姪が「椅子」に座る。

　［テキスト］Pierre Corneille, *Œuvres complètes*, tome 3, Paris, Bibliothèque de la Pléiade, Gallimard, 1987.

『ラ・テバイッド』

　　舞台は任意の宮殿。

＊　ラシーヌ Racine の悲劇『ラ・テバイッド』*La Thébaïde ou les Frères ennemies*、初演1664年6月20日、モリエール一座。初版1664年10月30日。
　「舞台はテーバイの王宮の一室」。双子の兄弟エテオクルとポリニスは幼いころから憎み合い、いまもテーバイの王位を争って、互いに軍を率いて対峙している。二人の母ジョカストの必死の嘆願で一度は和解の試みが始まるかに見えたが、王位を狙う叔父クレオンが兄弟の憎しみを煽ったため、二人は決闘によって決着を図ることになった。ジョカストは絶望して自ら命を絶つ。妹のアンティゴーヌは恋人エモン（クレオンの息子）に、兄たちが殺し合わぬようとりなしを頼むが、兄弟は相討ちとなり、仲裁に入ろうとしたエモンも殺される。それを知ったアンティゴーヌは自害し、一人残されたクレオンは発狂して死ぬ。
　この劇の舞台となる「任意の宮殿」は、三単一の規則（一日のうちに［時の単一］、一つの場所で［場所の単一］、ただ一つの事件が起こる［筋の単一］）に則った悲劇が展開される典型的な場所であり、この劇の場合にはテーバイ王宮内の一室ということになる。
　［テキスト］（以下、ラシーヌの戯曲すべてに共通）
　Racine, *Œuvres complètes*, éd. Raymond Picard, Paris, Gallimard, « Bibliothèque de la Pléiade », t. I (théâtre-poésies), 1950.
　Racine, *Œuvres complètes*, éd. Georges Forestier, Paris, Gallimard, « Bibliothèque de la Pléiade », t. I (théâtre-poésie), 1999.
　〔訳書〕『ラ・テバイード』（鬼頭哲人訳）、in『ラシーヌ戯曲全集　I』、人文書院、1964年
　『ラ・テバイッド』（渡辺清子訳）、in『世界古典文学全集48、ラシーヌ』、筑摩書房、

1965年

『アレクサンドル大王』

　舞台は、複数のテントと幕舎。肘掛け椅子2脚と腰掛1台が必要。

＊　ラシーヌ Racine の悲劇『アレクサンドル大王』*Alexandre le Grand*、初演1665年12月4日、モリエール一座。初版1666年1月13日。
　「舞台はイダスプ河のほとり、タクシルの陣営」。アレクサンドル大王の軍勢を前にしたインドの国々の王たち、ポリュス王、アクシアーヌ女王、タクシル王は、戦いか和平かの選択を迫られている。タクシルは、妹のクレオフィルがアレクサンドルと愛しあっていることもあり、内心では和平を望んでいるが、戦いを主張するアクシアーヌへの愛に引きずられ、あいまいな態度をとる。アクシアーヌを愛するポリュスは、彼女の意を受けてアレクサンドルとの戦いに臨む。しかし、戦いはアレクサンドルが勝利し、ポリュスは負け戦の中で討ち死にしたらしい。アクシアーヌはタクシルの陣営に閉じ込められる。勝利を収めたアレクサンドルはタクシルに、ポリュスとアクシアーヌの国を治めるようにと言い、アクシアーヌにはタクシルと結婚するよう勧める。しかし、ポリュスへの愛を悟ったアクシアーヌは、タクシルを卑怯者とあざけるばかりである。そのとき、ポリュスが生きて現れたとの知らせが入り、タクシルはポリュスと対決するために戦場に向かうが、ポリュスに討たれ死ぬ。捕虜となってアレクサンドルの前に引き出されたポリュスは、たとえ戦いには敗れても決して屈服しないと言う。アレクサンドルは、英雄としての誇りを貫くポリュスを称賛し、彼を王として遇すると宣言し、アクシアーヌとの結婚を認める。ポリュスとアクシアーヌは、アレクサンドルの寛大さにうたれ、その美徳と栄光を讃える。
　劇が展開される場所だが、「舞台はイダスプ河のほとり、タクシルの陣営」と戯曲で指示されているので、「複数のテントと幕舎」はタクシルの陣営であることがわかる。劇はおそらくタクシルのテントの前で展開されるだろう。「肘掛け椅子2脚」と「腰掛1台」は常に舞台上にあるとは限らず、必要に応じて舞台に運ばれるのかもしれない。例えば第2幕第2場では、アレクサンドルから遣わされた使者エフェスチオンがポリュスとタクシルと会見するが、このとき王であるポリュスとタクシルは肘掛け椅子に座り、エフェスチオンは腰掛に座ることになるだろう。また第5幕では戦いに勝ったアレクサンドルが肘掛け椅子に座り、その前に敗れて捕虜となったポリュスが引き出されてくる、という使い方も考えられる。いずれにしても、肘掛け椅子と腰掛とは、身分の違い、あるいは勝者と敗者の区別を示すしるしとなるだろう。
　〔訳書〕『アレクサンドル大王』（福井芳男訳）、in『ラシーヌ戯曲全集　I』、人文書院、1964年
『アレクサンドル大王』（大島利治訳）、in『世界古典文学全集48、ラシーヌ』、筑摩書房、

第 2 部　『マウロの覚書』注解

1965年

『アンドロマック』

舞台は円柱で飾られた宮殿、舞台奥には船（複数）が浮かぶ海。

＊　ラシーヌ Racine の悲劇『アンドロマック』Andromaque、初演は1667年11月17日、宮廷にて王立劇団（オテル・ド・ブルゴーニュ一座）が上演。一般向けには翌日の11月18日、オテル・ド・ブルゴーニュ座にて初めて演じられた。初版1667年12月末または1678年1月。

　「舞台はエピールの都ビュトロート、ピリュス王の宮殿の一室」。トロイア滅亡後、アンドロマックは、息子アスティアナクスと共に、ピリュスの囚われ人となっている。ピリュスは、アンドロマックの夫エクトールを殺したアシールの息子であり、トロイアを滅ぼした王たちの一人でもある。そのピリュスだが、スパルタ王女エルミオーヌと婚約しているものの、いまはアンドロマックに恋している。しかしアンドロマックは、亡き夫エクトールを愛し続け、ピリュスの恋を拒んでいる。そこに、エルミオーヌを愛するオレストが、ギリシアからの使節として、アスティアナクスの引き渡しを求めてやってきた。ピリュスは一度は引き渡しを拒否するが、アンドロマックが自分の愛を受け入れようとしないの見て、ギリシアの要求をのみ、エルミオーヌとも結婚するとオレストに伝える。ピリュスを愛するエルミオーヌは喜び、オレストは失望落胆する。一方アンドロマックは、息子の命を助けてほしいとエルミオーヌに嘆願するが、冷たくあしらわれる。だが、ピリュスからは、自分との結婚を承諾すれば息子の命を助けようと言われる。思い余ったアンドロマックは、エクトールの墓に詣で、ピリュスと結婚を承諾して息子を救うが、すぐあと自殺して亡き夫への愛を貫くことを決心する。ピリュスとアンドロマックが結婚すると知ったエルミオーヌは、復讐心からオレストを呼び、ピリュスを殺せと命じるが、ピリュスへの恋心は募る一方である。そしてオレストがピリュスを殺したと告げに来た時、エルミオーヌはオレストをなじり、ピリュスのあとを追って自殺する。それを知ったオレストは狂乱状態に陥る。

　メモに記された「円柱で飾られた宮殿」の「円柱」は、彫刻や手摺とともに、宮殿を特徴づける付属物だった。「舞台奥には船（複数）が浮かぶ海」は、ピリュス王の都ビュトロートの港にオレストを使節とするギリシアの船が何艘も停泊していることを示しているのだろう。

〔訳書〕『アンドロマック』（渡辺守章訳）、in『ラシーヌ戯曲全集　I』、人文書院、1964年

『アンドロマック』（安堂信也訳）、in『世界古典文学全集48、ラシーヌ』、筑摩書房、1965年

『フェードル・アンドロマック』、渡辺守章訳、岩波文庫、1993年

第2章　オテル・ド・ブルゴーニュ座 II

『ブリタニキュス』

　舞台は任意の宮殿。2つの扉。第4幕に2脚の肘掛け椅子。カーテン数枚。

＊　ラシーヌ Racine の悲劇『ブリタニキュス』*Britannicus*、初演1669年12月13日、オテル・ド・ブルゴーニュ座。初版1670年2月ごろ。
　「舞台はローマ、ネロンの宮殿の一室」。皇帝ネロンの母アグリピーヌは、権力を維持するため息子を帝位につけ、陰で操ってきた。しかし怪物としての本性に目覚めつつあったネロンは、母親の支配から抜け出そうとしている。それを察したアグリピーヌは、先帝の息子ブリタニキュスを利用し、ネロンを牽制しようとするが、ネロンはその先手を打ってブリタニキュスの婚約者ジュニーを拉致する。だが、ジュニーの姿を見たネロンは彼女に恋する。ネロンはジュニーを脅迫し、ブリタニキュスと別れさせようとするが、失敗に終わる。嫉妬にさいなまれたネロンは、ブリタニキュスを捕らえさせる。アグリピーヌはネロンに会い、彼を皇帝にするために自分がどれほど術策をめぐらしてきたかと訴えつつ、ブリタニキュスと和解するよう迫る。後見役ビュリュスからも諫められたネロンは、いったんは和解を受け入れようとするが、奸臣ナルシスに唆され、考えを変える。そして、和解のためと偽って設けた宴席でブリタニキュスを毒殺させる。自分もいずれはネロンに殺されると予感したアグリピーヌは、ネロンを呪い、暴君の末路を予言する。ジュニーはネロンから逃れるためにウェスタの神殿の巫女となり、それを知ったネロンは狂乱する。
　メモに記された「舞台は任意の宮殿」は、フランス古典悲劇ではお決まりの舞台装置。この劇では「ネロンの宮殿の一室」というわけである。また「第4幕に2脚の肘掛け椅子」は第4幕の最初から用意されているはずだが、第4幕第2場冒頭のアグリピーヌの台詞に「アグリピーヌ、席について」とト書きが付けられているように、アグリピーヌがネロンと対決するこの場面で使われることは間違いない。「2つの扉」と「カーテン数枚」についてだが、これらがどの場面でどのように使われるか、メモを見ただけでは分からない。だが、それが効果的に使われる可能性が高いと思われるのは第2幕である。第2幕第3場でネロンはジュニーを脅迫し、ブリタニキュスの命を大事と思うなら彼に愛想づかしを言うように、自分はすぐ近くであなたをみているからおかしな真似は許さないと告げてから、舞台を退く。そのあとすぐにブリタニキュスが現れ（第4場～第5場）、ジュニーとの対面（第6場）となるが、ジュニーはすぐ近くに隠れているネロンを恐れ、ブリタニキュスに対しては冷たい態度をとるしかない。ブリタニキュスが呆然として立ち去ったあと、ネロンが再び現れ（第7場）、ジュニーに声をかけようとするが、ジュニーは嘆きながら退く、という展開である。以下はあくまで想像にすぎないが、こんなふうに考えられないだろうか。ネロンが第3場で退

場するとき「2つの扉」の一方から退場する。そのあと、もう一方の扉からブリタニキュスが現れ、ジュニーとの対面になるが、そのときジュニーは（そして観客も）ネロンは扉の陰にいるのか、それともカーテンの奥に隠れているかもしれないと思うだろう。そしてブリタニキュスが去ったあと、カーテンの奥から、あるいは先ほど出ていった扉からネロンは姿を現すというわけだ。いずれにせよ、扉とカーテンは、目には見えないが、隠れたままじっと聴き耳を立て、ジュニーの一挙手一投足を監視しているネロンが舞台の背後に存在することを観客に印象付ける効果的な道具・手段となるに違いない。

〔訳書〕『ブリタニキュス』（安堂信也訳）、in『ラシーヌ戯曲全集　Ⅰ』、人文書院、1964年

『ブリタニキュス』（渡辺守章訳）、in『世界古典文学全集48、ラシーヌ』、筑摩書房、1965年

『ブリタニキュス』（渡辺守章訳）、in『ラシーヌ戯曲全集　Ⅱ』、白水社、1979年

『ブリタニキュス・ベレニス』（渡辺守章訳）、岩波文庫、2008年

『ベレニス』

　　舞台は王の小部屋、そこに組合わせ文字、肘掛け椅子1脚と手紙2通。

＊　ラシーヌ Racine の悲劇『ベレニス』Bérénice、初演1670年11月21日、オテル・ド・ブルゴーニュ座。初版1671年1月24日。

「舞台はローマ、ティテュスの居室とベレニスの居室との間にある部屋」。ローマ皇帝の座についたティテュスは、パレスティナ女王ベレニスと愛しあっている。だが、ローマの掟は皇帝と異国の女王との結婚を許さない。皇帝の務めとしてローマの掟に従うか、ベレニスへの愛を選ぶか、悩んだ末にティテュスはローマに殉じる覚悟を決める。しかし、いざベレニスを前にしたとき、ただ口ごもり、逃げるようにその場を去るしかなかった。ティテュスの不可解な態度に、ベレニスは不安になる。一方ティテュスは、長年の盟友であるコマジェーヌ王アンティオキュスにベレニスと別れる決意を告げ、そのことをベレニスに知らせ、共にローマを去るよう頼む。秘かにベレニスを愛し続けてきたアンティオキュスは、これで自分の愛が叶うかもしれないと思いつつ、ベレニスにティテュスの決意を告げるが、ベレニスは信じようとせず、二人の中を引き裂こうとするアンティオキュスのたくらみではないかと非難する。とはいうものの、不安を募らせたベレニスは、ティテュスに会ってその心を確かめようとする。ティテュスは苦しい胸のうちを訴えつつ、皇帝となった以上、ローマの掟に従うしかないと告げる。ベレニスはティテュスの心変わりをなじり、むごい仕打ちには死んで復讐するばかりと言って退く。そして、ただちにローマを去るようにみせかけながら、死のうと決めていた。それを察知したティテュスは、ベレニスに死を思いとどまらせ

ようとして訴える。私の愛は変わらない、いや、今ほど深くあなたを愛したことはなかった。もしもあなたが死ぬのなら、私も死ぬほかないと。そこにアンティオキュスも現れ、ベレニスを愛していたことを告白し、愛し合うティテュスとベレニスを目のあたりにした自分には、もう死を選ぶしかないと言って立ち去ろうとする。その言葉を聞いたベレニスは、もはや死ぬこともかなわぬと知り、愛するがゆえに私は生きます、だから二人も生きるようにと、別れを告げる。

　メモには「舞台は王の小部屋」とあるが、宮殿内の一室ということ。「組合わせ文字」はティテュスとベレニスの名前の頭文字を組み合わせたもの。「肘掛け椅子」が実際に使われることが確実なのは第5幕で、第5場の最後に「ベレニス、椅子にくずれおちる」とト書きにあり、また最終場（第7場）で別離を受け入れたベレニスが決意を語るときのト書きに「ベレニス（立ち上がって）」とあるとおりである。なお「手紙2通」とあるが、実際に使われるのは1通だけで、第5幕第5場の途中でティテュスが読み、ベレニスが死ぬ覚悟を決めていることを知る場面で使われる。

〔訳書〕『ベレニス』（伊吹武彦訳）、in『ラシーヌ戯曲全集　Ⅰ』、人文書院、1964年
『ベレニス』（戸張智雄、戸張規子訳）、in『世界古典文学全集48、ラシーヌ』、筑摩書房、1965年
『ベレニス』（渡辺守章訳）、in『ラシーヌ戯曲全集　Ⅱ』、白水社、1979年
『ブリタニキュス・ベレニス』（渡辺守章訳）、岩波文庫、2008年

『バジャゼ』

　舞台はトルコ風のサロン、2本の短剣。

＊　ラシーヌ Racine の悲劇『バジャゼ』*Bajazet*、初演1672年1月5日、オテル・ド・ブルゴーニュ座。初版1672年2月20日。
　「舞台はコンスタンチノープル、別名ビザンス、トルコ皇帝の後宮」。ペルシアとの戦いに遠征中の皇帝アミュラは、弟バジャゼ殺害の命令を下す。バジャゼの命は、皇帝から留守中の全権をゆだねられた寵姫ロクサーヌにゆだねられているが、ロクサーヌはバジャゼを愛するようになり、結婚を条件に彼を帝位につかせようとする。だがバジャゼは、皇族の娘アタリードを愛しているため、ロクサーヌに対して冷たい態度をとる。バジャゼを愛するアタリードは、彼の命を救おうとして、ロクサーヌとバジャゼとの間をとりもつふりをしているが、ロクサーヌに見破られてしまう。嫉妬に狂ったロクサーヌはバジャゼを死に引き渡すが、自分もアミュラが差し向けた奴隷に殺される。恋人の死を知ったアタリードも自殺し、劇は主人公三人の死をもって幕を閉じる。
　メモにある「トルコ風のサロン」は後宮の一室のこと。「2本の短剣」は、1本はロクサーヌ、もう1本はロクサーヌの女奴隷ザティームが身に帯びているものと思わ

れる。ロクサーヌの短剣が実際に舞台で使われる可能性があるのは第4幕第4場で、バジャゼとアタリードの裏切りを知ったロクサーヌが、復讐を誓いながら短剣を抜いて見せるのかもしれない。もう1本の短剣は間違いなく実際に使われる。第5幕第8場の最後でアタリードがザティームから短剣を取り上げ、その短剣でアタリードは自害する（第5幕最終場＝第12場）のである。

なお、メモには記されていないが、第4幕で2通の手紙が使われる。1通はバジャゼがアタリードへの愛を確認する手紙、もう1通はアミュラからロクサーヌにあてたバジャゼ殺害を確認する手紙である。そしてこの最初の手紙がロクサーヌの手にわたったために、バジャゼとアタリードの恋が露見し、破局を招くことになる。

〔訳書〕『バジャゼ』（鬼頭哲人訳）、in『ラシーヌ戯曲全集　Ⅱ』、人文書院、1965年
『バジャゼ』（安堂信也訳）、in『世界古典文学全集48、ラシーヌ』、筑摩書房、1965年
『バジャゼ』（渡辺守章訳）、in『ラシーヌ戯曲全集　Ⅱ』、白水社、1979年

『ミトリダート』

舞台は任意の宮殿。肘掛け椅子1脚、腰掛2脚。

＊　ラシーヌ Racine の悲劇『ミトリダート』*Mithridate*、初演1673年1月13日または30日、オテル・ド・ブルゴーニュ座。初版1673年3月16日。「舞台はトーリック半島、シメリー地方のボスフォール［今日のクリミア］の港ナンフェ」。40年間ローマと戦い続けたポントス王ミトリダートが敗死したとの噂が流れ、王の息子ファルナスとクシファレスは、王の婚約者モニームのいるナンフェに駆けつける。二人ともモニームを愛している。ローマと結託する兄ファルナスは、モニームと結婚し父の王国を継承しようとするが、モニームは拒否する。父に忠実な弟クシファレスは、ローマと戦い続けることを決意しつつ、モニームに愛を告白する。モニームも実は密かにクシファレスを愛していた。そこにミトリダートが帰還する。死は敵を欺く虚報だった。ミトリダートは息子二人がナンフェにいるのを怪しむ。そして、ファルナスがモニームとの結婚を望んでいたと腹心から知らされたミトリダートは、ファルナスを逮捕させるが、ファルナスはクシファレスもモニームを愛していると告げる。嫉妬と疑惑に駆られたミトリダートは、策略を弄し、モニームにクシファレスとの愛を告白させる。モニームを愛するミトリダートは、クシファレスを殺す決意を固めるとともに、モニームには今すぐ結婚をと迫るが、死を覚悟したモニームはきっぱりと拒絶する。動揺するミトリダートのもとに、ファルナスの謀反とローマ軍の包囲が知らされる。ローマ軍と激しく戦ったものの、追い詰められたミトリダートは自ら剣を胸に突き刺す。まさにその時、ファルナスとローマ軍が総崩れとなった。クシファレスが王の軍をまとめ直し、敵を撃ち破ったのである。この勝利を最後の喜びとし、ミトリダートは王国とモニームをクシファレスに与え、息を引き取る。

第2章　オテル・ド・ブルゴーニュ座 II

　メモにある「任意の宮殿」は、フランス古典悲劇ではお決まりの舞台装置。また「肘掛け椅子1脚」にはミトリダート王が、また「腰掛2脚」にはファルナスとクシファレスがそれぞれ座ることになるはずだが、常時舞台上にあるわけではないだろう。実際に使われるのは第3幕、ミトリダートが息子たちに今後の軍事計画を語る場面と思われる。

　なお、メモには記されていないが、ミトリダートがモニームに与えた「王妃としての髻帯」も無視することはできない。モニームが最初からこの「髻帯」をつけて登場することは、第1幕第3場のファルナスの台詞「そして、あなたの額の王妃としての髻帯」からも明らかである。そして第5幕第1場冒頭で、モニームはこの髻帯を首に巻き付けて自殺を図るが帯が切れて失敗したことが、侍女の台詞からわかる。モニームが髻帯で自殺を図ることについては、ラシーヌ自身が1676年版以降の序文でプルタルコスの文章を引用しながら、そのいきさつを紹介している（ただし、初版の序文にはこのことは記されていない）。

〔訳書〕『ミトリダート』（田中敬次郎訳）、in『ラシーヌ戯曲全集』、人文書院、1965年
『ミトリダート』（渡辺守章訳）、in『世界古典文学全集48、ラシーヌ』、筑摩書房、1965年
『ミトリダート』（渡辺守章訳）、in『ラシーヌ戯曲全集　II』、白水社、1979年

『イフィジェニー』

　　舞台はテント（複数）、舞台奥には海と船（複数）、はじめに手紙1通。

＊　ラシーヌ Racine の悲劇『イフィジェニー』 Iphigénie、初演は1674年8月18日、ヴェルサイユ宮殿にて王立劇団（オテル・ド・ブルゴーニュ一座）が上演。一般向けは1674年12月末から1675年1月初めにかけてオテル・ド・ブルゴーニュ座にて初めて演じられた。初版1675年1月末ごろ（？）。

　「舞台はオーリッド、アガメムノンのテントのなか」。トロイア遠征のため全ギリシアの船隊がオーリッドの港に集結しているが、風が吹かず港に釘付けになっている。ギリシア軍の総帥アガメムノンの娘イフィジェニーを生贄として捧げぬ限り風は吹かないというのが神官カルカスが受けた神託だった。アガメムノンは、イフィジェニーとの結婚を婚約者アシールが望んでいると偽って、娘を母クリテムネストルと共にオーリッドに呼び寄せる。しかし、親としての情にかられ、アシールが心変わりしたので故郷に帰るようにという手紙を腹心アルカスに託す。だが、母と娘は野営地に到着する。森で道に迷ったため、アルカスと出会わなかったのだ。イフィジェニーとともに、アシールがレスボス島を征服した際に拉致してきた娘エリフィールも到着した。エリフィールは高貴な生まれらしいのだが、親が誰か知らずにいる。しかも、自分を拉致

189

したアシールを密かに愛している。一方イフィジェニーは、せっかく会えた父アガメムノンが取り乱し自分を避けようとしているのを見て怪訝に思う。そこに、アガメムノンからの手紙をようやく受け取ったクリテムネストルが現れ、アシールの心変わりを知らせ、今すぐにでも国に帰ろうと言う。アシールがエリフィールに心を移したと思ったイフィジェニーは、エリフィールを責め、アシールにも怒りをぶつける。事情がわからず当惑するアシールだが、イフィジェニーを愛しているしすぐにでも結婚式を挙げたいと言って、クリテムネストルとイフィジェニーを説得し、二人を留まらせる。しかし、アルカスが真相を明かす。準備されているのは結婚式ではなく、実はイフィジェニーを生贄に捧げる儀式なのだと。クリテムネストルはアガメムノンをなじるが、イフィジェニーは生贄になる覚悟を決めたと涙ながらに父に告げる。アシールは、何としても生贄は阻止するとアガメムノンに宣言する。アシールの態度に誇りを傷つけられ、反発するアガメムノンだが、悩んだ末、妻と娘に逃げるよう促す。それを知ったエリフィールは、神官にすべてを告げる。ギリシア軍は生贄を求めて騒然となり、死を決意したイフィジェニーは祭壇に赴くが、そこにアシールが駆けつけ、イフィジェニーを救おうとする。そのとき、神官カルカスが新たに神託を受ける。生贄にすべきはもう一人のイフィジェニー、トロイア遠征の原因となったエレーヌ（ヘレネー）が以前テゼ（テーセウス）と密通して生んだ娘で、今はエリフィールと呼ばれている娘であると。神託を聞いたエリフィールは、生贄にされる前に自害する。その血が流れた瞬間に、雷が鳴り、風が吹き始める。アシールとイフィジェニーの結婚とギリシア軍のトロイア遠征がこうして実現することになる。

　メモに記されている「テント（複数）」はトロイア遠征のために集まっているギリシア軍のもの、舞台奥の「海と船（複数）」はオーリッドの港とそこに集結したギリシア軍の船団を示している。「手紙1通」は、第1幕第1場でアガメムノンが腹心アルカスに託すもの。

　なお、メモには記されていないが、第5幕第4場の最後で雷鳴が響き大地が揺れ動く（クリテムネストルがそう語っている）。もう一人のイフィジェニー（エリフィール）の生贄が成就されたことを示すもので、そのことは最終場（第5幕第6場）で明らかにされる。上演では、おそらく雷鳴と共に稲妻も光るように照明と音響を組み合わせただろう。ただ、地震はどうやって表現したか、あるいは台詞だけで済ませたか、不明である。

〔訳書〕『イフィジェニー』（川口篤訳）、in『ラシーヌ戯曲全集』、人文書院、1965年
『イフィジェニー』（戸張智雄、戸張規子訳）、in『世界古典文学全集48、ラシーヌ』、筑摩書房、1965年

『フェードル』

　舞台は丸天井の宮殿、はじめに椅子1脚。

＊ ラシーヌ Racine の悲劇『フェードル』Phèdre、初演1677年1月1日、オテル・ド・ブルゴーニュ座。初版1677年3月15日。

　「舞台はペロポネソス半島の町トレゼーヌ」。アテネの王テゼが消息を絶って半年、息子イポリットは父を探しに出発するという。だが実は、テゼに敵対し滅ぼされた王族の娘アリシーへの禁じられた恋から逃れるためだった。一方、イポリットの義理の母、テゼの妻フェードルが死にかけている。イポリットに恋してしまい、食を絶って死のうとしていたのだ。そこにテゼの訃報が届く。フェードルの乳母エノーヌは、フェードルを励まし、テゼとの間に生まれた王子を守るためにも生きながらえねばならない、それにイポリットへの恋の障害もこれでなくなったと言う。イポリットにとっても恋の障害がなくなったわけで、アリシーにアテネの王位を返すと告げ、恋を告白する。フェードルはといえば、息子の庇護者となってほしいとイポリットに懇願するうちに、熱に浮かされたように恋を告白してしまう。我に返ったフェードルは、イポリットの剣を奪い自害しようとするが、エノーヌに止められる。そこにテゼ一生還の知らせが届く。だが、帰還したテゼを前にして、フェードルは逃げるように立ち去る。イポリットもこの土地から離れたいとテゼに言う。妻と息子がなぜ自分から逃げるのかと疑うテゼに、エノーヌが讒言する。イポリットがフェードルに恋し、力づくで思いを遂げようとしました、その証拠がこの剣です、と言ってフェードルが奪った剣をテゼに見せる。その言葉を信じたテゼは、息子を呪い、海の神ネプチューヌに復讐を頼む。フェードルの恋を語ることは父の恥となると思うイポリットは、そのことにはあえてふれず、濡れ衣を晴らすためアリシーへの恋を告白する。しかしテゼは信じず、イポリットを追放する。罪の呵責に苦しむフェードルは真実をテゼに告げようとするが、テゼからイポリットの恋を知らされ、何も言えず立ちすくんでしまう。そして、こうなったのはすべておまえのせいだとエノーヌをなじる。エノーヌは絶望して自殺する。一方イポリットは、アリシーにすべて話し、父の恥になることは明かさぬようにと頼みつつ、結婚を約束して出発する。アリシーはテゼにイポリットの無実を主張し、あなたの手を逃れて生き残っている怪物がまだ一人いると謎めいた言葉を残して立ち去る。不安に駆られたテゼはエノーヌに改めて確かめようとするが、エノーヌは自殺し、フェードルも狂乱状態にあるとのこと。さらに、イポリットがネプチューヌの遣わした怪物に襲われて死んだとの知らせが届く。打ちひしがれたテゼの前に、すでに毒を飲んだフェードルが現れ、イポリットの潔白と自分の罪を告白して死ぬ。イポリットの思いをかなえるため、テゼは息子が愛したアリシーを娘に迎えると宣言する。

　メモにある「舞台は丸天井の宮殿」だが、フランス古典悲劇おきまりの「任意の宮殿」palais à volonté でなく「丸天井の宮殿」palais voûté と記されているところに注目すべきだろう。天井でふさがれたこの宮殿は、閉ざされた空間を暗示しており、姿は見せぬが登場人物の意識のうちに現存する神々に追い詰められてゆく人間たちのドラマが展開する場にふさわしい設定といえるだろう。なお、「椅子1脚」は第1幕第3場、衰弱したフェードルが腰を下ろす（ト書きにも「彼女［＝フェードル］は腰掛ける」

191

第 2 部　『マウロの覚書』注解

と記されている）。
〔訳書〕『フェードル』（伊吹武彦訳）、in 『ラシーヌ戯曲全集　II』、人文書院、1965年
『フェードル』（二宮フサ訳）、in 『世界古典文学全集48、ラシーヌ』、筑摩書房、1965年
『フェードル・アンドロマック』、渡辺守章訳、岩波文庫、1993年

『カンマ』

　　舞台は任意の宮殿、短刀 1 振りと肘掛け椅子 1 脚が必要。

＊　トマ・コルネイユ Thomas Corneille の悲劇『カンマ』*Camma reine de Galatie*、初演1661年 1 月28日、オテル・ド・ブルゴーニュ座、初版1661年。「舞台は、ガラティアの首都」である。ガラティアの王シノリックスは先王の妃カンマに横恋慕して、先王を毒殺し、王位を奪った。カンマはシノリックスを背後から刺そうとするが、シノリックスの寵臣ソストラートに邪魔される。二人のどちらが犯人か、シノリックスには分からない。カンマは、ソストラートと密かに愛し合っている。カンマはシノリックスに、結婚を受け入れる代わりに、ソストラートの助命を求める。婚姻の杯に仕込んだ毒でシノリックスは死に、カンマ自身も毒が回って死ぬ。
　場面はシノリックスの「宮殿」の 1 部屋で、各幕とも場面は繋がり、場所の移動はない。第 2 幕第 3 場で、カンマは「短刀」でシノリックスを刺そうとする。第 5 幕第 5 場で毒が回ったカンマは、「肘掛け椅子」に座ることを求める。
　〔テキスト〕Corneille, Thomas, *Camma*, Exeter, University of Exeter, 1977.

『スティリコン』

　　舞台は任意の宮殿、手紙 1 通。

＊　トマ・コルネイユ Thomas Corneille の悲劇『スティリコン』*Stilicon*、初演1661年、オテル・ド・ブルゴーニュ座、初版1664年。「舞台はローマ」である。ローマ皇帝オノリウス（ホノリウス）の重臣スティリコンは、息子エウシェリウスと皇帝の娘との縁組が破談になったため、陰謀を計画する。皇帝が襲われるが、皇帝を救おうとしてエウシェリウスが命を落とす。絶望したスティリコンは自分が首謀者であることを認めて、自殺する。
　場面はオノリウスの「宮殿」の 1 部屋で、各幕とも繋がり、場所の移動はない。「手紙」はスティリコンの陰謀を記した密告の手紙で、第 2 幕第 3 場で皇帝はエウシェリ

ウスに読ませる。
　［テキスト］Corneille, Thomas, *Stilicon*, Genève, Paris, Droz, 1974.

『アンティオキュス』

　舞台は任意の宮殿、肖像画 1 枚。

＊　トマ・コルネイユ Thomas Corneille の悲喜劇『アンティオキュス』*Antiochus*、初演1666年 5 月、オテル・ド・ブルゴーニュ座、初版1666年。「舞台はシリアの首都」である。父王はストラトニスとの結婚を期に、息子のアンティオキュスに王位を譲ろうとする。アンティオキュスは辞退して、宮廷を去ろうとする。王の姪はアンティオキュスの本心を探ろうと、小箱の中のストラトニスの肖像画を自分の肖像画にすり替える。アンティオキュスはストラトニスに問い詰められて、箱の中の肖像画を見るように答える。ストラトニスはそれを見て、相手を姪と誤解する。しかし、アンティオキュスが愛しているのは自分だと、家臣から知らされる。ストラトニスも自分が愛しているのはアンティオキュスであることを悟り、父王に真実を告げる。父王は二人の結婚を許す。
　場面はアンティオキュスの父王の「宮殿」の 1 部屋で、各幕とも場面は繋がり、場所の移動はない。第 2 幕第 1 場で王の姪がアンティオキュスを試すため、「箱」の中のストラトニスの「肖像画」を自分のものに入れ替える。
　［テキスト］Corneille, Thomas, *Œuvres de Thomas Corneille,* Slatkine Reprints, 1970.

『アリアーヌ』

　舞台は任意の宮殿。舞台奥に海。第 5 幕で手紙 1 通。

＊　トマ・コルネイユ Thomas Corneille の悲劇『アリアーヌ』*Ariane*、初演1672年 3 月 4 日、オテル・ド・ブルゴーニュ座、初版1672年。「舞台はナクソス島」である。駆け落ちしたテゼとアリアーヌは、アリアーヌの妹フェードルとともにナクソス島にたどり着いた。テゼはひそかに妹のフェードルに心変わりしている。テゼの友人はアリアーヌに、ナクソス島の王との結婚を勧める。アリアーヌはテゼの気持ちを探ろうと、王と結婚するとテゼに言う。フェードルは罠に気づいて、テゼと一緒にこの島を逃れる。取り残されたアリアーヌは真実を知って、錯乱して、剣に身を投げる。
　場面はナクソス島の「宮殿」の 1 部屋で、各幕とも繋がって、場所の移動はない。舞台奥には宮殿からの遠景として「海」が見える。第 5 幕第 4 場で、王に宛てた「手紙」が届く。手紙はテゼが王に宛てて突然の出立を詫びるためで、アリアーヌはこの手紙

第2部　『マウロの覚書』注解

で真実を知る。
　［テキスト］*Théâtre du XVIIe siècle* II, Bibliothèque de la Pléiade, Gallimard, 1986.

『テオダ』

　　舞台は任意の宮殿。

＊　『覚書』では題名は Cléodate となっているが、トマ・コルネイユ Thomas Corneille の悲劇『テオダ』*Théodat*、初演1672年11月、オテル・ド・ブルゴーニュ座、出版1673年。
　ゴート王国の重臣テオダは、民衆に信頼され、女王アマラゾントにも愛されている。しかしテオダは、王族の姫イルドゴンドを愛し続けている。だがイルドゴンドは、王族の誇りからテオダの愛を拒み、オノリックの愛を受け入れている。それを知ったテオダは、復讐心から、アマラゾントとの結婚を決意する。一方アマラゾントは、テオダを試そうとして、イルドゴンドとオノリックの結婚を許さないと言う。テオダは、反対するどころか、すぐにでも二人を結婚させてほしいと答えるが、その態度から、女王はテオダがいまもイルドゴンドを愛していると確信する。他方イルドゴンドは、自分がテオダを愛していることに気づく。しかし、テオダがアマラゾントと結婚すると知り、すぐにでも結婚したいというオノリックの頼みを受け入れる。そこにテオダが現れ、イルドゴンドを今も愛していると告げる。そして、イルドゴンドとオノリックの結婚を延期するようアマラゾントに主張する。アマラゾントは怒り狂い、テオダを逮捕させる。テオダ逮捕の知らせに民衆が反発し、反乱が起こりそうになる。アマラゾントは王座を守るためにテオダを殺そうとするが、オノリックが彼女に、反徒がテオダを解放し、今やテオダは王として町を支配していると告げる。だがテオダが現れ、女王への忠誠は変わらないと誓う。そこに、オノリックが反徒に囲まれているとの知らせがとどく。テオダはオノリック救出に向かう。
　次の日の朝、イルドゴンドのところにアマラゾントが現れ、テオダの死を告げる。しかしその時テオダが現れ、驚く一同に事の次第を語る。オノリックを助けたあと、自分の部屋にかくまったのだが、その部屋でオノリックは何者かに殺されていたと。アマラゾントは、それは私が送った刺客の仕業だと真相を明かし、私の怒りから逃れようと思うなら用心するがよいと言って立ち去る。テオダは女王の怒りを恐れ、イルドゴンドに安全な場所に逃げようという。そこに、女王が死んだとの知らせが届く。女王は剣を手に、反乱の首謀者を討とうと走り寄ったが、相手の剣で刺し貫かれて息絶えたという。かくしてテオダは民衆の意を受けて王となり、イルドゴンドを王妃として迎えることになる。
　戯曲には舞台について記されていないが、『覚書』のメモにあるように「舞台は任意の宮殿」、つまりフランス古典悲劇では定番の設定である。それ以外には特別な舞台装

置も道具も必要ないことが戯曲を読むとわかる。
［テキスト］
　Corneille, Thomas, *Theodat*, tragédie par T. Corneille, Paris : G. de Luyne, 1673.
　Edition critique de THEODAT de THOMAS CORNEILLE (1673), Mémoire de Maîtrise de Lettres Modernes, Réalisé par Olivia LEROUX, Sous la direction de M. le Professeur Georges FORESTIER. Université Paris IV Sorbonne, Année universitaire 2000 – 2001.

『エセックス伯爵』

　舞台は宮殿と第4幕に登場する牢獄。

＊　トマ・コルネイユ Thomas Corneille の悲劇『エセックス伯爵』*Le Comte d'Essex*、初演1678年1月7日、オテル・ド・ブルゴーニュ座、初版1678年。「舞台はロンドン」である。エセックス伯爵は、エリザベス女王に愛されている。彼は友人に、軍隊を率いて王宮を包囲したのは、愛人のアンリエットの結婚を阻もうとしたからだと告白する。エリザベスに、エセックスがアイルランドに内通しているとの密告がある。エリザベスは彼に釈明を求めるが、身の潔白を主張して謝罪しようとしない。エセックスは投獄されて、陰謀の廉で死刑が宣告される。アンリエットは、エリザベスに真実を告白する。エリザベスは、赦免の条件としてエセックスが慈悲を請うように求める。エセックスは謝罪を拒否して、刑場に向かう。エリザベスは思い返して、エセックスの処刑中止を命じるが、時すでに遅く、死刑が執行されたとの知らせが入る。ラ・カルプルネードの『エセックス伯爵』も同じ題材を扱っている（「目録中のメモのない作品」参照）。
　場面は、第1幕は「宮殿」のエセックスの部屋、第2幕、第3幕と第5幕はエリザベスの部屋である。第4幕は「牢獄」で、アンリエットがエセックスに、女王に謝罪するように説得する。
　［テキスト］Corneille, Thomas, *Le Comte d'Essex*, Exeter, University of Exeter press, 2000.

『己自身の牢番あるいはジョドレの王侯』

　第1幕、舞台は草むら。そして芝居の残りは町の広場と舞台奥に城。槍1本、甲冑、手紙2通。

＊　原文は *Jodelet prince*、トマ・コルネイユ Thomas Corneille の喜劇『己自身の牢番あるいはジョドレの王侯』*Le Geôlier de soi-mesme ou Jodelet prince*、初演1655年、マレー座、

第 2 部　『マウロの覚書』注解

初版1656年。これに先行してスカロンが『自分自身の番人』を1654年にオテル・ド・ブルゴーニュ座で上演している。内容はほとんど同じ。シチリアの王子アルカンドルは、騎馬試合でナポリ王の甥を殺してしまったので、商人に変装し、殺した相手の妹コンスタンスのもとに身を寄せている。アルカンドルの召使いフィリパンが主人の服を着ていたところ、ナポリ王の追っ手に見つかり、彼はアルカンドルとして逮捕されてしまう。コンスタンスの命令でアルカンドルはシチリアの王子として逮捕されたフィリパンの番人をすることになる。フィリパンはナポリ王のもとへ連れ出されるが、アルカンドルの別の召使いが本物の王子であると偽証するので、みなはフィリパンがシチリアの王子であると信じてしまう。アルカンドルは恋人であるナポリ王の娘イザベルと再会し、ふたりはお互いの気持ちを確認する。コンスタンスはアルカンドルに思いを寄せているが、イザベルとの仲を知り、嫉妬する。そこへシチリアの皇太子の使者が現れ、両国の和平のためにシチリアの王子とナポリの王女との婚姻以外に方法はないと告げる。ナポリ王はフィリパンが王子であると思っているので、悩んでしまう。シチリアの皇太子が現れ、婚姻を求めるが、みなは様々に誤解をしたままであるので、混乱する。そこでアルカンドルが自分の正体を明かし、謝罪することで、すべての誤解が解ける。アルカンドルとイザベル、コンスタンスと皇太子の結婚が決まる。

舞台装置はテキストの内容に即して指示されているが、通常のもの。「槍」「甲冑」は召使が主人の格好をする際に用いられるもの。「手紙」は数ヶ所で登場する。

［テキスト］Scarron, Paul, *Le gardien de soy-mesme*, Thomas Corneille, *Le geôlier de soy-mesme*, Toulouse, Société de littératures classiques , Paris : diff. Klincksieck, 1995.

『ドン・ベルトラン・ド・シガラル』

舞台は居酒屋、奥に閉じた扉 2 枚。松明 2 本、小箱 1 個、手紙 2 通、椅子 1 脚、第 1 幕のために居酒屋の前に幕が必要。

＊　トマ・コルネイユ Thomas Corneille の喜劇『ドン・ベルトラン・ド・シガラル』*Dom Bertrand de Cigarral*、初演1650年 5 月、初版1651年。ドン・ガルシーは娘のイザベルを金持ちの貴族ドン・ベルトラン・ド・シガラルへ嫁がせようとしている。ところがこのドン・ベルトランは少々変わり者で、直接家にイザベルを来させるのではなく、彼女に仮面をつけさせ、ある宿屋に親友のドン・アルヴァールによって案内させようとしていた。仮面をつけたイザベルはドン・アルヴァールがかつて自分の危機を救ってくれた命の恩人であり、密かに恋心を抱いていた人物であることに気づく。イザベルのことが好きだったドン・フェリックスはこの結婚を防ぐために自分も旅に出る。宿屋まで到着したイザベルとドン・アルヴァールだが、イザベルが仮面を取ると、ドン・アルヴァールもかつて助けた女性であることに気づく。かたやドン・ベルトランはイザベルが無事に到着したことに満足している。ドン・ベルトランの妹レオノー

第 2 章　オテル・ド・ブルゴーニュ座 Ⅱ

ルはドン・アルヴァールのことが好きなので、夜彼を自室に招待する。ところがそこへドン・フェリックス、イザベルも現れてしまうので、一同混乱してしまう。この騒動で、ドン・ベルトランはイザベルの貞操に疑いを持ち始め、結婚を破談にしたいと考えるが、ドン・ガルシーに剣で脅されてしまう。そこでドン・ガルシーは召使を使って、イザベルとドン・フェリックスを結婚させようとするが、失敗。結局、イザベルはドン・アルヴァールとの結婚を選ぶ。ドン・ベルトランは妹のレオノールとドン・フェリックスの結婚を認め、自分自身はマドリッドへ逃げてしまう。

　「居酒屋」とあるのは、ドン・ベルトランが指定した宿屋のこと。「第 1 幕のために居酒屋の前に幕」とあるが、第 1 幕のみドン・ガルシーの家が舞台となっているため。居酒屋にある「扉」と「松明」は、2 組のカップルの混乱の騒動の際に用いられる。「手紙」は第 4 幕でドン・ベルトランが奸計のために用いるもの。「小箱」「椅子」については特に指示はない。

　［テキスト］Corneille, Thomas, *D. Bertran de Cigarral*, Imprimé à Rouen ; et se vend à Paris : P. Le Petit, 1652.

　Corneille, Thomas, *Œuvres de Thomas Corneille*, Slatkine Reprints, 1970.

『セヴォール』

　舞台はテントと幕舎。

＊　デュ・リエ Du Ryer の悲劇『セヴォール』*Scévole*、初演 1644 年頃、盛名座、初版 1647 年。「舞台は、ローマの前のペルセンヌの陣営」である。セヴォールは、ローマを包囲するエトリア王ペルセンヌを暗殺しようと、陣営に忍び込むが、暗殺に失敗して捕えられる。彼は拷問で片腕を焼かれても屈しない。王はセヴォールの勇気に感動して、彼を釈放し、ローマとの和平を宣言する。

　台詞によれば、第 1 幕の場面は「テントと幕舎」の並ぶ陣営の前である。セヴォールの恋人ジュニーが捕虜として連れてこられる。第 2 幕はジュニーが閉じ込められた「幕舎」とエトリア王の「幕舎」、第 3 幕はエトリア王の「幕舎」で、忍び込んだセヴォールはエトリア王殺害の決意を固める。第 4 幕第 3 場まではジュニーの「幕舎」で、彼女がセヴォールの暗殺失敗を知る。第 4 場と第 5 場はエトリア王の「幕舎」で、セヴォールが捕えられて連れてこられる。第 5 幕もエトリア王の「幕舎」で、セヴォールが釈放される。第 1 幕は野外だが、第 2 幕以降は並んだ 2 つの「幕舎」の中である。

　［テキスト］Du Ryer, Pierre, *Scevole*, Bologna, R. Pàtron, 1966.

『ヴァンセスラス』

　舞台は任意の宮殿。第1幕で肘掛け椅子1脚、腰掛1脚、第4幕で短剣1振り、手紙2通が必要。

＊　ロトルー Rotrou の悲喜劇『ヴァンセスラス』*Venceslas*、初演1647年、オテル・ド・ブルゴーニュ座、初版1648年。「舞台はワルシャワ」である。ポーランド王ヴァンセスラスの王太子ラディスラスは、恋のもつれから誤って弟を殺すが、改心して許される。
　場面はヴァンセスラスの「宮殿」の1部屋で、各幕とも場面は繋がり、場所の移動はない。第1幕第1場で、ヴァンセスラスは息子のラディスラスの不行跡を咎める。この時、「肘掛け椅子」に座ったヴァンセスラスは、息子に「腰掛」に座るように促す。第4幕第6場で、弟の恋人カッサンドルはト書きでは「袖から短剣を取り出」して、ヴァンセスラスにラディスラスの蛮行を訴える。第5幕第2場で、王女テオドールをひそかに恋する王の寵臣が、相手の名前を口にするのをはばかって、「手紙」に記された名前で相手を明らかにする。ランカスターが指摘しているが、手紙は「2通」の必要はない。なお、「オテル・ド・ブルゴーニュ座 I」の時期にも、ロトルーの作品は多数上演されて、並列舞台が使用された。その時期の舞台装置と比較すると、同じ作家の作品であっても時代による違いは明らかである。
　〔テキスト〕Rotrou, Jean de, *Théâtre complet* 1, Paris, Société des Textes Français Modernes, 1998.
　〔訳書〕『ヴァンセスラス』（伊藤洋、鈴木美穂訳）、in『フランス十七世紀演劇集 悲喜劇・田園劇』、中央大学出版部、2015年

『マリヤンヌ』

　第1幕の舞台は宮殿、休息用のベッド1台と肘掛け椅子1脚、椅子2脚が必要。第2幕、1部屋。第3幕、玉座、肘掛け椅子1脚、玉座の上に敷物、ベンチ2台。第4幕には牢獄、第5幕には宮殿と肘掛け椅子1脚、終わりにカーテンを下ろすこと。

＊　トリスタン・レルミット Tristan L'Hermite の悲劇『マリヤンヌ』*La Mariane*、初演1636年春、マレー座、初版1637年。「舞台はエルサレム」である。ユダヤの王エロード（ヘロデ大王）は妹サロメにそそのかされて、嫉妬のあまり妻のマリヤンヌを処刑するが、後悔のあまり狂乱する。
　第1幕は「宮殿」内のエロードの居室で、エロードは悪夢にうなされて目覚める。

第 2 章　オテル・ド・ブルゴーニュ座 II

そこへ妹と弟が現れて、マリヤンヌについて告げ口する。第 1 幕で「休息用のベッド 1 台と肘掛け椅子 1 脚」をエロードが使い、「椅子 2 脚」は妹と弟が座る。第 2 幕第 1 場から第 3 場は、「宮殿」内の「1 部屋」でマリヤンヌの居室、彼女は弟を殺したエロードへの恨みを物語る。第 2 幕第 4 場から第 7 場まではエロードの居室、サロメの企みでマリヤンヌの姦通の密告がある。第 3 幕はエロードがマリヤンヌを尋問する謁見の間であり、「玉座、肘掛け椅子 1 脚、玉座の上に敷物、ベンチ 2 台」で表している。第 4 幕第 1 場はエロードの居室で、マリヤンヌの処刑が決まる。第 4 幕第 2 場、第 3 場はマリヤンヌの入れられた「牢獄」、第 4 場から第 6 場までは処刑場までの道の途中でマリヤンヌが母親と対面する。「牢獄」は作品の設定通りであるが、処刑場までの道はメモにない。第 5 幕は「宮殿」のエロードの居室、エロードはマリヤンヌ処刑の知らせを受けて狂乱し、気を失う。「終わりにカーテンを下ろす」という指示を、ランカスターは、エロードの気絶のため幕を下ろしたのではないか、と推測している。

　以上のように、エロードの居室、マリヤンヌの居室、謁見の間、牢獄、処刑場までの道と場面は変わる。初演の舞台がどのようなものだったか、記録はないが、この場面転換からも、初演当時は並列舞台を使用したと考えられる。この再演では「牢獄」は背景幕で隠されていて、そのほかの場面の移動は椅子の入れ替えで表しているようだ。

　［テキスト］Tristan L'Hermite, Œuvres complètes, IV, Les tragédies, Paris, H. Champion, 2009

　〔訳書〕『マリヤンヌ』（橋本能・浅谷眞弓訳）、in『フランス十七世紀演劇集 悲劇』、中央大学出版部、2011 年

『ベリセール』

　舞台は任意の宮殿。指輪 1 個、短刀 1 振り、手紙 2 通、錠剤。

* 　原文は Belisaire、ロトルー Rotrou の悲劇『ベリゼール』Bélisaire（1643 年）またはラ・カルプルネード La Calprenède の『ベリセール』Bélisaire（1659 年 7 月）。ランカスターもパスキエも、ラ・カルプルネードの作と推定しているが、未出版。参考のために、ロトルーの作品を紹介する。「舞台はコンスタンティノープル」である。皇后は皇帝の寵臣ベリゼールに愛を拒まれたことを恨み、女官のアントニーにベリゼールを誘惑するように命じる。皇后は二人が愛し合っていることを知って、刺客を送る。刺客たちはベリゼールの寛大さに打たれて、殺意を失う。皇后は眠ったふりをしているベリゼールを自分の手で殺そうとするが、皇帝に見つかって止められる。ベリゼールは皇后を許す。しかし、皇后はアントニーに宛てたベリゼールの恋文を手に入れて、これを自分に宛てたものだと皇帝に訴える。皇帝は怒り、処刑を宣告する。アントニーが彼の無実を明かすが、時すでに遅くベリゼール処刑の知らせが入る。

第2部　『マウロの覚書』注解

　ロトルーの作では、場面は、ジュスティニアン（ユスティニアヌス）皇帝の「宮殿」の1部屋である。「指輪」は皇帝から与えられたもので、第5幕で皇帝に返す。「短刀」は、第4幕で皇后がベリゼールを殺そうとする時に使われる。「手紙」は、第4幕で皇后が手に入れた恋文であろう。「錠剤」の使用は不明。ラ・カルプルネードの作とすれば、小道具とそれを使用する場面は異なるだろう。

　［テキスト］Rotrou, Jean de, *Théâtre complet* 1, Paris, Société des Textes Français Modernes, 1998.

『エリード姫』

　　舞台は森。中央に大きな木1本、投槍4本、ふいご1個が要る。

＊　モリエール Molière の喜劇『エリード姫』*La Princesse d'Elide*、初演1664年5月8日ヴェルサイユ、モリエール一座、初版1665年。ギリシアにあるエリードの王イフィタスは娘である姫が狩猟に夢中で、結婚に興味を持たないことを憂いている。そこで、各国から王子たちを宮廷に招き、婿を選びたいと思っている。イタクの王子ユリヤールはエリードの姫に思いを寄せているが告白できない。そこで姫付きの道化師モロンに助力を依頼。モロンはユリヤールに自分の気持ちを隠し、姫に興味のないそぶりをするよう助言する。そんな中、集められた王子たちは戦車競走をすることになる。みな、姫の心を射止めるために1位になることを誓うが、ユリヤールだけは自分のために勝利を得たいと言い出す。ユリヤールは見事優勝するが、姫に媚びない。すると、姫が徐々にユリヤールに興味を持つようになる。姫は自分が別の王子と結婚するという嘘の情報をユリヤールに伝えさせるが、ユリヤールも姫の従姉妹であるアグラントと結婚すると言い出す。姫はユリヤールの結婚をやめさせるようイフィタスに懇願する。イフィタスはアグラントの代わりに姫がユリヤールと結婚すればよいと言う。ここでユリヤールが本心を明かし、二人はめでたく結ばれる。

　「中央に大きな木」とあるが、「魔法島の歓楽」でこの戯曲が上演された時のものとされる絵には描かれていない。しかし、ブルゴーニュ座で上演される際には用いられたものと考えられる。「投槍」は姫の周囲の人間が狩猟好きであることなどから武具を持つ場面があり、その際の用いられると思われる。「ふいご」についてはテキストからは判断できない。

　［テキスト］Molière, *Œuvres complètes*, tome 1, Paris, Collection Bibliothèque de la Pléiade, Gallimard, 2010.

　［訳書］『エリード姫』（秋山伸子訳）、in『モリエール全集　4』、臨川書店、2000年

『クリスパンの音楽家』

　舞台は別々の2部屋で幕ごとに変わる。クラヴサン1台、矛槍1本、腰掛2脚、椅子3脚、コート1着、手紙2通、鍵2個、棍棒2本、インク壺1個。

＊　オートロッシュ Hauteroche の喜劇『クリスパンの音楽家』Crispin musicien、初演1674年、オテル・ド・ブルゴーニュ座、初版1674年。「舞台はパリ、フェロントの家とドラーム（ダフニスの父親）の家」である。フェロントの家で、コンサートを開こうとしている。そこへ届いたダフニスからの「手紙」に感動して、フェロントは彼女に会いに行く。ダフニスの父親ドラームは、娘たちを修道院に入れようとしている。フェロントの従僕クリスパンは音楽家に変装して、フェロントからの「手紙」を彼女に渡して、恋の手引きをする。続いて、フェロントとクリスパンは音楽家に変装して、ダフニスの家に忍び込む。フェロントは彼女を一目見て夢中になり、求婚する。ダフニスがフェロントの家のコンサートに現れる。彼女の父親もやってきて、二人の結婚を許す。コンサートが始まり、一同の合唱で終わる。

　この作品には非常に詳しいト書きが付けられていて、メモ以上に詳しく舞台が分かる。場面転換について、ト書きに次のような説明がある。第1幕のト書きには、「第1幕はフェロントの控えの間で始まる」。メモの「クラヴサン」、「腰掛」、「コート」は、この場面に登場する。第2幕はドラームの家に場面が変わるが、ト書きには「6人の従僕が舞台奥の両袖から登場、正面に向かって一列に並び、幕を区切るために音楽を演奏する。次に2枚のシャシ châssis（枠張物）が引き出されて、彼らはその後ろに隠れる。これらのシャシはフェルム ferme（枠張物）と呼ばれるが、舞台のほかの場所と同じくドラームの居間を表し、第2幕が始まる」。各幕に同様のト書きが記されていて、第3幕はフェロントの家、第4幕はドラームの家、第5幕はフェロントの家で、幕ごとに交互に場面が交代する。なお、「幕を区切るために音楽を演奏する」とあるのは、当時は各幕の終わりにカーテンを下ろす代わりに、音楽が演奏された。

　シャシとフェルムは日本語ではどちらも枠張物と訳されて、区別がつかないが、17世紀にはシャシとは、木枠にキャンバスを張り、その上に場面を描いた枠張物全般を指した。フェルムは、その中でも舞台の幅の大きさの枠張物を指した。

　また、メモ中のモンフルーリの『女判事で訴訟の当事者』には、「クウリス coulisse（引き戸の枠張物）が開いて」という記述がある。クウリスは一般にはシャシ・ア・クウリス châssis à coulisse と呼ばれ、舞台にレールを敷いて、その上に戸車に乗せた枠張物を移動させて場面転換を行う引き戸式の枠張物である。『クリスパンの音楽家』のフェルムも、おそらくこの引き戸式の枠張物を交代で取り換えることで、場面転換を行ったのだろう。この枠張物は、仕掛け芝居とオペラで透視図法背景の場面転換に使わ

れていた。この時代になると、前代の背景幕の代わりに枠張物を使うようになった。この作品のト書きは、当時の枠張物を使った場面転換の手法を明瞭に表している。
　［テキスト］Hauteroche, Noël Lebreton, *Théâtre complet.* Tome I, Paris, Éd. Classiques Garnier, 2014.

『ドン・ジャフェ・ダルメニー』

　第3幕までの舞台は村、数軒の建物、舞台下手にバルコニー、その上の窓は開いたり閉じたりする。肘掛け椅子1脚、短銃2挺、棍棒2本、ろうそく1本、尿瓶1個、縄梯子1本、鉄砲1挺、龕灯1本、ギター1艇、コントラバス1挺、槍1本、盾1枚、鎧1領、兜1具、角笛1管、手紙1包み。

＊　スカロン Scarron の喜劇『ドン・ジャフェ・ダルメニー』*Dom Japhet d'Arménie*、初演1651または52年、オテル・ド・ブルゴーニュ座、初版1653年。青年貴族ドン・アルフォンスは、旅の途中、オルガスという村で田舎娘のレオノールに一目惚れをしたため、ドン・ジャフェという男の従僕に変装している。ドン・ジャフェとはかつて皇帝の道化だったが、自分はノアの末裔であるなどと不可解な言動をするので周囲を混乱させる。そこへコンスエグラの騎士団長から手紙が来て、実はレオノールがその姪であることが判明する。みなはコンスエグラに向かう。騎士団長はジャフェを歓迎するふりをして、さまざまな茶番で彼をいじめて楽しむ。最初は大言壮語を繰り返していたジャフェだが、徐々にその臆病者の本性を見せてしまう。一方、ドン・アルフォンスはレオノールとの密会の最中に捕まってしまうが、自分の正体を明かすと、騎士団長も納得し、レオノールとの結婚が認められる。
　「バルコニー」は第3幕で、主人公のドン・ジャフェがレオノールの家に忍び込もうとする際に用いられる。「縄梯子」はもちろんこの場面で用いられる。その際に楽隊を呼んでいるので、楽器が登場する。また、「尿瓶」は老婆が窓から糞尿を捨てる場面が出てくるので、そこで用いられる。その他、武具の類はドン・ジャフェを中心にさまざまな場面で戦いの準備をする様子が描かれているので、そこで用いられるものと考えられる。
　［テキスト］Scarron, Paul, *Théâtre complet,* tome I, Paris, H. Champion, 2009.
　〔訳書〕『ドン・ジェフェ・ダルメニー』（冨田高嗣訳）、in『フランス十七世紀演劇集 喜劇』、中央大学出版部、2010年

第 2 章　オテル・ド・ブルゴーニュ座 II

『人間嫌い』

　舞台は 1 部屋。椅子 6 脚、手紙 3 通、長靴数足。

＊　モリエール Molière の喜劇『人間嫌い』Le Misanthrope、初演1666年 6 月 4 日モリエール一座、初版1667年。青年貴族のアルセストは、宮廷の人間たちがお互いにおべっかをつかいながら、裏では陰口をたたいていることが許せない。友人のフィラントはアルセストに対してもう少し寛容になるよう忠告するが、アルセストは耳を貸さない。ところが、アルセストは、その宮中の人気を集めている若い未亡人セリメーヌに思いを寄せている。ある日、セリメーヌが宮廷の人たちの悪口を次々に言うので、アルセストは気に入らない。そんな中、自作の詩を批判されたオロントがアルセストを訴え、アルセストは負けてしまう。また、セリメーヌも他人の悪口を書いた手紙が露見し、宮廷の中で孤立。アルセストはこんな宮廷を離れてどこかで一緒に暮らそうとセリメーヌに持ち掛けるが、セリメーヌは断る。絶望したアルセストはひとり去ってしまう。
　舞台は「セリメーヌの家」の一室であり、通常のもの。「椅子」は登場人物の数にあわせている。第 5 幕で複数の手紙が登場する場面があるので、 3 通の手紙はここで用いられる。「長靴」は第 4 幕でアルセストの召使デュ・ボワが大げさな旅支度をして登場する場面で用いられる。
　［テキスト］Molière, Œuvres complètes, tome 1, Paris, Collection Bibliothèque de la Pléiade, Gallimard, 2010.
　［訳書］『ル・ミザントロープ』（鈴木力衛訳）in『モリエール全集 2 』、中央公論社、1973年
『人間嫌い』（秋山伸子訳）in『モリエール全集 4 』、臨川書店、2000年
『孤客』（辰野隆訳）in『モリエール名作集』、白水社、1951年
『人間ぎらい』、内藤濯訳、新潮文庫、1952年
『孤客―ミザントロオプ』、辰野隆訳、岩波文庫、1976年

『タルチュフ』

　舞台は 1 部屋。肘掛け椅子 2 脚、テーブル 1 台、その上にテーブルクロス、松明 2 本、棍棒 1 本。

＊　モリエール Molière の喜劇『タルチュフ』Le Tartuffe ou l'Imposteur、初演1669年 2 月 5 日、モリエール一座、初版1669年。舞台はパリ。金持ちの商人オルゴンは信心深

い男タルチュフを居候させている。しかし、この男は偽物の宗教家であり、オルゴンと母親のペルネル以外はそれを見抜いている。オルゴンは家族のことよりもタルチュフのことばかり気にかけている。オルゴンは娘のマリアーヌをタルチュフと結婚させたいと思っているが、マリアーヌにはヴァレールという恋人がいる。家族みなでタルチュフの本性を暴こうと考える。オルゴンの妻エルミールは、オルゴンをテーブルの下に隠すと、そうとは知らぬタルチュフはエルミールを口説き始める。オルゴンは激怒するが、タルチュフはすでにオルゴン家の財産を自分の手中に収めていた。オルゴンたちは家を追い出されることになるが、そこへ警吏たちが現れ、タルチュフを逮捕する。実は、タルチュフがオルゴンを陥れようとして国王に訴えでたことで逆に彼が詐欺師であることが分かり、国王がタルチュフの逮捕を命じた。オルゴンは国王への感謝の言葉を述べ、ヴァレールとマリアーヌの結婚を認める。

　「肘掛け椅子」はオルゴンの部屋に置かれていることが第2幕の台詞からわかる。「テーブル」「テーブルクロス」は第3幕でオルゴンをテーブルの下に隠す場面で用いられる。「松明」「棍棒」については特段の指示はないが、第5幕で警吏たちが登場する場面で用いられると思われる。

　［テキスト］Molière, *Œuvres complètes,* tome 2, Paris, Collection Bibliothèque de la Pléiade, Gallimard, 2010.
　［訳書］『タルチュフ』（鈴木力衛訳）in『モリエール全集2』、中央公論社、1973年
『タルチュフ』（秋山伸子訳）in『モリエール全集4』、臨川書店、2000年
『タルチュフ』（小場瀬卓三訳）in『モリエール名作集』、白水社、1951年
『タルチュフ』、鈴木力衛訳、岩波文庫、1974年

『守銭奴』

　舞台は広間、その後ろに庭。作業服2着、眼鏡、箒1本、棍棒1本、箱1個、テーブル1台、椅子1脚、インク壺1個、書類、ドレス一着、第5幕でテーブルの上に燭台2本。

＊　モリエール Molière の喜劇『守銭奴』*L'Avare*、初演1668年9月9日モリエール一座、初版1669年。クレアントとエリーズの兄妹にはそれぞれ、マリアーヌ、ヴァレールという恋人がいて、結婚したいと思っている。しかし、彼らの父親のアルパゴンは希代の吝嗇家で、金持ちの結婚相手しか認めようとしない。しかも、アルパゴンはマリアーヌに恋をしていることがわかり、クレアントは途方に暮れる。クレアントの召使ラ・フレーシュは主人のためにひと肌脱ごうとするが、なかなかうまくいかない。ところがある時、ラ・フレーシュはアルパゴンが金をしまっておいた箱を盗み出してくる。箱が盗まれたことに気づいたアルパゴンは大騒ぎをし、ヴァレールが犯人ではないかと疑う。「宝物を盗んだのはお前か」というアルパゴンの問いにヴァレールは

「はい」と答える。というのも、ヴァレールは「宝物」とはエリーズのことだと思ったからだった。ヴァレールは自分の家柄について話をしていくうちに、マリアーヌが自分の妹であることが判明する。このことで、アルパゴンも子どもたちの結婚を認めることにする。

舞台は「パリ、オルゴンの家」とあり、通常の部屋の装置を用いる。あわせて「庭」の場面も出てくるのでこのような指示となっている。「作業服」は第3幕で召使たちが身につけている。「箒」は召使が用いるもので、「棍棒」はアルパゴンがその召使たちを打ちすえるために使われる。「眼鏡」「テーブル」「椅子」「インク壺」「書類」などはアルパゴンのけちぶりを表現するためにさまざまな場面で用いられる。「箱」は第4幕でラ・フレーシュが盗み出すものだ。「第5幕でテーブルの上に燭台2本」とあるが、これはアルパゴンが燭台のろうそくを吹き消す場面で用いられる。

［テキスト］Molière, *Oeuvres complètes*, tome 2, Paris, Collection Bibliothèque de la Pléiade, Gallimard, 2010.
［訳書］『守銭奴』（鈴木力衛訳）in 『モリエール全集3』、中央公論社、1973年
『守銭奴』（秋山伸子訳）in 『モリエール全集7』、臨川書店、2000年
『守銭奴』（小場瀬卓三訳）in 『モリエール名作集』、白水社、1951年
『守銭奴』、鈴木力衛訳、岩波文庫、1973年

『女房学校』

舞台は手前に家2軒、その他は町の広場。椅子1脚、財布と小銭。第3幕で、小銭、手紙1通。

＊ モリエール Molière の喜劇『女房学校』*L'École des femmes*、初演1662年12月26日モリエール一座、初版1663年。中年の金持ちアルノルフは、妻に浮気されることを極度に恐れ、かつての貧しい農家からもらいうけてきた娘アニェスを修道院に入れ、純粋無垢なまま育て上げたのちにめとるつもりでいる。アニェスは先日修道院から出てきたので、アルノルフは結婚の準備をしている。アルノルフは旧友オロントの息子オラースに出会う。オラースはこの街にやってきてアニェスに一目ぼれしてしまったと告白。というのも、アルノルフは貴族の真似をしてド・ラ・スーシュと名乗っていたので、オラースはアルノルフとド・ラ・スーシュが同一人物であるとは気づいていないのだった。家に戻ったアルノルフは結婚の準備を急ぐ。アニェスは純粋な娘に育っているのだが、彼女もオラースのことが好きになっているので、アルノルフの目を逃れて密会したいと思うようになる。ことあるごとにアルノルフはオラースに出会うが、自分の正体がばれないように、相談にのったりする。それはオラースの動きを知るためもであった。ついに、アニェスはオラースと結婚したいと言い出すので、彼女を修道院に返してしまおうと考える。そこへオロントがパリへ戻る。というのも、オロン

トはオラースを友人のアンセルムの娘と結婚させるためだった。この計画を聞いたアルノルフは協力することにする。ところが、アニェスがアンリークの娘であったことが分かり、オラースと結婚することになる。

「家2軒」「広場」は通常用いられる場面設定。「椅子」もアルノルフの家の中で用いられる。「財布」「小銭」はアルノルフがオラースに金を貸す場面があり、そこで使われる。「手紙」は第2幕でアニェスがオラースにこっそり渡す場面で使われる。

［テキスト］Molière, *Œuvres complètes*, tome 1, Paris, Collection Bibliothèque de la Pléiade, Gallimard, 2010.

［訳書］『女房学校』（鈴木力衛訳）in『モリエール全集3』、中央公論社、1973年
『お嫁さんの学校』（秋山伸子訳）in『モリエール全集7』、臨川書店、2000年
『女房学校』（鈴木力衛訳）in『モリエール名作集』、白水社、1951年
『女房学校』（鈴木力衛訳）in『女房学校 他二篇』、岩波文庫、1973年

『あだっぽい母親』

　舞台は4つの扉のある1部屋。

＊　キノー Quinault の喜劇『あだっぽい母親』*La Mère coquette ou les Amants brouillés*、初演1665年10月16日、オテル・ド・ブルゴーニュ座、初版1666年。「舞台はパリ、イスメーヌの家の広間」である。イスメーヌは行方不明の夫を諦めて、娘のイザベルの恋人アカントと再婚しようとするが、従僕がトルコから連れてきた年寄りが夫であること分かり、恋人たちは結婚が許される。

　場面はイスメーヌの家の「広間」で、各幕とも場面は繋がり、場所の移動はない。第2幕第1場のト書きは、「イザベルが自分の部屋から出てくると、イスメーヌの部屋から彼女が出てくるのに気づく」。また、第3幕第3場で、従兄弟の公爵のイザベル宛の偽の恋文に怒って、アカントが家を出て行く。第5場でアカントの父親が別室から広間に入ってくる。「4つの扉」は、登場人物の入れ替わりに使われている。

［テキスト］Quinault, Philippe, *Théâtre*, Slatkine Reprints, 1970.

『女判事で訴訟の当事者』

　舞台は手前に2軒の家、そしてその他は1部屋。第3幕の終わりにクウリス（引き戸式の枠張物）が開き、舞台に肘掛け椅子1脚をのせる、舞台中央にドア。

＊　モンフルーリ Montfleury の喜劇『女判事で訴訟の当事者』*La Femme juge et partie*、

初演1669年3月2日、オテル・ド・ブルゴーニュ座、初版1669年。「舞台は（ポルトガルの港町）ファロ」である。ベルナディーユは妻のジュリーに嫉妬して、無人島に置き去りにした。帰国したジュリーは男装して判事に就任し、妻を見捨てた罪でベルナディーユを逮捕する。ジュリーは、ベルナディーユが妻の元に戻ることを条件に恩赦を与える。ジュリーは、正体を明かして夫と仲直りする。

　無人島に置き去りにされたジュリーは男装して、夫に復讐するためにやってくる。第1幕から第3幕までは町の通りで、「手前の2軒の家」は舞台両袖に配されている。「第3幕の終わりにクウリス（引き戸式の枠張物）が開く」と、「1部屋」が現れて、「肘掛け椅子」が置かれて、判事のジュリーが座る。第4幕と第5幕の場面は、判事の執務室である。第4幕第2場で「舞台中央のドア」から執務室に夫が連行されてくる。なお、戯曲では第5幕第3場で夫が監禁されている部屋に場面は変わるが、メモによれば、場面転換をしないで演じられたのであろう。

　「クウリス」coulisseは、一般にはシャシ・ア・クウリス châssis à coulisse といい、舞台にレールを敷いて、その上に戸車に乗せた枠張物を走らせて場面転換を行う枠張物である。この枠張物は、仕掛け芝居とオペラで透視図法背景の場面転換に使われていた。この時代になると、前代の背景幕の代わりにこの枠張物が使われるようになった。なお、『覚書』の中で「引き戸の枠張物」が記されているのは、この作品が唯一である。
［テキスト］*Théâtre du XVIIe siècle* II, Bibliothèque de la Pléiade, Gallimard, 1986.

『しゃれ者の女たち』

　舞台は広間。下りていたカーテンが開幕で上がる。テーブル1台、腰掛2脚、リュート1台、本1冊、テーブル1台、グラス4客、テーブルクロス4枚、ブランデー、ハムのコルネ料理、コインを盛った大皿1枚、カムフレ（ゲームの道具）1組、燭台2本、椅子2脚、義足、松葉杖1本、棍棒2本。

＊　ポワッソン Poisson の喜劇『しゃれ者の女たち』*Les Femmes coquettes*、初演1670年、オテル・ド・ブルゴーニュ座、初版1671年。「舞台は、フラヴィオの家の広間」である。イタリア人の金持フラヴィオの妻フラヴィは、賭博と遊興に金をつぎ込んでいる。フラヴィのおじは、自分が与えた金を彼女が慈善に使っていると信じ込んでいる。フラヴィオは従僕のクリスパンに弱腰を責められても、彼女の放蕩に文句も言えない。彼女と遊び仲間たちはフラヴィオを賭博でからかう。馬鹿にされたフラヴィオは、妻を懲らしめてやろうと決意する。翌日、まずフルヴィの取り巻きの詐欺師たちを追い出す。次に、クリスパンが貴族に変装して、金でフラヴィを誘惑しようとするが、正体がばれて叩き出される。フラヴィオとおじは、彼女がルイ金貨を「盛った大皿」を女

友達に与えるのを、隠れて見ている。フラヴィオは大皿を奪って、おじに証拠を突き付ける。フラヴィオは妻をイタリアに帰すことになる。

「舞台は広間」で、場所の移動はない。「下りていたカーテンが開幕で上がる」とあり、当時から開幕に垂れ幕が使用されていたことがこのメモから分かる。第1幕第1場で召使が読んでいた「本」は、ボッカチヨ。「義足、松葉杖1本」は、第4幕第12場でクリスパンの変装道具であり、「棍棒2本」はフラヴィオと女中がクリスパンを叩き出す道具である。「テーブル1台、グラス4客、テーブルクロス4枚、ブランデー、ハムのコルネ料理」は、第5幕第7場でフラヴィと女友達が宴会をする。場面は夜で、「燭台」もここで使われる。第5幕第8場で、フラヴィが友人に「コインを盛った大皿」で金貨を与える。

〔テキスト〕Poisson, Raymond, *Les Œuvres de Monsieur Poisson*, Paris, J. Ribou, 1679.

『女隊長』

舞台は手前に2軒の家、その他は大広間、中央に円柱4本、奥にテーブル1台と火のついた燭台2本。手紙2通。第5幕で燭台1本とろうそく1本。

＊　モンフルーリ Montfleury の喜劇『女隊長』*La Fille capitaine*、初演1671年、オテル・ド・ブルゴーニュ座、初版1672年。「舞台はパリ」である。リュサンドのおじのル・ブランは彼女に横恋慕して、ダモンとの結婚に反対している。リュサンドの従姉妹アンジェリックは男装して、隊長に扮して、彼女を助けることにする。アンジェリックはル・ブランの妻と密会しているふりをして、夫に見せる。一方、リュサンドは、手紙でル・ブランを逢引に誘う。隊長に扮したアンジェリックは、ル・ブランがリュサンドに愛を告白している現場を取り押さえる。ル・ブランは、既婚者であることを白状する。アンジェリックは、ル・ブランに罰として従軍することを命じる。暗闇の中で、軍装したル・ブランはリュサンドと思い込んで、妻を口説く。アンジェリックはル・ブランに、彼の妻の相手は自分で、自分が女であることを明かす。これに懲りたル・ブランは、リュサンドとダモンの結婚を認める。

第1幕、第3幕、第4幕はリュサンドの家の前の通りである。「舞台は手前に2軒の家」は、喜劇の常套的な舞台装置である。第2幕はリュサンドの家の「大広間」で、ル・ブランがだまされて、リュサンドに会いに来て、妻の密会現場を見せられる。第5幕も「大広間」で、ル・ブランはリュサンドとダモンの結婚を認める。舞台中央を背景幕（または枠張物）で覆って通りを描き、第2幕と第5幕で背景幕を引くと「大広間」が現れたと考えられる。「手紙」は、第1幕第4場、第2幕第6場で使われる。第5幕第9場で暗闇の中でル・ブランが妻を間違えて口説く。部屋を明るくする時に、「燭台1本とろうそく1本」が使用される。

〔テキスト〕Montfleury, *Théâtre de Messieurs de Montfleury père et fils,* Slatkine Reprints, 1971.

『ランセ』

　舞台は任意の宮殿。

＊　アベイユ Abeille の悲劇『ランセ』*Lyncée*、初演1678年2月25日、オテル・ド・ブルゴーニュ座、初版1681年。「舞台は、メルポネーズの港町ノプリの王宮の広間」である。アルゴスの王ダノス（ダナオス）は神託を恐れて、50人の自分の娘を50人の甥と結婚させて、甥たちを殺させようとする。ダノスに王位を奪われたエリゴーヌは甥たちの1人ランセを愛し、一緒に逃亡しようと提案するが、ランセに拒否される。彼女は、息子のイフィスをダノスの娘の1人イペルメストルと結婚させようとする。イペルメストルはランセと相思相愛の仲で、ランセを逃がす。いったんは逃亡したランセが町に侵入する。エリゴーヌは、息子のイフィスにダノスを殺させる。神託が成就して、イフィスもエリゴーヌも自殺し、ランセはイペルメストルと結婚する。
　場面はノプリの「宮殿」の広間で、各幕とも場面は繋がり、場所の移動はない。
〔テキスト〕*Noces sanglantes*, Perpignan, Presses universitaires de Perpignan, 1999.

『アルジェリー』

　任意の宮殿。

＊　アベイユ Abeille の悲劇『アルジェリー』*Argélie, reyne de Thessalie*、初演1673年、オテル・ド・ブルゴーニュ座、初版1674年。「舞台は、ラリッサの王宮」である。女王アルジェリーは、自分の愛するティマジェーヌが妹のイスメーヌを愛していることを恨んでいる。アルジェリーはイスメーヌに、結婚相手としてティマジェーヌとフェニックスのどちらかを選ばせる。彼女は、指名された男を処刑する、指名しなければ2人とも殺すと脅す。フェニックスを愛するイスメーヌは、やむなくティマジェーヌを指名する。アルジェリーはティマジェーヌに愛を告白するが、断られて、彼に致命傷を負わせる。アルジェリーはフェニックスも殺すように命じるが、瀕死のティマジェーヌに扇動された民衆がアルジェリーを殺す。
　場面はラリッサの「宮殿」の1部屋で、各幕とも場面は繋がり、場所の移動はない。
〔テキスト〕Abeille, Gaspard, *Argélie, reyne de Thessalie*, Paris, C. Barbin, 1674.

第 2 部　『マウロの覚書』注解

『クリスパンの貴族』

　舞台は木々の間の数軒の家、その後ろに旅籠 1 軒。指輪 1 個。

＊　モンフルーリ Montfleury の喜劇『クリスパンの貴族』Crispin gentilhomme、初演 1677年、オテル・ド・ブルゴーニュ座、初版1739年。「舞台は、とある田舎」である。農民のマチュランは、大佐のフロリゼルから帰国の知らせを受ける。預かっていたフロリゼルの息子は幼いころに行方不明になっていて、マチュランは途方にくれる。妻のペリーヌの入れ知恵で、息子のクリスパンを身代わりにする。フロリゼルは、クリスパンが無作法なのに驚く。フロリゼルは、クリスパンを亡友の娘エレーヌと結婚させるつもりでいたが、エレーヌは副官のクレオメドンと恋仲。クリスパンはクレオメドン宛のエレーヌの恋文を見て、フロリゼルに不満を訴える。しかし、クリスパンがフロリゼルの息子でないことをマチュランが白状する。証拠の指輪で、クレオメドンがフロリゼルの本当の息子であることが判明し、エレーヌとの結婚が決まる。
　第 1 幕は、舞台の上手と下手に「木々の間の数軒の家」を設けて、マチュランの家の前の通りで演じられる。第 2 幕でフロリゼル一行の泊まる「旅籠」は、舞台中央奥である。第 3 幕以降の舞台は、「旅籠」の内と外である。「指輪」は、第 5 幕第 8 場でクレオメドンがフロリゼルの息子である証拠の品である。
　［テキスト］Montfleury, *Théâtre de Messieurs de Montfleury père et fils,* Slatkine Reprints, 1971.

『ジョドレ、あるいは主人になった召使い』

　舞台手前は数軒の家。後ろに 1 部屋とアルコーブ。手前にバルコニー。フルーレ 4 本、いぐさの箒 1 本、棍棒 1 本、肘掛け椅子 2 脚、肖像画を入れた箱、手紙 1 通、爪楊枝 1 本、鍵 1 本、松明 2 本。

＊　スカロン Scarron の喜劇『ジョドレ、あるいは主人になった召使い』*Jodelet ou le Maitre valet*、初演1643年、マレー座、初版1645年。ブルゴスの青年貴族ドン・ジュアンは、婚約者イザベルに会うため、召使いのジョドレとともにマドリッドへ来た。だが、まだお互いの会ったことがなく、肖像画しか見ていない。しかし、相手にはジョドレの肖像画が送られていた。そこで、ドン・ジュアンは、ジョドレと自分が入れ替わってイザベルに会うことを考える。また、彼には殺された兄の敵と行方不明になっている妹リュクレースの捜索という別の目的もあった。イザベルの父ドン・フェルナンのもとへ、甥のドン・ルイとドン・ジュアンの妹リュクレースが別々に現れ、それぞれ

第2章　オテル・ド・ブルゴーニュ座 Ⅱ

助けて欲しいとやって来る。実は、ドン・ルイはドン・ジュアンの仇であり、リュクレースは妹だった。一方、ドン・ジュアンとジョドレは主従を入れ替わって、ドン・フェルナンのもとへ。しかし、ジョドレの無礼な振る舞いに一同唖然。ドン・ルイとリュクレースが鉢合わせしてしまった現場にドン・ジュアンも現れる。彼はドン・ルイが自分の仇であることを知る。みなはジョドレがドン・ジュアンだと思っているので、今こそ仇を討つべきと言うが、臆病なジョドレはとまどう。ドン・ルイはジョドレと戦おうとするが、ついにドン・ジュアンが自分の正体を明かす。ドン・ルイは兄を殺してしまったことを詫び、今でもリュクレースを愛しているというので、ドン・ジュアンは彼を許し、2組のカップルが誕生する。

　「数軒の家」は第2幕で、ドン・ジュアンとジョドレが家を探す際に用いられる装置。「アルコーブ」「バルコニー」も同様。「フルーレ」は第4幕で決闘の場面があり、そこで用いられる。「棍棒」は第5幕でジョドレをこらしめる際に用いられる。「肘掛け椅子」は第2幕でドン・ジュアンとジョドレがドン・フェルナンの家のついた際に使われる。「肖像画を入れた箱」は第1幕でドン・ジュアンがジョドレの肖像画を用いる場面で使用される。「いぐさの箒」と「爪楊枝」はジョドレが使うのだが、これにより自分が高貴な人物でないことを示すもの。「松明」は夜の場面があるのでそこで用いられる。

　〔テキスト〕Scarron, Paul, *Théâtre complet,* tome I, Paris, H. Champion, 2009.

『アンヌ・ド・ブルターニュ』　1678年上演

　舞台は宮殿の広間。第2幕で肘掛け椅子2脚と腰掛2脚が必要。

＊　フェリエ Ferrier の悲劇『アンヌ・ド・ブルターニュ』*Anne de Bretagne reine de France*、初演1678年11月、オテル・ド・ブルゴーニュ座、初版1679年。「舞台はレンヌ、女公爵の宮殿の広間」である。ブルターニュ公国の女公爵アンヌは、神聖ローマ皇帝の息子マクシミリアンと結婚の運びだったが、マクシミリアンは家臣の反乱で牢に入れられたという報せが入る。このため、婚約は破談となる。そこへフランス王シャルルの捕虜となっていたオルレアン公ルイが釈放されて現れる。ルイは、シャルルの使者として、シャルルのアンヌへの求婚を伝える。アンヌと妹のイザベルは、二人ともルイを愛している。イザベルが報われない愛を嘆くと、侍従がイザベルに、ルイを自室に招かせる。誤解したアンヌは怒って、シャルルとの結婚を宣言する。イザベルは後悔して、侍従に真実を伝えさせる。アンヌとルイの誤解は解けるが、時すでに遅く、二人は嘆きながらも、別れを告げる。

　場面は女公爵の「宮殿の広間」で、各幕とも場面は繋がり、場所の移動はない。第2幕第2場で、女公爵とその妹は「肘掛け椅子」に、2人の元帥は「腰掛」に座って話し合い、マクシミリアンとの婚約解消を決定する。

第 2 部　『マウロの覚書』注解

［テキスト］Ferrier de La Martinière, Louis, *Anne de Bretagne, reine de France,* Paris, Jean Ribou, 1679.

1679年上演『ラ・トロアッド』

　舞台は陣営 1 張りとテント。舞台奥は荒れ果てた都市、手前に川。

＊　プラドン Pradon の悲劇『ラ・トロアッド』*La Troade*、初演1679年 1 月、オテル・ド・ブルゴーニュ座、初版1679年。「舞台は、トロイアの廃墟に近いギリシア軍の陣営」である。トロイアが陥落し、エクトールの妻アンドロマックはユリス（オデュッセウス）に、王女のポリュクセーヌはピリュスに与えられる。ユリスは、アンドロマックの息子アスティアナクスを生贄にしようとする。アンドロマックを愛するピリュスは、アスティアナクスを隠す。ポリュクセーヌがユリスにアスティアナクスの命乞いをすると、彼から愛を告白される。ピリュスとユリスは話し合い、アスティアナクスを殺したふりをすることに決める。しかし、時すでに遅く、アスティアナクスは殺され、ポリュクセーメも自殺する。
　場面は「陣営」の 1 ヶ所で、各幕とも場面は繋がり、場所の移動はない。舞台奥の背景は「荒れ果てた都市」、トロイアの廃墟である。第 1 幕第 1 場のトロイアの王妃エキュブの台詞に「この不幸な川」とあり、舞台の「手前に川」が流れている。第 4 幕第 4 場にはアスティアナクスを探すため、「リカスが、エキュブのテントを覗く」というト書きがあり、場面は「テント」の外である。
　［テキスト］Pradon, Nicolas, *Les Œuvres de Mr Pradon*, Paris, P. Ribou, 1700.

『ジャンセリック』

　舞台は任意の宮殿。

＊　デズリエール Deshoulière の悲劇『ジャンセリック』*Genséric*、初演1680年 1 月、オテル・ド・ブルゴーニュ座、初版1680年。「舞台はカルタゴ、ジャンセリックの宮殿」である。ヴァンダールの王ジャンセリックはローマを破り、ローマ皇帝の皇后とその娘ウドックスを捕虜として連れ帰った。ジャンセリックの息子トラジモンは、ウドックスとひそかに愛し合っている。トラジモンは弟の婚約者ソフラニーに、ジャンセリックから二人の結婚の許しをもらうことを頼む。しかし、トラジモンをひそかに愛していたソフラニーは、侮辱されたと復讐の念を燃やす。一方、ジャンセリックはソルラニーと弟の婚約を解消して、弟をウドックスと結婚させ、ローマを手に入れようとする。ジャンセリックのもとに、トラジモンが反乱を起こして市を掌握したという報

せが入る。それに続いて、トラジモンがソフラニーに刺されて死に、ソフラニーも自殺したという報せが入る。

　場面はジャンセリックの「宮殿」の1部屋で、各幕とも場面は繋がり、場所の移動はない。

　［テキスト］*Femmes dramaturges en France (1650-1750)*, Tome II, Tübingen, G. Narr, 2002.

第2部 『マウロの覚書』注解

第3章　コメディ＝フランセーズ

『病は気から』1680年

　舞台は1部屋とその奥にアルコーブ。第1幕：椅子1脚、テーブル、振鈴と小銭入れ、毛皮の外套一着、枕6個、鞭1本。第1の幕間劇：ギターかリュート、マスケット銃4挺、龕灯4本、棍棒4本、角灯1本。第2幕：椅子4脚、笞の柄1個、書類、第2の幕間劇：バスク地方の太鼓4張。第3の幕間劇：医学部長用の椅子と大きなベンチ2台、注射器8本、梯子4本、金槌4本、乳鉢4個、乳棒4本、腰掛6脚、上質の赤い長衣。

　舞台は第1の幕間劇で場面を変えて、町か通りを表さねばならない、そして開幕のように部屋が現れる。竪機で織られたタピスリー3枚、棒と縄。

＊　モリエール Molière の喜劇『病は気から』 *Le Malade imaginaire*、初演1673年2月10日、モリエール一座、初版1674年。コメディ＝フランセーズでは、1680年9月6日に最初に再演されている。構成は3幕喜劇であるが、冒頭に田園劇風のバレエがあり、さらに3つの幕間劇を伴う。まずは喜劇の部分の梗概。中年の金持ちアルガンは病気になるのが心配で、毎日大量の薬を飲み、何度も浣腸をしている。アルガンは医者ディアフォワリュスの息子トマを自分の娘アンジェリックの婿にしたいと思っている。しかし、彼女にはクレアントという恋人がいるので、困っている。ディアフォワリュスがトマを連れてくるのだが、この男は挨拶もできず、アンジェリックに医学書をプレゼントしてしまうので、アンジェリックはこの結婚を延期してほしいと願い出る。一方、アルガンには後妻のベリーズがいるのだが、彼女はアルガンの財産をわが物にしようと日々狙っている。ある日アルガンの弟ベラルドの策略で、アルガンが亡くなってしまったということにしてベリーズの本性を見定めることにする。すると、ベリーズは強欲の本性を現すので、アルガンは彼女を追い出してしまう。そこへ、アンジェリックが涙を流しながらやってくる。アルガンが亡くなったと聞いたからだった。アルガンは感動し、アンジェリックにクレアントが将来医者になるという条件付きでの結婚を認めることにする。

　第1幕の前に、田園劇の登場人物たちによるバレエがある。第1の幕間劇は、ポリシネル（コンメディア・デラルテのプルチネッラ）と夜警たちのやりとり。第2の幕間劇は、ベリーズの兄ベラルドが連れてきた大道芸人たちがアルガンを慰めるという

第3章　コメディ＝フランセーズ

体裁で、ムーア人たちの衣装を身に着けたジプシーたちの歌と踊り。第3の幕間劇は、医師、薬剤師、医学生たちが登場し、ある男を医師にするための儀式が繰り広げられる。インチキなラテン語による台詞のやりとりによる滑稽なもの。

　第1幕はアルガンが薬の領収書を見ながらお金の勘定をしている場面から始まるので、「テーブル」「椅子」「小銭入れ」が必要となる。また「椅子」については、アルガンが劇中座ったり立ったりを繰り返すので、始終舞台に置いてある。「振鈴」はアルガンが女中のトワネットを呼ぶ際に用いる。「杖」はアルガンが小用に立つ際に、トワネットに持ってくるよう命じる台詞がある。その後その「杖」をトワネットに対して振り回す場面も登場する。後妻のベリーズが登場した後、ベリーズはトワネットに「外套」と「枕」を持ってくるよう命じる。「枕」が複数あるのはそれを「椅子」の上に並べるため。

　第1の幕間劇は夜の街中が舞台となっているので、「町か通りを表さねばならない」と指示されている。冒頭ポリシネルが登場し、「リュート」を手に恋の歌を歌う。「マスケット銃」「龕灯」「棍棒」は夜警たちが手にしている。「角灯」について具体的な指示はないが、ポリネシルの歌を家の窓から老女が茶化する場面か、あるいは夜警がポリネシルの顔の目の前に明かりを持ってくる場面で用いられると思われる。

　第2幕では、ディアフォワリュス、その息子のトマなどが登場するので複数の「椅子」が必要となる。「鞭」はアルガンが娘のルイゾンに言うことを聞かせるために手にする。「書類」については特に指示がないが、ベリーズが公証人のところへ出かける時に手にしているものと考えられる。

　第2の幕間劇では歌と踊りが繰り広げられるので、その際に「太鼓」が用いられるものと考えられる。しかしなぜバスク地方のものであるのかは不明。

　第3の幕間劇が始まる際に、室内装飾業者たちが登場し、舞台装置の転換を行う。その際に「3つのタピスリー」「棒」「縄」「梯子」「金槌」が必要となる。あわせて「医学部長用の椅子」「大きなベンチ2台」「腰掛」なども舞台に設置する。「医学部長用の椅子」とあるが、この幕間劇では医師たちがさまざまな質問をして、それに医学部長が答えるという、いわば禅問答のような場面が繰り広げられるので、「医学部長用の椅子」を中心としてその周囲に「ベンチ」や「腰掛」が置かれるのではないかと思われる。「注射器」「乳鉢」「乳棒」は登場する医師たちが手にしているもの。「上質の赤い長衣」とあるが、これは身分の高い医師たちが身に着けているもの。

［テキスト］Molière, Œuvres complètes, tome 3, Paris, Collection Bibliothèque de la Pléiade, Gallimard, 2010.
［訳書］『病は気から』（鈴木力衛訳）in『モリエール全集1』、中央公論社、1972年
『病いは気から』（秋山伸子訳）in『モリエール全集9』、臨川書店、2002年
『気で病む男』（内藤濯訳）in『モリエール名作集』、白水社、1951年
『気で病む男』（内藤濯訳）in『女学者・気で病む男』、新潮文庫、1952年
『病は気から』、鈴木力衛訳、岩波文庫、1970年

第2部　『マウロの覚書』注解

『アガメムノン』1680年上演

　舞台は任意の宮殿。

＊　ボワイエ Boyer の悲劇『アガメムノン』*Agamemnon*、初演1680年3月12日、ゲネゴー座、初版1680年。コメディ＝フランセーズ再演、1680年9月20日。「舞台は、ミュケナイの王宮」である。オレストはカッサンドルとの結婚を望んでいる。溺死したと思われていたアガメムノンが帰国し、自分を殺す計画を立てたエジストを逮捕、共犯の妻クリテムネストルをスペインに流刑にして、カッサンドルと結婚しようとする。しかし、アガメムノンはカッサンドルの預言を恐れて、オレストとカッサンドルの結婚を許し、エジストだけを罰することにする。クリテムネストルは、アガメムノンとカッサンドルを殺害する。オレストは復讐を誓う。
　場面は、ミュケナイの「宮殿」の1部屋で、各幕とも場面は繋がり、場所の移動はない。
　［テキスト］Boyer, Claude, *Agamemnon tragédie*, Paris, Th. Girard, 1680

『妄想に囚われた人々』

　舞台は4軒の家。後景に岩山。扉の近くに芝生。詩人のための用紙。

＊　デマレ・ド・サン＝ソルラン Desmarets de Saint-Sorlin の喜劇『妄想に囚われた人々』*Les Visionnaires*、初演1637年2月15日から3月6日の間、マレー座、初版1637年。コメディ＝フランセーズ再演、1680年9月30日。舞台の設定は作品にない。主要登場人物は男性4人と三人姉妹であるが、いずれも妄想家ばかりで、結婚はしたいが、自分の妄想に取りつかれて、話がかみ合わず、結婚できない。
　劇中のト書きにも、場所を示す台詞はない。場面は町の通りで、「4軒の家」は男性3人（隊長の家は登場しない）と三人姉妹の家であろう。「後景は岩山」とメモにあるが、劇中のト書きにも台詞にも該当する場面は見当たらない。第1幕第4場で、一風変わった詩人の「聳え立つ岩陰に隠れ、嵐を避けることにせん」という台詞がある。この台詞から、後景に「岩山」を設けたのだろう。「詩人のための用紙」は、第4幕第3場で詩人が自分の書いた詩を披露する。
　［テキスト］Desmarets de Saint-Sorlin, Jean, *Théâtre complet*, Paris, H. Champion, 2005.
　〔訳書〕『妄想に囚われた人々』（伊藤洋訳）、in『フランス十七世紀演劇集 喜劇』、中央大学出版部、2010年

第3章　コメディ＝フランセーズ

1680年8月25日、2つの劇団が合併して、ここでゲネゴー座の作品の上演が始まる[6]。

『謎の男』

　2つの舞台、すなわち、森と家々、後景に城、第2幕で樹木のアーケードが必要、後景に森が現れる。

＊　トマ・コルネイユ Thomas Corneille とドノー・ド・ヴィゼ Donneau de Visé の喜劇『謎の男』*L' Inconnu*、初演1675年11月17日、ゲネゴー座、初版1676年。コメディ＝フランセーズ再演、1680年11月6日。「舞台は伯爵夫人の城の中」である。侯爵は、未亡人の伯爵夫人と結婚したいが、なかなか色よい返事がもらえない。彼は名前を隠して、さまざまな催し物で彼女の気持ちを惹こうとする。催し物の1つとして演じられる劇中劇で、侯爵が「謎の男」であることが分かり、伯爵夫人は求婚を受け入れる。
　プロローグ付きの5幕で、プロローグは岩山、精霊が山を人に変身させる。台詞から、第1幕は「森と家々、後景に城」のある城門の前である。第2幕、第3幕は城の中である。第2幕第8場から、劇中劇が始まる。「樹木のアーケードとその後景に森」は、劇中劇の舞台装置である。第4幕は台詞から城の庭園、第5幕は城の中である。
　［テキスト］*Aspects du théâtre dans le théâtre au XVIIème siècle, recueil de pièces*, Université de Toulouse-le Mirail, 1986.

『石像の宴』

　第1幕、宮殿が要る。
　第2幕、1部屋、海
　第3幕、森、墓
　第4幕、1部屋、ごちそう
　第5幕、墓が現れる、迫り出し、場合によって松脂が要る。
　肘掛け椅子2脚、腰掛1脚

---

[6] メモとメモの間にこの記録が差し挟まれている。この日、オテル・ド・ブルゴーニュ座はゲネゴー座と合併し、劇場をゲネゴー座に移して、コメディ＝フランセーズとして開演した。この記述からも、これ以後のメモはコメディ＝フランセーズの上演作品である。

*　トマ・コルネイユ Thomas Corneille の喜劇『石像の宴』 Le Festin de pierre、この作品はモリエールの『ドン・ジュアン』の改作である。初演1675年11月17日、初版1683年。コメディ＝フランセーズ再演、1680年10月24日。女性を見ると口説きたくなる貴族のドン・ジュアンは召使のスガナレルと旅をしている。妻のエルヴィールから逃れるためである。船で逃げている際に、その船が転覆し、二人はある海岸に流れ着く。ドン・ジュアンは田舎娘を二人同時に口説き始める。旅を続けている途中、1人対複数で戦っている男たちを見つけると、ドン・ジュアンは1人で戦っている男に助太刀。何とかその場を切り抜ける。ところが、助けた男はかつて自分が殺してしまった男の兄弟だった。今回ばかりは助けてくれたお礼にかたき討ちは避けるが、次の機会には必ずと言い、男は去る。さらに旅を続けると、1つの石像を見つける。これはドン・ジュアンが殺した男の墓だった。ドン・ジュアンは余興として石像を夕食に招待すると、石像はこれを承諾。後日、石像は約束通りドン・ジュアンの家に訪れる。石像は、今度は自分が招待をするというと、ドン・ジュアンもこれを承諾。すると、石像はドン・ジュアンの手を取り、ともに地獄へ堕ちて行ってしまう。

　この戯曲は幕ごとに場所が変わるので、「宮殿」「森」「海」「部屋」などさまざまな装置が用意されている。「墓」とあるのは石像のこと。この石像は動かすため、その装置として「迫り出し」や「松脂」が必要となる。「腰掛け椅子」と「腰掛」は第4幕の「部屋」の場面などで用いられる。

［テキスト］Corneille, Thomas, *Le festin de pierre*, Paris, H. Champion, 2000.

『アンフィトリヨン』

　舞台は町の広場。バルコニー、その下に扉。プロローグには、メルキュールのための（宙乗りの）仕掛け、夜の女神の馬車。第3幕、メルキュールは宙返りし、ジュピテルは馬車の上。龕灯、魚の形をした棒。

*　モリエール Molière の喜劇『アンフィトリヨン』*Amphitryon*、初演1668年1月13日、モリエール一座、初版1668年、コメディ＝フランセーズ再演、1680年10月8日。プロローグで、ジュピテルがアクルメーヌに夜這いをかけるために、夫であるアンフィトリヨンに変身するために夜を長くするよう夜の女神に頼む。女神は最初承服しかねていたが、メルキュールのとりなしでジュピテルの言う事を聞く。アンフィトリヨンの召使ソジーは戦勝報告の役割を仰せつかり練習をしている。そこへソジーに扮したメルキュールが登場するので、困惑する。二人で議論をしているうちにソジーは自分が本物であるかどうか分からなくなってしまい、家の中に引き下がる。入れ替わりにアンフィトリヨンに扮したジュピテルがアルクメーヌとともに登場する。ジュピテルはアルクメーヌに言い寄るが、彼女は全く取り合おうとしないので、ジュピテルは家を出て行ってしまう。翌日、ソジーは自分とそっくりな人物が現れたというのだが、ア

第3章　コメディ＝フランセーズ

ンフィトリヨンはそれを信じない。アルクメーヌも出て行った夫が家にいるので、不思議に思う。3人の会話の中から、アンフィトリヨンにも偽者がいたことがわかる。妻の不貞を疑ったアンフィトリヨンは、自分こそが本物であるという証人を探しに出かける。そこへアンフィトリヨンの姿でジュピテルがふたたび現れ、アルクメーヌと和解し、家の中へ。一方本物のアンフィトリヨンは証人が見つからず、家に戻ると、ソジーに変装したメルキュールに、すでに家の中にはアンフィトリヨンがいると言われ、追い返される。アンフィトリヨンがソジーや将校たちを伴い、家に戻ると、家の中にはアンフィトリヨンがいる。ジュピテルはそこで正体を明かす。困惑するアンフィトリヨンに、ジュピテルはアルクメーヌが契を交わしたのは夫の姿をした自分であるので、不貞には当たらないといい、後にヘラクレスという子どもが誕生し、後代の幸福が約束される。

舞台設定は通常のものであり、特別ではない。出版された戯曲の口絵などを見ると、女神やジュピテルに扮した役者が空を飛んでいる様子が描かれている。「灯」は夜の場面で登場。「魚の形をした棒」には特に指示はない。

［テキスト］Molière, *Œuvres complètes*, tome 1, Paris, Collection Bibliothèque de la Pléiade, Gallimard, 2010.

［訳書］『アンフィトリヨン』（鈴木力衛訳）in『モリエール全集2』、中央公論社、1973年
『アンフィトリヨン』（秋山伸子訳）in『モリエール全集6』、臨川書店、2001年

『愉快な狂人たち』

舞台：第1幕は1部屋
　　　第2幕、精神病棟
　　　第3幕、1部屋、そこに節穴、宴会料理、椅子3脚

＊　ポワッソン Poisson の3幕の喜劇『愉快な狂人たち』*Les Fous divertissants*、初演1680年11月14日、コメディ＝フランセーズ、初版1681年。「舞台は、フォーブール・サン・ジェルマンの精神病院」である。アンジェリックは父親の言いつけで、精神病棟の管理人で年寄りのグロニャールと婚約し、病院内の「1部屋」で結婚の日を待っている。恋人のレアンドルが、オペラ狂いのふりをして入院する。グロニャールは、兄危篤の知らせを受けて、見舞いに行く。留守の間に、1人の兵士が命令で病院に一泊する。兵士は壁の「節穴」から覗いて、恋人たちの事情を知る。グロニャールが戻ってくる。兵士は、魔法で食べ物をだすから後ろを向いているように言う。その間にアンジェリックとレアンドルは逃げ去る。狂人たちの歌と踊りで、芝居は終わる。

第1幕、第3幕の「1部屋」はアンジェリックの部屋、第2幕は「精神病棟」である。ト書きでは第3幕で兵士は屋根裏部屋に泊まり、「節穴」からアンジェリックの部屋を

覗いて様子を窺う。ト書きどおりなら、舞台の上のもう1つの舞台を屋根裏部屋に使用したのか。「宴会料理」は第3幕で焼肉屋が持ってくる。
　［テキスト］Poisson, Raymond, *Les Œuvres de Mr Poisson*, Paris, Jean Ribou, 1682.

『ソリマン』

　　舞台は任意の宮殿。

＊　ラ・チュイユリー La Thuillerie の悲劇『ソリマン』*Soliman*、初演1680年10月11日、コメディ＝フランセーズ、初版1681年。「舞台はコンスタンティノープル、ソリマン1世皇帝の宮廷」である。トルコの皇帝ソリマンの皇后ロクサーヌは重臣イブライムの権力に嫉妬して、陰謀をめぐらす。ロクサーヌの企みで、ソリマンはイブライムの婚約者セロニッドを自分の妃にしようとする。イブライムが凱旋して帰国、彼はソリマンにセロニッドを譲ることを拒む。ロクサーヌは、イブライムとソリマンの娘のアステリを結婚させようと画策する。イブライムとセロニッドは他国に逃亡しようとして捕まる。しかし、ソリマンはイブライムの功労を認めて、二人の結婚を許し、イブライムをギリシアの総督にする。なお、スキュデリーの『イブライム』は同じ題材を扱っている（「目録中のメモのない作品」参照）。
　場面はソリマン1世の「宮殿」の1部屋で、各幕とも場面は繋がり、場所の移動はない。
　［テキスト］La Tuillerie, *Soliman, tragédie, par M. de La Tuillerie*, Paris, J. Ribou, 1681.

『アスパール』

　　任意の宮殿。

＊　フォントネル Fontenelle の悲劇『アスパール』*Aspar*、初演1680年12月27日、コメディ＝フランセーズ、未出版。

『ザイード』

　　舞台は任意の宮殿、第2幕に椅子5脚。

＊　メモは、作者をジュネ Genest と記しているが、ラ・シャペル La Chapelle の悲劇『ザイード』*Zaïde*、初演1681年1月26日、コメディ＝フランセーズ、初版1681年。「舞

台は、グルナード」である。女のザイードは男として育てられて、グルナード王に重用され、国政を任されている。彼女は、政敵のアラミールをひそかに愛している。アラミールは愛するファティマのことが気がかりで、勝手に軍を離れて、帰国する。怒った王は、アラミールを逮捕させる。ファティマは、ザイードを男と思って、愛している。ザイードはファティマに、王妃となって、アラミールを王にとりなすように頼む。ファティマは一旦はザイードの申し出を断るが、ザイードが女であることを知って、提案を受け入れる。釈放されたアラミールはファティマに駆け落ちしようと持ちかけるが、拒否される。アラミールの反逆を知った王は、アラミールを処刑しようとする。ザイードは王に、ファティマが愛しているのは自分だと告白する。王は、ザイードに死刑を宣告する。ザイードが女だとの報告がはいり、彼女の罪は許されて、アラミールとの結婚が決まる。

　場面はグルナードの「宮殿」の１部屋で、各幕とも場面は繋がり、場所の移動はない。「第２幕に椅子５脚」とあるが、第２幕も他の幕も、１つの場面に登場する人物は最大４名で、５脚は必要ない。

［テキスト］La Chapelle, Jean de, *Zaïde*, Paris, J. Ribou, 1681.

『エルキュール』、1681年11月上演

　舞台は任意の宮殿。

＊　ラ・チュイユリー La Thuillerie の悲劇『エルキュール』*Hercule*、初演1681年11月７日、コメディ＝フランセーズ、初版1682年。「舞台はオエカリーのエウリウスの宮殿」である。エルキュール（ヘラクレス）は、オエカリーの王女イオールに恋する。イオールはフィロクテット（フィロクテテス）と恋仲で、エルキュールの求婚を断る。エルキュールはフィロクテットを逮捕させ、イオールに結婚に同意しなければ彼を殺すと脅す。結婚式の席でエルキュールは、妻のデジャニールが半獣神の血を塗ったガウンの毒で火に包まれる。デジャニールは自殺し、エルキュールはフィロクテットを祝福し、自分をオイタ山に運ぶように命じる。なお、ロトルーの『死にゆくエルキュール』が同じ題材である（メモ参照）。

　場面はエウリウスの「宮殿」の１部屋で、各幕とも場面は繋がり、場面転換はない。

［テキスト］La Tuillerie, *Hercule*, La Haye, A. Moetjens, 1682.

『クレオパートル』　1681年12月上演

　任意の宮殿、そして舞台奥に控えの間。

第 2 部 『マウロの覚書』注解

＊　ラ・シャペル La Chapelle の悲劇『クレオパートル』 *Cléopâtre*、初演1681年12月12日、コメディ＝フランセーズ、初版1682年。「舞台はアレクサンドリア」である。アクティウムの海戦で敗れた後、ローマの使者と妻のオクタヴィはアントワーヌ（アントニウス）に降伏を勧める。アントワーヌはクレオパートル（クレオパトラ）が裏切ったと思い込み、交渉を打ち切る。オクタヴィは、降伏するようにクレオパートルを説得する。アントワーヌが一旦は勝利したが、敗北したとの報せが入る。クレオパートルは霊廟に避難する。撤退してきたアントワーヌは、部下の報告でクレオパートルが死んだと誤解して、自殺する。クレオパートルが生きているという知らせを受けて、アントワーヌはクレオパートルのもとに運ばれる。アントワーヌを探しに来たオクタヴィのもとに、アントワーヌの死の知らせが入る。オクタヴィが去った後、クレオパートルが現れ、毒を飲んだことを告げて、アントワーヌとともに葬るように依頼して死ぬ。

　場面はクレオパートルの「宮殿」で、台詞から、第 1 幕はアントワーヌの居室、第 2 幕はクレオパートルの居室、第 3 幕はローマの使者がクレオパートルとの面会を待つ部屋、第 4 幕は再びクレオパートルの居室、第 5 幕ではオクタヴィはアントワーヌを探し求めているが、宮殿のどこかは特定できない。上演には少なくとも 2 つの部屋が必要である。第 1 幕第 2 場のローマの使者がクレオパートルの前に進み出る場面で、ト書きに「開き、進み出て、女王に話す」とあり、「舞台奥の控えの間」から出てくると思われる。

　［テキスト］La Chapelle, Jean de, *Cléopâtre, tragédie par le Sieur D. L. C.*, Paris, J. Ribou, 1682.

『ゼロニード』

　舞台は任意の宮殿。第 2 幕に肘掛け椅子 1 脚、腰掛 3 脚。

＊　ジュネ Genest の悲劇『ゼロニード』 *Zélonide, princesse de Sparte*、初演1682年 2 月 4 日、コメディ＝フランセーズ、初版1682年。「舞台は、スパルタの王宮の広間」である。スパルタの王女ゼロニードは王子クレオニムと婚約していたが、クレオニムは暴君で民衆の怒りを買い、追放された。ゼロニードはクレオニムとの婚約を解消して、今は国民の支持でスパルタ王の息子アコラットと婚約している。クレオニムは、王が留守の間にゼロニードと国を奪おうと、エピリュスの王ピリュスの支援を受けて、軍を率いてスパルタに迫っている。アコラットは、敵の要求を拒否する。クレオニムがピリュスとともに進軍して、戦況は不利である。しかし、スパルタ王が帰ってきて、形勢は逆転し、クレオニムは戦死、ピリュスは撤退する。

　場面はスパルタの「宮殿」の広間で、各幕とも場面は繋がり、場所の移動はない。第 2 幕第 1 場で、アコラットが「肘掛け椅子」に座り、3 人の民選長官が「腰掛」に

第3章　コメディ＝フランセーズ

座って、敵軍との対応を協議する。
［テキスト］Genest, Charles-Claude, *Zélonide, princesse de Sparte, tragédie*, La Haye, A. Montjens, 1683.

『パリジャン』

　舞台は数軒の家、そして1軒の家は表に面した扉と窓、奥に開け閉めできる柱廊。指輪1つ、椅子1脚、短銃、円形盾1枚と兜1具。

＊　シャンメレ Champmeslé とラ・シャペル La Chapelle の喜劇『パリジャン』*Le Parisien*、初演1682年2月7日、コメディ＝フランセーズ、初版1682年。「舞台はパリ、2軒の家の共通の中庭」である。クリタンドルは、イタリア人女性のエルミールに恋をしている。エルミールの兄に用立てるため、彼は父親に金を無心する。父親はクリタンドルに、デ・ムーランの娘との結婚を条件にする。エルミールのお付きのリゼットが伯爵夫人に変装して、クリタンドルとの間に子供ができたと抗議する。従僕のフロランタンは、金で伯爵夫人をだまらせて、クリタンドルを戦争に行かせてもみ消すように勧める。作戦が成功して金が手に入るとクリタンドルたちが喜んでいるところを父親に立ち聞きされて、この計画は水の泡になる。一方、デ・ムーランの娘が船で遭難して死亡したという報せが入り、違約金をめぐって父親とデ・ムーランの言い争いになる。エルミールは、これを金に換えて両親と仲直りしてくれと、母親の形見の指輪を差し出す。指輪を見たデ・ムーランは、自分がイタリアで生き別れになった妻に与えた指輪だと気づく。クリタンドルとエルミールの結婚に障害はなくなる。
　「2軒の家」はエルミールの住む家とクリタンドルの家である。メモでは、中庭の代わりに通りが使われる。したがって、舞台は1軒の家と通りに設定が変えられている。「1軒の家」はクリタンドルの家で、「扉」から人の出入りがあり、「窓」から父親が息子たちの様子を窺う。作品では、第1幕から第3幕まではクリタンドルの家である。第4幕と第5幕の場面は、通りである。「指輪」は、第5幕第6場でエルミールの出生を明かす証拠の品である。第2幕第5場で、エルミールのお付きのリゼットが伯爵夫人に変装して、「椅子」を要求する。「短銃、円形盾1枚と兜1具」は、第1幕第6場での争いで、クリタンドルに加勢するために従僕のフロランタンが武装して登場する。
［テキスト］Champmeslé, *Le Parisien*, Paris, Jean Ribou, 1683.

『田舎貴族』

　舞台は数軒の家、または部屋、舞台奥に部屋の枠張物（フェルム）。絵

画4枚、指輪1個、ヴィオール1本、画架1台、磁器の小さな壺1個、絵筆数本、パレット1枚と描きかけの絵画。肘掛け椅子1脚と小さな腰掛あるいは小さな椅子2脚。

＊　ジレ・ド・ラ・テッソンヌリ Gillet de la Tessonerie の喜劇『田舎貴族』 *Le Campagnard*、初演1656-57年、マレー座、初版1657年。再演、1681年5月28日、1682年8月29日再演、コメディ＝フランセーズ。フィリスとフェニスは姉妹であるが、おじのバジルの家に住んでいる。ある日、田舎貴族が現れ、フェニスに惚れてしまう。しかし、口説き文句は古臭い。フェニスには、クリトン、レアンドルという貴族たちも惚れている。レアンドルの仲間アンセルムは、クリトンと田舎貴族を決闘させて、一気に両方片付けてしまえばよいという。その思惑通り、二人は決闘することになるが、田舎貴族の召使ジョドレはなんとかこれを阻止しようとするものの、田舎貴族は頑として決闘をするという。しかし、クリトンからの果たし状が届くと、恐れおののいてしまう。田舎貴族はアンセルムに自分の結婚について占ってもらうと、妻に不貞を働かれてしまうと言われる。困り果てた田舎貴族はフェニスを諦め、フィリスを好きになる。田舎貴族は相変わらず時代遅れの口説き文句でフィリスにせまる。そのうえ浮気者のレアンドルもフィリスのことが好きになってしまう。フェニスがレアンドルのことでフィリスと口論になる。レアンドルはフィリスを連れて逃げ出そうと考えるが、その場にジョドレもいるので、簡単にはうまくいかない。しかし、ジョドレが眠ってしまうので、逃げようとすると、田舎貴族が自分たちの様子を伺っていることに気づく。レアンドルは田舎貴族を煽るようなことばかりいうので、田舎貴族は剣を持ち、二人は決闘する。ところが、田舎貴族があっさりと負けてしまう。そこへ、バジルが登場し、レアンドルが名家の出であることが判明したので、レアンドルとフィリスの結婚を認める。すると、今度はそこへクリトンとフェニスが逃げてしまったとの知らせが入る。田舎貴族は、自分がフェニスを振ってしまったからだと勘違いし、後を追いかける。

　舞台装置として列挙されているものは、いずれも戯曲の筋に関連するものというよりは、バジルの家などに飾られることで、名家の佇まいを示すためのものである。椅子の類に関しては、第4幕に召使が「もっと低い椅子はありませんか」という台詞があり、ここで用いられる。なお、フェルム ferme は枠張物の中でも舞台の幅の大きさの枠張物を指す。

　［テキスト］: Gillet de La Tessonerie, *Le Campagnard, comédie, par Gillet*, Paris, G. de Luyne, 1658.

コルネイユ氏の『ティットとベレニス』

　舞台は宮殿。

第3章　コメディ＝フランセーズ

＊　原文は *Bérénice*、ピエール・コルネイユ Pierre Corneille の英雄喜劇『ティットとベレニス』*Tite et Bérénice*、初演1670年11月28日、モリエール一座、初版1671年、コメディ＝フランセーズ再演、1682年8月3日。「舞台はローマ、皇帝の宮殿の中」である。ローマ皇帝ティットは、弟ドミシアンの恋人ドミシーと婚約している。ドミシーはドミシアンを捨てて、皇后の位につきたい。しかし、ティットは、恋人のユダヤの女王ベレニスに未練がある。元老院から、ベレニスにローマの国籍を与えるという報告が入る。ベレニスは女王としての誇りを保てたことに満足し、ティットの身に危険が及ぶことを案じて帰国するという。ティットは、自分は誰とも結婚しない、弟ドミシアンを後継者とする、と宣言する。ドミシーはドミシアンとの結婚に同意することになる。ラシーヌの『ベレニス』も同じ題材を扱っている（メモ参照）。
　場面は皇帝の「宮殿」の1部屋で、各幕とも場面は繋がり、場所の移動はない。
［テキスト］Pierre Corneille, *Œuvres complètes*, tome 3, Paris, Bibliothèque de la Pléiade, Gallimard, 1987.

ラ・シャペル氏の『テレフォント』1682年上演

　舞台は宮殿。第5幕で手紙1通、短刀1振り。

＊　ラ・シャペル La Chapelle の悲劇『テレフォント』*Téléphonte*、初演1682年12月26日、コメディ＝フランセーズ、初版1683年。「舞台は、メッセニアの王の宮殿」である。メッセニアの王エルモクラットは先王の后メロップに横恋慕して、先王を殺した。エルモクラットは神託を恐れて、娘のイスメーヌを他人に育てさせていた。先王の忘れ形見テレフォントが死んだとの知らせに安心し、エルモクラットはイスメーヌを手元に呼び戻し、エトルリアの王と結婚させようとする。テレフォントが、エトルリアの王の使者に化けてやってくる。彼はイスメーヌと一緒に育てられて、二人は愛し合っていた。二人は互いに相手の素性を知って、驚き嘆く。宮殿は、テレフォントの部下たちが起こした反乱で包囲される。さらにメロップが反乱を企てる。しかし、メロップの陰謀が発覚し、第5幕第3場でメロップは「短刀」でエルモクラットを刺そうとする。第5幕第6場で手に入れた「手紙」で、エルモクラットはエトルリアの使者がテレフォントであることを知る。エルモクラットは、神託が成就したことを悟り、自殺する。なお、ジルベールの『テレフォント』も同じ題材を扱っている（「目録中のメモのない作品」参照）。
　場面は王の「宮殿」の1部屋で、各幕とも場面は繋がり、場所の移動はない。
［テキスト］La Chapelle, Jean de, *Téléphonte*, Paris, T. Guillain, 1683.

仕掛け芝居『アンドロメード』1682年上演、1683年1月22日に再演

＊　ピエール・コルネイユ Pierre Corneille の悲劇『アンドロメード』*Andromède*、初演1650年１月始め、プティ＝ブルボン座、オテル・ド・ブルゴーニュ座員、初版1650年、コメディ＝フランセーズ再演、1682年７月19日、その後1683年１月22日まで続演。原文では「1682年１月22日」と書かれているが、1683年の誤りである。「舞台はエチオピア、セフェ王国の首都、海の近く」である。海の神の怒りを鎮めるため、王女のアンドロメードが生贄にされようとしている。アンドロメードは風の神に連れ去られて、浜辺の断崖に繋がれる。海の怪物が現れるが、天馬に乗った英雄ペルセ（ペルセウス）が天から舞い降りて、怪物を退治して彼女を救う。アンドロメードとペルセの結婚が決まる。元の婚約者が仲間を集めて、ペルセを襲撃するが、メデューズの首の魔力で石に変えられる。結婚式は、神々に祝福されて天上で行われる。

　舞台装置についてメモはない。『アンドロメード』は、宙乗りを多用し、幕ごとに場面が変わる仕掛け芝居である。ランカスターは、必要な仕掛けが多すぎて、書ききれなかったのだろうと推測している。

　［テキスト］Pierre Corneille, *Œuvres complètes*, tome 2, Paris, Bibliothèque de la Pléiade, Gallimard, 1984.

『ピラムとティスベ』

　舞台は宮殿、手紙２通が必要。

＊　プラドン Pradon の悲劇『ピラムとティスベ』*Pyrame et Thisbé*、初演1674年、オテル・ド・ブルゴーニュ座、初版1674年、コメディ＝フランセーズ再演、1680年９月16日。「舞台はバビロニアのブリュスの宮殿」である。ピラムは、父親の政敵の娘ティスベと愛し合っている。バビロンの亡き王の后アメストリスはピラムと結婚して、彼を王位につけたい。ピラムの父親はピラムに、后との結婚を命じる。后の息子ブリュスは自分に権力を譲るように求めるが、拒否される。彼は王座を狙う一方で、ティスベを愛している。ブリュスを支持する暴動が起こる。ピラムとティスベは逃亡を計画し、ニニュスの墓で待ち合わせることにする。ブリュスが勝利し、后とピラムの父親が捕らえられて、ブリュスのもとに連れて来られる。父親は、ティスベがライオンに食われたと誤解してピラムは自殺した、ティスベも後を追ったと告げる。なお、ヴィオーの『ピラムとティスベの悲恋』が同じ題材を扱っている（メモ参照）。

　場面はブリュスの「宮殿」の１部屋で、各幕とも場面は繋がり、場所の移動はない。「手紙」はピラムが女王を愛しているという偽りの手紙で、第３幕第６場でティスベに見せられる。ランカスターも指摘しているが、そのほかに手紙は登場しないから、

第3章　コメディ＝フランセーズ

手紙は1通である。
　［テキスト］Pradon, Nicolas, *Les Œuvres de Mr Pradon*, Paris, P. Ribou, 1700.

『ラ・ラピニエール』　1682年上演

　舞台は市。舞台手前に事務室、そこに絵画1枚。舞台中央に柵。舞台奥に城門、その上に絵1枚、そこにジェノバの武具が描かれている。舞台奥は海。第1幕で、鍬、小樽か四分の一樽1個。第2幕、小箱1個、中に鏡1枚、化粧道具の箱1個。瓶2本。第3幕、背負い籠1個、中に小荷物、食酢醸造業者の手押し車1台、マッチと火打石の詰まった箱1箱、中に爆竹、樽1個、その中にお菓子、箱あるいはからし壺あるいはリボンが飾られたロゾリスの酒瓶6本。第5幕、荷車、いろいろな狩の獲物を吊るした負い革1本、乳飲みの子豚1匹、税関吏の使う探り針1本、子供たちを入れる大きな籠1個、手紙1通、注射器1本、契約書の用紙2枚、備え付けのインク壺1個。

＊　ロベ Robbé の喜劇『ラ・ラピニエール』*La Rapinière*、初演1682年12月4日、コメディ＝フランセーズ、初版1683年。「舞台は、ジェノバの城門のひとつ」である。収税吏のラ・ラピニエールは、後見をしているレオノールと結婚しようとする。彼女は士官のフェルナンと、彼女の弟のドラントはフェルナンの妹のイザベルと愛し合っている。フェルナンの召使ジャスマンは、ラ・ラピニエールに取り入って、事務員になる。仲間たちは思い思いに変装して、事務所の様子を探る。フェルナンの企みで、レオノールは結婚に同意したふりをする。結婚の契約と宴会が準備される。公証人の見習いが来るが、フェルナンとレオノールの結婚契約書を作るように買収されている。書記がペンを落としている隙に、契約書はすりかえられて、ラ・ラピニエールはそれに署名してしまう。フェルナンとレオノールは契約書を持って出て行く。ラ・ラピニエールには、成人したドラントがイザベルと結婚するのも止められない。
　場面は、「市の城門」の前の通りと、通りに面した収税吏の「事務所」の中であり、場所の移動はない。ラ・ラピニエールは、城門を通過する人々から税を徴収する収税吏である。劇中でも商人たちが「城門」を出入りし、レオノールの仲間たちも商人に変装して登場する。第1幕で、「小樽か四分の一樽」はワイン樽で、酒屋が事務所に運ぶ。第2幕の「化粧道具の箱」は、収税吏の下役を籠絡するのに使う。第3幕で「食酢醸造業者の手押し車」やマッチ売りの「マッチと火打石の詰まった箱1箱、中に爆竹」、第5幕で「狩の獲物を吊るした負い革」を背負った焼肉屋、洗濯女などが次々と登場する。主筋から外れるが、こうした情景が一種の風俗喜劇の様相を呈している。
　［テキスト］Robbe, Jacques, *La rapinière, ou L'intéressé*, Paris, E. Lucas, 1683.

第 2 部　『マウロの覚書』注解

『女占い師』

　舞台は 1 部屋。
　第 1 幕に必要なのは、腰掛、盥 1 枚とその中に水、ジグザグ（パンタグラフ状の伸縮装置）2 台。第 2 幕、枠張物（フェルム）1 枚と鏡 1 枚、テーブル 1 台。第 3 幕、暖炉、ばらばらの死体、迫り出し、こぶ、説教壇。第 4 幕、夜と照明。第 5 幕、テーブル 1 台、生首 1 個、白い衝立 1 枚。

＊　トマ・コルネイユ Thomas Corneille とドノー・ド・ヴィゼ Donneau de Visé 合作の喜劇『女占い師』*La Devineresse ou les Faux Enchantements*、初演1679年11月19日、ゲネゴー座、初版1680年。コメディ＝フランセーズ再演、1682年10月 7 日。「舞台はジョバン夫人の家」である。アストラゴン女伯爵と侯爵は、自分たちの結婚について占ってもらいに、女占い師ジョバン夫人の家を訪ねる。侯爵に横恋慕する女の依頼で、女占い師はこの結婚を不吉だと占う。侯爵は、女占い師の化けの皮を剥ぐ。
　場面は女占い師の家の「1 部屋」で、各幕とも場面は繋がり、場所の移動はない。各幕に指定されている小道具は、大部分はジョバン夫人がさまざまな詐欺を働くために使われる。侯爵の事件のあいだも、占いや頼み事の客が次々と現れる。一件ごとに説明するのは煩瑣であるから、代表的な小道具のみ使われた場面を示す。「ジグザグ」は、第 1 幕第15場で、金銭を描いた布を梁から引き出すための小道具である。「盥と水」は、客のなくした金銭のありかをそこに映し出す。第 2 幕第13場に、「枠張物（フェルム）」の記載がある。一般にフェルムは、舞台の幅の大きさの枠張物を指す。この場面では、「枠張物（フェルム）と鏡」は、部屋を暗くして、客の恋人の姿を鏡に映し出すための小道具である。ト書きによれば、第 3 幕第11場で「腕、足、体の部分が、暖炉から落ちて」きて「ばらばらの死体」が合体して歩き出す。侯爵を脅かすための小道具である。「こぶ」は変装道具。「迫り出し」は、第 5 幕第 5 場で女占い師の仲間が悪魔に化けて、そこから登場する。コメディ＝フランセーズの劇場は以前はオペラ・アカデミーの劇場で、オペラを上演した時にこの装置が設置されていた。「首」は、第 5 幕第 4 場の客にお告げをする小道具である。「白い衝立」の使用法は特定できないが、第 5 幕第 2 場で侯爵が隠れるために使われたものか。
　［テキスト］*Théâtre du XVIIe siècle* 3, Bibliothèque de la Pléiade, Gallimard, 1992.

『粗忽者』

　舞台は数軒の家、手前に窓と 2 つの扉。尿瓶 1 個、棒 2 本、松明 2 本。

＊　モリエール Molière の喜劇『粗忽者』*L'Étourdi ou les contretemps*、初演1655年モリエール一座、初版1662年、コメディ＝フランセーズ再演、1682年10月3日。金持ちの息子レリーには親の決めた許嫁イポリートがいるのだが、セリーという女性に恋をしている。しかし、セリーはトリュファルダンという老人の奴隷であり、おまけにレアンドルという恋敵がいる。レリーは才気煥発な召使マスカリーユに助力を願う。ところが、レリーは粗忽者で、マスカリーユの計略をことごとく邪魔してしまう。しかもセリーはアンドレアスという男に売られてしまう。ところが、このアンドレアスという男は、実はトリュファルダンの息子であり、しかもセリーはアンドレアスの娘であることが判明。トリュファルダンもこれまでの経緯を水に流し、レリーとセリーの結婚を認める。

「数軒の家」というのは通常の舞台設定。「手前に窓と２つの扉」とあるのは第２幕でレリーがトリュファルダンの家に行く場面で用いられる。「尿瓶」は第３幕でトリュファルダンがこれを投げつける場面で用いられる。「棍棒」「松明」は第３幕の仮装行列の場面で登場する。

［テキスト］Molière, *Œuvres complètes*, tome 1, Paris, Collection Bibliothèque de la Pléiade, Gallimard, 2010.

［訳書］『粗忽者』（鈴木力衛訳）in 『モリエール全集４』、中央公論社、1973年
『粗忽な男』（秋山伸子訳）in 『モリエール全集１』、臨川書店、2000年
『粗忽者』（鈴木力衛訳）in 『モリエール名作集』、白水社、1951年

『女学者』

　　舞台は１部屋。２冊の本、椅子４脚、書類。

＊　モリエール Molière の喜劇『女学者』*Les Femmes savantes*、初演1672年３月11日モリエール一座、初版1672年、コメディ＝フランセーズ再演、1682年９月24日。原文では *Trissotin ou les Femmes savantes*。裕福な町人クリザールの妻フィラマントは娘のアルマンドや妹のベリーズたちと学問にかぶれている。しかし、同じ娘のアンリエットはそうではない。アンリエットにはクリタンドルという恋人がいるので、結婚したいと思い、母親に相談するが、「そんなことは理性的な行為ではない」と聞いてもらえない。一方、フィラマントは自分たちのサロンにトリソッタンという文人を招いているのだが、この男性をアンリエットと結婚させたいと考えている。クリタンドルがトリソッタンと議論をした際に、トリソッタンがクリザール家の財産目当てであることを知り、何とか阻止しようと画策する。フィラマントは公証人を家に呼び、アンリエットとトリソッタンの結婚の証書を作成させようとするが、クリタンドルが２通の手紙を持って現れ、訴訟に負けたので多額の裁判費用と支払わねばならなくなったこと、そして友人が破産してしまったので負債を抱えることになったと言う。トリソッタンはこの

話を聞き、結婚はなかったことにしてほしいと言い、逃げ出す。その後、クリタンドルはこの手紙は偽物であると言い、みなは一安心。フィラマントも二人の結婚を認める。

「本」はサロンのような場面が登場するので、その際に用いられる。「椅子」も同様。「書類」とあるのは、第5幕でクリタンドルが持ってくる手紙、あるいは公証人が登場するので、その際にもっているものと考えられる。

［テキスト］Molière, *Œuvres complètes*, tome 2, Paris, Collection Bibliothèque de la Pléiade, Gallimard, 2010.

［訳書］『女学者』（鈴木力衛訳）in『モリエール全集1』、中央公論社、1972年

『学者きどりの女たち』（秋山伸子訳）in『モリエール全集9』、臨川書店、2002年

『女学者』（内藤濯訳）in『モリエール名作集』、白水社、1951年

『女学者』（内藤濯訳）in『女学者・気で病む男』、新潮文庫、1952年

『劇詩人の役者』

　　舞台は手前に数軒の家、舞台奥に冥界。第1幕に枠張物（フェルム）1枚、迫り出し、サタン2人、椅子1脚。

＊　モンフルーリ Montfleury の喜劇『劇詩人の役者』*Le Comédien poète*、初演1673年11月10日、ゲネゴー座、初版1674年、コメディ＝フランセーズ再演、1682年9月3日。舞台の指示は作品にないが、劇場である。プロローグで俳優たちが芝居の稽古の打ち合わせをしている。第1幕の劇中劇の「舞台はマルセイユ」、父親のダモンが留守中、息子がさまざまな仕掛けを使って芝居を上演しようとしている。そこへ父親が帰国、ドアを開けようとすると、芝居の仕掛けが働いて、父親は簀子に吊り上げられる。第1幕が終わったところで、プロローグの続きに戻る。1人の俳優がこんな芝居より自分が書いた芝居を上演してくれと要求する。作家は怒って、台本を持って出て行く。第2幕から第5幕まで、この俳優の書いた芝居が試演される。「舞台はマドリッド」で、アンジェリックはアンリックと婚約している。そこへ死んだはずの彼女の兄が帰国、彼女を自分の友人と結婚させようとする。アンリックの従僕のグスマンが女装してアンジェリックに変装し、友人に嫌気を起こさせる。また、公証人を買収して、兄に契約書に署名させる。だまされたことを知って、兄はあくまで結婚に反対するが、友人は別の女性と婚約し、兄は結婚を認めざるを得ない。この劇中劇の後、再び俳優たちの話し合いで、俳優の書いたこの芝居が上演されることになる。

　　舞台の指示はないが、大枠としては劇場で、プロローグとその続き、エピローグの場面は舞台裏の場面で、第2幕から第5幕の劇中劇は、「手前の数軒の家」のある通りで演じられる。舞台奥の「冥界。第1幕に枠張物、迫り出し、サタン2人」は、最初の劇中劇の中のアエネーアスの地獄巡りの仕掛けである。「枠張物（フェルム）」ferme は「枠張物」の中でも、舞台の幅の大きさのものを指し、背景幕の代わりに使

われている。「枠張物（フェルム）」が開くと、この場面が現れる。「サタン2人」は、「迫り出し」から登場する。コメディ＝フランセーズの劇場は以前はオペラ・アカデミーの劇場で、オペラの上演のために、この装置が設置されていた。
　［テキスト］Montfleury, *Théâtre de Messieurs de Montfleury père et fils*, Slatkine Reprints, 1971.

『恋人同士のけんか』

　舞台は数軒の家。鐘、手紙数通。

＊　モリエール Molière の喜劇『恋人同士のけんか』*Le Dépit amoureux*、初演1656年11月17日、初版1662年、コメディ＝フランセーズ再演、1681年8月19日。作品目録に記載なし。エラストにはリュシールという恋人がいるが、恋敵のヴァレールの存在が気になっている。エラストは結婚を父親のアルベールに認めてもらうようお願いしてほしいというリュシールからの手紙をもらう。喜ぶエラストだが、その話を聞いてもヴァレールはいたって冷静。すると、ヴァレールの召使マスカリーユが、ヴァレールとリュシールが密会をしているという情報があるとのことだった。エラストには兄アスカーニュがいるのだが、実は女性。というのも、子どもの時に財産分与の関係でアルベールのもとに預けられ、男性として育てられていた。しかし、アスカーニュがヴァレールに恋をしてしまい、リュシールになりすまして密会を重ねていたのだった。マスカリーユの活躍でエラストとリュシールは仲直り。しかも、アスカーニュの母親が残していた手紙によると、彼女自身もアルベールの娘であることが判明し、めでたく2組のカップルが誕生する。
　「数軒の家」というのは通常の舞台設定。「手紙」は数回登場し、この戯曲の肝ともいえるので数通用意されている。「鐘」は第2幕で物知りを鼻にかけるメタフラストをこらしめるために耳元を鳴らす場面で用いられる。
　［テキスト］Molière, *Oeuvres complètes*, tome 1, Paris, Collection Bibliothèque de la Pléiade, Gallimard, 2010.
　［訳書］『恋人の喧嘩』（秋山伸子訳）in『モリエール全集2』、臨川書店、2000年

『町人貴族』

　舞台は1部屋、枠張物（フェルム）。椅子数脚、宴会のためのテーブル、立食用のテーブル1台。セレモニーのための台所用具。

＊　モリエール Molière の喜劇『町人貴族』*Le Bourgeois gentilhomme*、初演1670年10月

第 2 部 『マウロの覚書』注解

14日モリエール一座、初版1671年、コメディ＝フランセーズ再演、1682年8月8日、10月16日。金持ちの商人ジュールダンは貴族にあこがれており、毎日踊りや歌、剣術の稽古など散財をしている。ジュールダンにはリュシールという娘がいるが、彼女はクレオントという青年と恋仲で、ジュールダン夫人は二人を結婚させたいと思っている。しかし、ジュールダンはクレオントが貴族ではないので、認めない。クレオントの召使コヴィエルは、仮装舞踏の劇団を使って、トルコからやってきた王の一団と偽り、ジュールダンの家を訪問する。ジュールダンは「ママムーシ」という称号をもらい、大喜び。クレオントはこの一団の王子に変装している。ジュールダンは娘をこの王子に嫁がせるというので、ジュールダン夫人は怒り出すが、王子がクレオントを知り、大賛成する。

「宴会のためのテーブル」は第3幕でジュールダンが会食を催すので、その際に利用される。それ以外のものは、第4幕から第5幕までの中で、トルコ人の王の一団を迎え入れるために用いられる。なお、フェルム ferme は枠張物の中でも舞台の幅の大きさの枠張物を指す。

［テキスト］Molière, *Œuvres complètes*, tome 2, Paris, Collection Bibliothèque de la Pléiade, Gallimard, 2010.

［訳書］『町人貴族』（鈴木力衛訳）in『モリエール全集 3』、中央公論社、1973年
『町人貴族』（秋山伸子訳）in『モリエール全集 8』、臨川書店、2001年
『町人貴族』、鈴木力衛訳、岩波文庫、1955年

『亭主学校』

　　舞台は数軒の家と窓。松明1本、長い服、インク壺と用紙。

＊　モリエール Molière の喜劇『亭主学校』*L'École des maris*、初演1661年6月24日、モリエール一座、初版1661年、コメディ＝フランセーズ再演、1682年9月2日。アリストとスガナレルの兄弟は、それぞれレオノールとイザベルという女性を養育している。彼女たちは姉妹なのだが、幼いころに親と死別し、親の遺言によって二人に預けられているのだった。その遺言では、成人したら養父と結婚するか、あるいは別の男性と結婚するかとある。しかし、二人の教育方針は正反対で、アリストは自由奔放に育てているのだが、スガナレルは徹底的に監視をしている。というのも、スガナレルはイザベルを妻に迎えるつもりでいるのだが、不貞を働かれることを極度に恐れているからであった。アリストとスガナレルは教育方針を巡って何度も議論をしている。しかし、イザベルにはヴァレールという恋人がいる。イザベルはヴァレールと一緒になるために、レオノールがヴァレールに恋していることにして、姉の思いに協力したいとスガナレルに申し出るという計画を立てる。レオノールがヴァレールと一緒になれば、スガナレルは自説が正しいことの証左となるので、喜んで協力すると言い出す。

第3章　コメディ＝フランセーズ

イザベルがレオノールのふりをしてヴァレールの家に入っていったのを見たスガナレルは、たまたま通りがかった警官と公証人を呼び止め、この家の中にいるカップルを結婚させてほしいと願い出る。公証人たちが家に入り、手続きをしている間に、スガナレルはアリストのところへ行き、自説が正しかったと吹聴する。そこへ、正式な結婚の手続きを済ませたイザベルとヴァレールが登場し、スガナレルは自分が騙されていたことを知る。

「数軒の家」と「窓」は通常の舞台設定。「松明」は夜の場面があるので、そこで使われる。「長い服」というのはスガナレルの衣装のことで、当時としては珍しい奇抜な格好の服。「インキ壺」「用紙」は公証人が用いる。

［テキスト］Molière, *Œuvres complètes*, tome 1, Paris, Collection Bibliothèque de la Pléiade, Gallimard, 2010.
［訳書］『亭主学校』（鈴木力衛訳）in『モリエール全集 3』、中央公論社、1973年
『お婿さんの学校』（秋山伸子訳）in『モリエール全集 7』、臨川書店、2000年
『亭主学校』（鈴木力衛訳）in『モリエール名作集』、白水社、1951年

『ダルビクラック男爵』

　舞台は 1 部屋。テーブル 1 台、絨毯 1 枚、テーブルの上に燭台、肘掛け椅子 1 脚、指輪 1 個、第 5 幕で手紙 1 通。

＊　トマ・コルネイユ Thomas Corneille の喜劇『ダルビクラック男爵』*Le Baron d'Albicrak*、初演1668年12月、初版1668年、コメディ＝フランセーズ再演、1682年8月17日。アンジェリックの未亡人叔母は、イングランドにいるオロントとレアンドルからの手紙を受け取る。手紙には、オロントはアンジェリックのことが好きであること、そして叔母にアルビクラック男爵との結婚の勧めが書いてあった。男爵がやって来る前に、レアンドルは自分の召使ラ・モンターニュを男爵に変装させる。叔母はアンジェリックとオロントが仲良くしている様子を見ていて、オロントのことが好きになってしまう。しかし、オロントはレアンドルを裏切れない。叔母はオロントに迫るが、アンジェリックも面白くない。ついにはオロントの召使フィリパンのちからも借りて、この混乱を収集しようとする。最終的には無事にオロントとアンジェリックが結ばれ、叔母自身も男爵との結婚を承諾することになる。

「テーブル」「絨毯」「肘掛け椅子」は部屋の装飾品として用いられる。「燭台」は第 2 幕で夜の場面が登場するので、そこで用いられる。「手紙」は冒頭の場面で使われる。
［テキスト］*Aspects du théâtre dans le théâtre au XVIIème siècle: recueil de pièces*, Université de Toulouse-le Mirail, 1986.

第 2 部　『マウロの覚書』注解

『賭博者たち』

　舞台は家々、奥は枠張物（フェルム）1 枚。テーブル 2 台、椅子 6 脚、小銭で膨らんだ財布 6 個、6 組 1 包みのトランプ 2 包み、角笛 2 管、サイコロ、パイプ 1 本、アニスとシナモン、第 5 幕でテーブルの上にテーブルクロス 1 枚。

＊　シャンメレ Champmeslé の喜劇『賭博者たち』Les Joueurs、初演1683年 2 月 5 日、コメディ＝フランセーズ、未出版。戯曲が参照できないから、断定はできないが、舞台上手と下手に「家々」のある通りで、喜劇の常套的な装置であろう。フェルムは、枠張物の中でも特に舞台の幅の大きさのものを指し、背景幕の代わりをする。枠張物が上がると、賭博の行われる部屋か。

『ヴィルジニー』

　舞台は宮殿。手紙 1 通と短刀 1 振りが必要。

＊　カンピストロン Campistron の悲劇『ヴィルジニー』Virginie、初演1683年 2 月12日、コメディ＝フランセーズ、初版1683年。「舞台はローマ、アッピウスの宮殿」である。イシルとの結婚式の直前、ヴィルジニーはイシルに恨みを抱くクロディウスに連れ去られる。クロディウスはアッピウスに取り入ろうと、彼の宮殿にヴィルジニーを連れていく。母親がアッピウスに娘を返せと訴えるが、ヴィルジニーは子供の時にすり替えられた奴隷の子供だから自分が預かると、アッピウスは拒否する。アッピウスはヴィルジニーに横恋慕していて、自分との結婚を求めるが拒否される。イシルがアッピウス打倒の計画を立てるが、逮捕される。ヴィルジニーは、結婚を拒めばイシルを殺すと脅される。二人は、アッピウスの提案を拒否し、処刑されようとする。友人に救出されたイシルは、アッピウスを殺したと語る。そこへ、ヴィルジニーは釈放されたが、自分の素性を知って剣で自殺したという報せが入る。
　場面はアッピウスの「宮殿」の 1 部屋で、各幕とも場面は繋がり、場所の移動はない。「手紙 1 通と短刀 1 振り」は、ランカスターも注記しているように、劇中に登場しない。
　［テキスト］Campistron, Jean Galbert de, *Œuvres de Monsieur de Campistron, de l'Académie françoise*, Paris, Par la Compagnie des Libraires. 1750.

『題名のない喜劇』

　1部屋の舞台、その奥に書斎。机1台、用紙、インク壺1瓶、机の上に燭台2本。

＊　原文は *Piece sans tiltre*、ブルソー Boursault の喜劇『題名のない喜劇』*La Comédie sans titre*、初演1683年3月5日、コメディ＝フランセーズ、初版1683年。最初の題名は『メルキュール・ガラン』*Le Mercure galant* で、その後この題名に変えられた。「舞台はメルキュール・ガラン誌の発行者の家」である。オロントはセシルに夢中で、彼女の父親に取り入りたい。父親がメルキュール・ガラン誌のファンであることに目をつけて、従兄弟から編集室を借りて、父親を連れてくる。父親はオロントを発行者だと思い込んで、オロントとセシルとの結婚を認める。その間も、メルキュール誌のファンが押しかけ、印刷業者や言語学教授、未亡人、詩人などが次々にやってきては、その対応に一苦労するなど、さまざまな風俗が描かれる。メルキュール・ガラン誌は実在する当時の雑誌であり、風俗喜劇としての側面がある。
　場面は作者の家の「1部屋」で、各幕とも場面は繋がり、場所の移動はない。「奥の書斎」での場面はないから、雑誌の発行者の部屋のための道具立てであろう。
　［テキスト］Boursault, Edme, *Théâtre*, Slatkine Reprints, 1970.

『離婚』

　舞台は手前に数軒の家、後ろに広間。高座、木製の椅子3脚、日傘1本、小旗1本、角灯1個、ハンマー2本、袋、用紙、カバンの中に贈り物が必要。

＊　シャンメレ Champmeslé の喜劇『離婚』*Le Divorce*、初演1683年9月6日、コメディ＝フランセーズ、未出版。

『ペネロープ』1841年上演

　舞台は宮殿、奥に海そして手すり、肘掛け椅子1脚。

＊　ジュネ Genest の悲劇『ペネロープ』*Pénélope*、初演1684年1月22日、コメディ＝フランセーズ、初版1701年。「舞台はイタカの宮殿」である。ユリス（オデュッセウス）

第2部　『マウロの覚書』注解

の妻ペネロープは、ユリスの帰国を待ちわびている。サモスの王ウリマックは、ペネロープに結婚を迫る。ウリマックの娘イフィスはペネロープの息子のテレマークと相思相愛で、ペネロープに同情している。ウリマックは、結婚を拒めばテレマークを殺すとペネロープを脅す。そこへ、姿かたちの変わったユリスが帰国する。ユリスは、テレマークとペネロープに正体を明かし、ウリマックとの戦いに向かう。ウリマックは敗れ、逃げようとして溺れ死んだという知らせが入る。テレマックはイフィスの身を案じて、彼女を探しに行く。

　第1幕第1場のト書きで、「ペネロープ一人、玄関のホールから海を見ている」とあり、第1幕の場面はイタカの「宮殿」のホールである。第2幕第6場でテレマックがウリマックに、「私の宮殿で外国兵を見た」と抗議しているから、この場面は「宮殿」の外である。第3幕第1場でユリスがイタカにたどり着く。場面は海辺である。第4幕と第5幕は、ペネロープが軟禁されている「宮殿」の部屋である。第5幕第2場でペネロープはユリスの帰国を知らされるが、半信半疑で立っていられなくなる。「ペネロープは座る」というト書きがあり、「肘掛け椅子」は、この時使われる。

　［テキスト］Genest, Charles-Claude, *Pénélope ou le Retour d'Ulisse de la guerre de Troye pouvant servir de suite aux avantures de Télémaque, tragédie*, La Haye, A. Moetjens, 1702.

『アルミニウス』

　舞台は宮殿。第2幕で肘掛け椅子2脚。

＊　原文は *Harminius* とであるが、カンピストロン Campistron の悲劇『アルミニウス』*Arminius*、初演1684年2月19日、コメディ＝フランセーズ、初版1684年。「舞台は、トゥベールの森に近いヴァリュスの野営地、セジェストのテント」である。シュリスクの王子アルミニウスは、ゲルマニアの支配者セジェストの娘イスメーヌと婚約している。セジェストはローマ側に寝返って、娘をローマの将軍ヴァリュスと結婚させようとしている。イスメーヌは、ヴァリュスとの結婚を拒否する。セジェストはアルミニウスを捕らえる。しかし、セジェストの息子シギスモンドはアルミニウスの妹を愛し、アルミニウスを逃がす。アルミニウスの軍はローマ軍に勝利して、ヴァリュスは戦死、セジェストも自殺する。なお、同名の作品がスキュデリーにある（「目録中のメモのない作品」参照）。

　第1幕、第2幕は、セジェストのテント、第2幕第4場でアルミニウスとセジェストが「肘掛け椅子」に座って会談する。会談は物別れに終わり、アルミニウスは逮捕される。第3幕はアルミニウスの妹が待つテント、第4幕はヴァリュスのテントの一つ、第5幕はシギスモンドのテントである。場面をテントの並ぶ「ヴァリュスの野営地」と考えれば、場面は1ヶ所である。ランカスターも、メモの「宮殿」は誤りとしている。

［テキスト］Campistron, Jean Galbert de, *Œuvres de Monsieur de Campistron, de l'Academie françoise*, Paris, par la Compagnie des Libraires. 1750.

『ラゴタン』

　舞台は数軒の家、奥に1部屋。大きな箱1個、マスケット銃1挺、酒瓶1本、グラス2客、尿瓶1個、棍棒1本、爆竹2本、火縄。

　＊　シャンメレ Champmeslé（執筆はラ・フォンテーヌ La Fontaine）の喜劇『ラゴタン』*Ragotin ou Le Roman comique*、初演1684年4月21日、コメディ＝フランセーズ、初版1701年。副題の「ロマン・コミック」は、劇中に登場する笑劇役者のラゴタンが、スカロンの『ロマン・コミック』（邦訳『滑稽旅役者物語』）から取られたことに基づく。舞台の設定は作品にないが、ラ・バグナディエールの家である。ラ・バグナディエールとブヴィヨン夫人は婚約、二人は前者の娘イザベルと後者の息子ブレーズを結婚させようと考えている。旅芸人の一行によって、この計画はかき乱される。ラ・バグナディエールは、女優のエトワールに心を動かす。ブヴィヨン夫人は、一座の二枚目ル・デスタンに夢中になる。イザベルとル・デスタンは愛し合っていて、深夜に駆け落ちしようとする。この時、「爆竹2本」が爆発し、この騒ぎで駆け落ちは失敗する。次に、ラゴタンが女装してクレオパトラを演じる芝居の稽古中に失踪しようとするが、ル・デスタンと恋敵のブレーズの喧嘩が始まり、駆け落ちはまたも失敗する。その後、二人は駆け落ちするが、捕らえられる。ル・デスタンの父親が、幼いころブレーズとル・デスタンを取り替えたことを告白する。二人の結婚が決まる。なお、ラゴタンは一座の笑劇俳優である。本筋とは関わりないが、事あるごとに登場し、筋を混乱させて笑わせる。

　場面はラ・バグナディエールの家の「1部屋」で展開し、場所の移動はない。メモに「舞台は数軒の家」とあるが、屋外の場面は必要ない。「奥に1部屋」はイザベルの部屋で、出入りがある。「大きな箱」は、第2幕第3場でル・デスタンが隠れる。「マスケット銃」は、第1幕第5場でラゴタンが持って登場する。「酒瓶」と「グラス」は、第2幕第7場でラゴタンともう1人の俳優が酒盛りを始める。「尿瓶」は、第5幕第12場でラゴタンが足を突っ込んで登場する。「爆竹2本」は、第2幕第9場で「火縄」で爆発する。

　［テキスト］La Fontaine, Jean de, *Ragotin ou le roman comique comédie*, La Haye, Ad. Moetjens, 1701.

第 2 部　『マウロの覚書』注解

『見えない婦人』

　第 1 幕の舞台は通り、第 2 幕は別々の二部屋。掛け金と 2 つのドアが必要、ドアの 1 つは一方の舞台の袖、もう 1 つは舞台奥。テーブル 1 台、インク壺 1 個、旅行鞄 2 個、その中に服、アニス、財布 1 枚、小銭、波形の剣 4 振り、円錐形のろうそく 1 本、大きな手袋、椅子、肘掛け椅子 1 脚、手紙、用紙、竈灯 1 本。第 2 幕で燭台 1 本。

＊　オートロッシュ Hauteroche の喜劇『見えない婦人』*La Dame invisible ou l'Esprit follet*、初演1684年 2 月22日、コメディ＝フランセーズ、初版1673年。この作品はドゥーヴィル d'Ouville の喜劇『いたずら好きの妖精』L'Esprit follet（初演1638-39年、初版1642年）を改作したもの（「目録中のメモのない作品」参照）。そして、クロスニエ Crosnier の喜劇『クリスパンの恐怖』（初演年代不明、初版1682年）と内容が似ている（メモ参照）。貴族の青年フロレスタンは従僕とともに友人のリザンドルを訪ねるべくパリにやって来た。夜道で、1 人の女性が、追われているので助けて欲しいと懇願する。そこへ追っ手の男性（リシダス）が現れたので、ふたりは決闘する。フロレスタンが相手に一太刀浴びせたところへ、通りがかったリザンドルが止めに入る。そして、決闘の相手が彼の弟であることを知る。フロレスタンはリザンドルの家に逗留することになる。一方、先ほどの女性は実はリザンドルとリシダスの妹アンジェリックだった。彼女はフロレスタンに一目惚れしていたので、彼がやって来ることを喜ぶが、自分の正体がばれてしまうので、困ってしまう。すると、侍女がこの家には秘密の扉があるので、それを使うことを進言する。アンジェリック主従はリザンドルの家にやって来たフロレスタン主従の部屋に秘密の扉から入り込み、お化けの仕業に見せかけて荷物を荒したり会いたい旨の手紙を置いていく。フロレスタンの従僕がこの出来事に驚き、怖がってしまう。フロレスタン自身は冷静で、見つけた手紙に返事を書きやりとりをすることにする。秘密の扉を使って侍女がフロレスタンの部屋に入るが捕まってしまうが、隙をみて逃げる。暗闇であったので、顔は見られずに済む。フロレスタンの従僕はお化けだといって恐れるが、フロレスタン自身は今のは人間だったと思い、これには何か事情があるのではないかと疑い出す。今度はアンジェリックが忍び込むが、彼女も捕まってしまう。しかし、フロレスタンは彼女を詰問するも、彼女も隙を見て逃げる。そして、アンジェリックが正体を明かすために、馬車で自分の居所に案内すると書かれた手紙を読んだフロレスタンは、その申し出を受けることにする。馬車に乗るとは言っても、実際にはパリの街を回っているだけで、もとの家に戻る。ところが暗闇であることと、部屋を飾り立てているために、フロレスタン主従は気付かない。彼らはアンジェリックのもとへ案内されるが、そこへアンジェリックの兄が入ってきてしまう。フロレスタン主従は訳も分からず、秘密の扉から逃げ出し、自分の部

屋に戻る。そこへ再びアンジェリックの兄が現れるので、状況を理解したフロレスタンと兄の間で妹の名誉を巡る口論となり、一触即発の状態に。しかし、フロレスタンがアンジェリックとの結婚を申し出るので、兄もそれを認める。

　舞台装置はテキストの内容に沿ったもので、特に第2幕において部屋が2つ必要となり、また隠し扉がいくつか必要となる。「テーブル」はフロレスタンの部屋に置かれている。「インク壺」「紙」はアンジェリックがお化けの仕業として手紙を書き残す場面で用いられる。「旅行鞄2つ」はフロレスタン主従のもの。これもお化けの仕業に見せかけて、その中身を荒らすため、具体的な指示がなされている。特に武具の類があるのは、フロレスタンが高貴な青年貴族であることを示すもの。「手紙」とあるのは、フロレスタンとアンジェリックとの間で取り交わされるものとして用いられる。「龕灯」は夜の街の場面がいくつか登場するのでその際に使われる。「第2幕で燭台」とあるのは、アンジェリックたちがフロレスタンの部屋に忍び込む際に使われるもの。

　［テキスト］Hauteroche, Noël Lebreton, *Théâtre complet*, Tome II, Paris, Éd. Classiques Garnier, 2014.

ルヴァール氏の『アレクサンドルとアリストビュルの死』

　舞台は宮殿。肘掛け椅子1脚、腰掛1脚、第2幕で手紙1通。

＊　原文は *La Mort d'Alexandre*, par Mr. Louvart、ルヴァール Louvart の悲劇『アレクサンドルとアリストビュルの死』*La Mort d'Alexandre et d'Aristobule*、初演1684年5月26日、コメディ＝フランセーズ、未出版で筋書のみ残っている。場面の設定は不明。アレクサンドルとアリストビュルはエロード（ヘロデ）大王と亡妻マリヤンヌの間の息子たちである。マリヤンヌを憎むエロードの妹サロメの企みで、エロードは二人の息子を死刑にする。

　［テキスト］Louvart, *La mort d'Alexandre et d'Aristobule, fils d'Herode le Grand, tragedie qui sera representée en vers latins et en vers françois au College d'Harcourt, pour la distribution des prix*, Paris, chez Jean de Laulne, 1696.

カンピストロン氏の『恋する恋人』

　舞台は枠張物（フェルム）近くの両袖に扉と窓のある2軒の家。枠張物（フェルム）が第4幕で開き、扉のある1部屋が現れる。中央にテーブル1台、テーブルクロス1枚、燭台2本、手紙2通。1684年（上演）。

＊　カンピストロン Campistron の喜劇『恋する恋人』*L'Amante amant*、初演1684年8

月2日、コメディ＝フランセーズ、初版1715年。「舞台はパリ」である。アンジェリックは、自分を捨てた婚約者のリシダスを追いかけて、パリに出てくる。リシダスは、いまリュサンドを口説いている。男装したアンジェリックは、兄の友人に兄と見間違えられ、リュサンドの家に連れていかれる。そこで彼女はリシダスと会って、昔の婚約を暴露する。リシダスは追い出され、怒って彼女に決闘を申し込む。アンジェリックは女の姿で、マスクで顔を隠して現れる。彼女は、リシダスの頼みでマスクを取り、正体を見せる。リシダスは昔の愛を思い出して、和解した二人は結婚する。

　場面は、「両袖に2軒の家」の内、1軒がリュサンドの家である。第1幕、第2幕、第4幕と第5幕はリュサンドの家の前の通りである。「枠張物（フェルム）が第4幕で開き、扉のある1部屋が現れる」。「第4幕」となっているが、作品では第3幕で、場面はリュサンドの家の中である。フェルム ferme は、「枠張物」の中でも特に舞台の幅の大きさのものを指す。前代の背景幕が、この時代になると枠張物に置き換えられた。「手紙」は、第5幕第2場で、アンジェリックが受け取る果たし状である。

　［テキスト］Campistron, Jean Galbert de, *Œuvres de Monsieur de Campistron, de l'Académie françoise*, Paris, Par la Compagnie des Libraires. 1750.

『アンドロニック』 1685年2月8日上演

　　舞台は任意の宮殿。下手に肘掛け椅子1脚、第5幕で手紙2通。

＊　カンピストロン Campistron の悲劇『アンドロニック』*Andronic*、初演1685年2月8日、コメディ＝フランセーズ、初版1715年。「舞台はコンスタンティノープル、かつてのビザンティウムの皇帝の宮殿」である。東ローマ帝国の皇太子アンドロニックは、父親の皇帝に婚約者のイレーヌを奪われて絶望し、暴政に苦しむブルガリアを救うために統治しに向かおうとする。皇帝は、大臣たちの入れ知恵で、アンドロニックを逮捕する。皇帝はアンドロニックとイレーヌの仲を疑い、ブルガリアの反乱を扇動した廉でアンドロニックを処刑し、イレーヌも亡き者にする。

　場面は皇帝の「宮殿」だが、第1幕は大臣たちが悪巧みを巡らしている部屋、第2幕はイレーヌの部屋、第3幕と第4幕は宮殿内の1部屋で、特定できない、第5幕はアンドロニックが監禁されている部屋である。したがって部屋は少なくとも2部屋は必要であるが、上演では場面を変えずに、1部屋で兼ねたかもしれない。下手の「肘掛け椅子1脚」は、第5幕第3場でアンドロニックが休息のために「椅子」を求めて、次の場面で座って独白する。「手紙2通」は第5幕で使われるとしているが、第4幕第1場で大臣が皇帝に見せる偽手紙と第4幕第5場で皇帝に謝罪して死刑を免れろというイレーヌからのアンドロニック宛ての手紙である。

　［テキスト］Campistron, Jean Galbert de, *Œuvres de Monsieur de Campistron, de l'Académie françoise*, Paris, Par la Compagnie des Libraires. 1750.

第3章　コメディ＝フランセーズ

『高利貸し』

　舞台は広間、第5幕で1部屋、部屋は第4幕の終わりに開く。机1台、インク壺、用紙、燭台2本とろうそく、椅子1脚。

＊　トマ・コルネイユ Thomas Corneille とドノー・ド・ヴィゼ Donneau de Visé 合作の喜劇『高利貸し』*L'Usurier*、初演1685年2月13日、コメディ＝フランセーズ、未出版。

『チュイルリー公園の逢引』

　舞台は3つの扉のある広間。グラスとロゾリオ、シュガーアーモンドを入れた酒の行商人の籠1個。

＊　原文では *Le Rendez-vous* になっているが、バロン Baron のプロローグと3幕の喜劇『チュイルリー公園の逢引』*Le Rendez-vous des Tuileries ou le Coquet trompé*、初演1685年3月3日、コメディ＝フランセーズ、初版1686年。「プロローグ」で、芝居の作者ル・バロンは上演を拒否しているが、芝居がやじられたら上演をやめることを条件に、3幕の劇中劇「チュイルリー公園の逢引」が始まる。劇中劇の「舞台は、女公爵の家の広間」である。女公爵は、エラストと子爵とダンス教師の3人に愛されている。エラストは、女公爵が結婚を断るなら、ドリメーヌと結婚すると迫る。エラストの気持ちを確かめるために、女公爵は5時にチュイルリーの庭園で恋人に会うという匿名の手紙をドリメーヌに送る。女公爵は小間使いのデュ・ローリエを身代わりにして、従者のデュ・モンをその恋人役にする。エラストはドリメーヌからこのことを知らされて、女公爵を非難しに来る。匿名の手紙を知っていたことが、彼がドリメーヌと会っていたことの決めてとなって、エラストは追い払われる。女公爵は子爵と結婚しようとするが、子爵は恐れをなして断る。喜劇は結婚で終わるものだと、デュ・モンはデュ・ローリエに求婚し、受け入れられる。
　プロローグに場面の指示はないから、舞台の手前で装置なしで演じられたのだろう。劇中劇の場面は「3つの扉のある広間」で、扉は玄関と遊戯室と第3幕第8場でデュ・モンが隠れている部屋の3つの扉である。「グラスとロゾリオとシュガーアーモンドを入れた酒の行商人の籠」は、プロローグの第1場での劇場風景である。
　［テキスト］Baron, *Théâtre complet*, Tome 1, Paris, Classiques Garnier, 2015.

第 2 部 『マウロの覚書』注解

『アルシビアッド』

　舞台は任意の宮殿。

＊　カンピストロン Campistron の悲劇『アルシビアッド』*Alcibiade*、初演1685年12月28日、コメディ＝フランセーズ、初版1686年。「舞台は、リディアの首都サルディス」である。アテネから追放されてペルシアに亡命した将軍アルシビアッドは、ペルシアの王からギリシア討伐の軍を率いることを命じられる。その褒賞として、一族の王女アルテミーズとの結婚が提案される。アルシビアッドは国王の娘パルミスをひそかに愛し、パルミスもまた王の娘としてかなわぬ恋と知りながら、ひそかにアルシビアッドを愛している。アルシビアッドが結婚を拒否したことを怒り、国王は彼をギリシアに引き渡すことにする。それを知ったパルミスと彼の盟友は、彼を逃亡させようとする。逃亡の途中で戦闘で深手を負ったアルシビアッドは、国王に自分の助命を願った人の釈明をしながら死ぬ。
　場面はサルディスの「宮殿」だが、第3幕は盟友のファルナバーズのいる部屋で、第1幕、第2幕とは異なる部屋で、場面は宮殿の2部屋になる。しかし、2ヶ所とも王宮の部屋であり、幕の途中で場面が移動することはないから、上演では1部屋の舞台装置で演じられたのかもしれない。
　［テキスト］Campistron, Jean Galbert de, *Œuvres de Monsieur de Campistron, de l'Academie françoise*, Paris, Par la Compagnie des Libraires, 1750.

小喜劇

『訴訟狂』

　必要となるのは2軒の家、地下室の採光換気窓1、舞台の袖に2軒の家、揚げ蓋、梯子1脚、松明1本、コイン（複数）、棒1本、鶏の頸と肢、肘掛け椅子1脚、法服（複数）、籠にいれた子犬（複数）、枕1、インク壺1、紙。

＊　ラシーヌ Racine の喜劇『訴訟狂』Les Plaideurs、初演1668年、オテル・ド・ブルゴーニュ座。初版1669年、コメディ＝フランセーズ再演、1680年9月4日。
　「舞台はバス・ノルマンディー地方のある町」。頭がおかしくなった裁判官ダンダンは、年がら年中裁判をしたがっている。息子のレアンドルは、父を家から出さないよう、門番のプティ＝ジャンに見張らせている。夜明け前、ダンダンが窓から飛び降りて逃げ出そうとしたところをプティ＝ジャンが見つけ、書記のランティメと一緒に捕まえて家に連れ戻す。そこに町人シカノーとパンベッシュ伯爵夫人がやって来る。二人とも訴訟狂で、それぞれ別件でダンダンに裁判を頼みに来たのだが、些細なことから喧嘩を始める。レアンドルはシカノーの娘イザベルに恋していて、父親の承諾を得たいと思っている。そこでランティメに助けを求める。イザベルへの恋文と偽の令状（実は婚姻届け）を持っていってほしいというのだ。ランティメは執達吏に変装し、恋文をイザベルに届ける。そしてシカノーには令状（伯爵夫人からの告訴状）を見せて怒らせ、平手打ち、蹴る、棒でたたくなどさせて、それを調書に書きこむ。そこにレアンドルが検事に変装して現れ、シカノーとイザベルを取り調べるふりをしながら、供述書（実は結婚契約書）に署名させる。そこにプティ＝ジャンが現れ、ダンダンがいなくなったと言う。みなが探そうとしていると、家の屋根に上っている。そのとき伯爵夫人がシカノーを訴えにやってくる。シカノーも伯爵夫人を訴え、双方がやり合っているうちに、プティ＝ジャンがダンダンを地下の物置に押し込めるが、ダンダンは今度は地下室の採光換気窓から顔を出す。シカノーと伯爵夫人がダンダンに詰め寄っているうちに、二人とも地下の穴倉に落ちてしまう。それでも裁判をと言い張るダンダンに、格好の事件が起きる。犬が鶏を食べてしまったのだ。こうして泥棒犬を裁く裁判が始まる。弁護人はプティ＝ジャンが原告（つまり食べられてしまった鶏）側に、ランティメは被告（つまり鶏を食べてしまった犬）側につき、それぞれ珍妙な弁論を繰り広げて訳が分からない状態になり、ついにはランティメが子犬を何匹も差し出して、この子犬たちの親を返してと訴えると、子犬たちがそこら中に小便をしまくる騒ぎとなる。途方に暮れたダンダンは、あとはプティ＝ジャンとランティメに任せると

第2部 『マウロの覚書』注解

言う。そこにシカノーとイザベルが登場、レアンドルがダンダンに頼む。これは結婚話、あとはダンダンが決めればすべて解決するので、どうか判決を。そこでダンダン、ならば結婚させるべしとの判決を下す。実はこれがレアンドルとイザベルの結婚とわかったところでシカノーは反対するが、婚姻届に署名していると書類を見せられ、だまされたと知る。しかし、レアンドルから持参金はいりませんと言われ、ならばよろしいと大満足。ダンダンも一件落着して大満足、せっかくのめでたい折だからと、例の犬は特別に無罪放免と判決を下したところで幕となる。

メモに記されている「2軒の家」はダンダンとシカノーの家で、すぐ近くにあることは第1幕第5場のレアンドルの台詞から確認できる。「地下室の採光換気窓」は第2幕第11場、この採光換気窓からダンダンが顔を出す。「揚げ蓋」についてはどの場面でどのように使うのか不明。以下、メモに記されているさまざまな道具・小道具などについて列挙してみよう。

・梯子1脚 —— 使う場面が実際にあるかどうか不明。ト書きにはないし、台詞からも特定できない。
・松明一本 —— 使われるとしたら第1幕（夜明け前という設定）だろう。第1幕第4場、逃げ出そうとしたダンダンが取り押さえられる騒ぎを聞いて現れたレアンドルが「明かりを早く！」と叫ぶ場面で、だれかが松明を持ってくることになるのだろう。
・コイン（複数）—— 小銭のことで、第1幕第6場でシカノーがプティ＝ジャンに「どうか、これで一杯どうぞ」と言う場面で渡すのに使う。
・棒 —— 第2幕第4場でシカノーがランティメを平手打ちし、蹴り、棒で打つ場面で使う。
・鶏の頸と肢 —— 第3幕第3場で原告側弁護人のプティ＝ジャンが「証人」としてポケットから取り出す。
・肘掛け椅子1脚 —— 第3幕第3場、犬の裁判の場面でダンダンが座る（第3幕の最初から舞台に置かれているはず）。
・法服（複数）—— 第1幕第4場、ダンダンは法服を着て登場するはず。また、第2幕で執達吏に変装したランティメと検事に変装したレアンドルがそれぞれ着る。さらに第3幕第3場、犬の裁判の場面でも、ダンダン、プティ＝ジャン、ランティメがそれぞれ着る。
・子犬（複数）—— 第3幕第3場、犬の裁判の場面で、被告側弁護人役のランティメが子犬を何匹も差し出して、この子犬たちの親を返してと訴える。
・枕 —— 使われるとしたら第1幕第1場だろうが、プティ・ジャンは訴訟書類入れの大袋を枕の代わりにするので、枕は実際には使われない。
・インク壺と紙 —— 第2幕第4場で執達吏に変装したランティメが調書を取るふりをするときに使われる。

なお、メモには記されていないが、第1幕第1場でプティ・ジャンは訴訟書類を入れた大きな袋を引きずって登場することがト書きに記されている（この袋を枕の代わ

りにする）。また、第1幕第3場から第4場にかけてダンダンは書類を入れた袋をいくつも身に着けていることがレアンドルの台詞「何とたくさんの袋！ 靴下留めにまでつけている」から確認できる。さらに第2幕で執達吏に扮したランティメがレアンドルの恋文や偽の告訴状を携えているが、これもメモには記されていない。しかも恋文の方は、シカノーに見られないようにイザベルがその場で破ってしまうので、上演する度に必要になるはずである。

［テキスト］
Racine, Œuvres complètes, éd. Raymond Picard, Gallimard, « Bibliothèque de la Pléiade », t. I (théâtre-poésies), 1950.
Racine, Œuvres complètes, éd. Georges Forestier, Gallimard, « Bibliothèque de la Pléiade », t. 1 (théâtre-poésie), 1999.
〔訳書〕『裁判きちがい』（川俣晃自訳）、in『ラシーヌ戯曲全集　I』、人文書院、1964年
『裁判きちがい』（鈴木力衛、鈴木康司訳）、in『世界古典文学全集48、ラシーヌ』、筑摩書房、1965年

『モリエール断章』

　4輪馬車2台、櫂、剣と刺客の黒い衣装、農夫の服。

＊　シャンメレ Champmeslé の喜劇『モリエール断章』Les Fragments de Molière、初演1681年9月30日、コメディ＝フランセーズ、初版1682年。二人の羊飼いリニョンとジュールダンは村の裁判官で公証人の娘シャルロットに好意を抱いている。しかし、争うことはせず、彼女に選んでもらうことにする。すると、シャルロットは彼らでなく、ピエロという男性を選ぶ。彼女の婚約者だったのだ。そこへ、ドン・ジュアンと召使のギュスマンが登場する。ドン・ジュアンはシャルロットを口説こうとするが、村人たちの抵抗にあう。そこへ、突如借金取りのディマンシュ氏が登場し、ドン・ジュアンに返済を迫るが、ドン・ジュアンとギュスマンはうまく言い逃れてしまう。ピエロとシャルロットの父親が大騒ぎするので、ドン・ジュアンも観念して、ピエロとシャルロットの結婚を認め、さらに最初にできた子どもの名付け親になることを約束する。
　舞台に関する指示はテキスト中にない。「4輪馬車」「櫂」「鞭」「剣」「刺客の服」はドン・ジュアンが登場する際に用いるもの。また、「農夫の服」はピエロの服であると考えられる。

［テキスト］Champmeslé, Les Fragments de Molière, Genève, Slatkine, 1968.

第2部　『マウロの覚書』注解

『モリエールの幽霊』

　王座、腰掛3脚、熊手1本、櫂1本、鐘数個、杖数本、医者の服。

＊　ブレクール Brécourt の喜劇『モリエールの幽霊』L'Ombre de Molière、初演1674年頃、オテル・ド・ブルゴーニュ座、初版1674年、コメディ＝フランセーズ再演、1682年9月23日。まずプロローグとしてこの戯曲の作者であるオロントとクレアントが登場。オロントは自作がアマチュアの域を出ないものだと謙遜している。しかし、モリエールを尊敬するオロントはクレアントに説得され、このあと行われる戯曲のリハーサルを見ることにする。舞台の幕が開くと、二人の幽霊が掃除をしている。冥府の王プルートンが裁判のために現れる前に片づけねばならないのだが、二人が手柄を立てたいので、過去に自分がいかに有能であったのかを自慢し合っている。そこで、プルートンが登場する。被告はモリエールで、訴え出たのはモリエールの戯曲に登場する人物たち、『才女気取り』のカトスとマスカリーユ、『スガナレル』のスガナレル、『町人貴族』のニコルとジュールダン氏、『プールソーニャック氏』のプールソーニャック、そして医師たちであった。彼らはモリエールに悪く描かれたことで訴え出たのだった。両者の言い分を聞くものの、裁判官であるプルートンはお互いに妥協するよう求める。しかし、特に医師たちが納得しない。プルートンは医師たちの申し出を退け、作者に支配権があるのだと言い、裁判を終了する。
　「王座」はプルートンが登場して座るためのもの。「腰掛3脚」はプルートンとともに3人の従者が出てくるのでそのためのものである。「熊手」は二人の幽霊が掃除をする際に用いられたものと考えられる。「櫂」は地獄行きの船の渡し守であるカロンが手にしているもの。「鐘」は最後の場面でプルートンの就寝の合図として用いられる。「杖」は亡者である登場人物たちが手にしているもの。「医者の服」は4人の医者が登場するのでそのためのもの。
　［テキスト］Brécourt, L'Ombre de Molière, Genève, Slatkine reprints, 1969.

『喪服』

　窓が開く1軒の家、梯子1本、テーブル1台、財布1個、インク壺1個、羽ペン、用紙、椅子、熊手1本が必要。

＊　オートロッシュ Hauteroche の1幕の喜劇『喪服』Le Deuil、初演1672年、オテル・ド・ブルゴーニュ座、初版1673年、コメディ＝フランセーズ再演、1680年9月5日。「舞台は、サンスから2里のとある村」である。ティマントは、小作人の集金係ジャッ

クマンの娘バベとひそかに結婚している。彼はバベと駆け落ちし、サンスで落ち合うことにする。そのため自分に小作料が入るように、喪服を着て、父親が死んだことにして、契約を結びなおそうとする。ティマントは契約書のサインにこぎつけるが、父親が現れて、計画は失敗する。しかし、父親はジャックマンと話をつけて、息子たちの結婚を認めさせる。

場面は、バベの父親の「家」の中庭。「テーブル1台」「インク壺1個」「羽ペン」「用紙」「椅子」は、第8場で契約書の作成に使われる。第10場で「窓が開く1軒の家」の「窓」を開けると、死んだはずのティマントの父親がやってくるのが見える。「財布」は、バベの父親の持ち物。「熊手」は、バベの父親の従者が持って登場する。

［テキスト］Haueroche, *Théâtre complet,* tome 1, Paris, Classiques Garnier, 2014.

『宿屋の夕食後』

　小さな燭台と鞭1本が必要。

＊　ポワッソン Poisson の1幕の喜劇『宿屋の夕食後』*L'Après-souper des auberges*、初演1665年頃、オテル・ド・ブルゴーニュ座、初版1665年、コメディ＝フランセーズ再演、1680年9月20日。「舞台はパリ、とある宿屋」である。クリメーヌとティマントが招待客のことで議論をしている。そこへ子爵夫人がやってきて、自分のことを話し始める。そこで、ガスコーニュ人とノルマン人の喧嘩が始まったり、フラマン人がパリの印象を話し出したりする。そんな中、宿屋の娘がマリオネットを持ってきて、人形にバレエを踊らせたり、劇を演じさせたりする。こんどは、ガスコーニュ人がフラマン人を侮辱する。また、男がドアを壊して、宿屋の女将が嘆く。このように迷惑な客たちがみな出発してしまうと、再び平和が訪れる。

舞台は宿屋の1部屋、「鞭」は喧嘩の最中に使われる。場面は夜なので、「燭台」が必要である。

［テキスト］Poisson, Raymond, *L'après-souper des auberges*, Paris, G. Quinet, 1665.

『クリスパンの医者』

　第1幕のために幕を下ろすことが必要。舞台両袖に2つの小部屋。テーブル1台、テーブルクロス1枚とその上に枕1個。手紙、小銭。

＊　オートロッシュ Hauteroche の3幕の喜劇『クリスパンの医者』*Crispin médecin*、初演1670年、オテル・ド・ブルゴーニュ座、初版1670年、コメディ＝フランセーズ再演、1680年9月20日。「舞台はパリ」である。60歳のリジドールは、18歳の医者の娘

アルシーヌと再婚したがっている。リジドールの息子のジェラルドは、アルシーヌと恋仲である。従僕のクリスパンは、ジェラルドの手紙を持って、医者の家に忍び込む。見つかりそうになって、クリスパンは解剖台に横たわり死体のふりをする。クリスパンは隙を見て医者に変装して患者の診察をした後、ほうほうの体で逃げ出す。アルシーヌの父親は、老人のリジドールと娘との縁談を断る。クリスパンは正体がばれて、すべてを白状する。リジドールは、息子のジェラルドの結婚を許す。

　第1幕は医者の家の前の通りである。主人の恋を取り持つために、従僕のクリスパンは医者の家に忍び込む。「第1幕のために幕を下ろすこと」の「幕」とは、家々の並ぶ通りを描いた背景幕であろう。第2幕で通りを描いた「幕」が上がり、台詞によれば、舞台中央は医者の家の解剖室である。「テーブル1台、テーブルクロスとその上に枕」は、解剖台である。「両袖に2つの小部屋」は、医者や患者の出入りに使用される。第3幕で再び「幕」が下ろされて、医者の家の前の通りになる。「手紙」は、第1幕第7場でジェラルドが父親に無心する手紙と第3幕第1場でアルシーヌからジェラルド宛ての手紙である。「小銭」は、第2幕第7場でクリスパンが犬用の薬の代金として受け取る。

　［テキスト］Hauteroche, Noël Lebreton, *Théâtre complet,* Tome I, Paris, Éd. Classiques Garnier, 2014.

『プールソーニャック氏』

　手前に2軒の家、舞台の残りは町。椅子または腰掛3脚、注射器1本、ムスクトン短銃2挺、ブリキの注射器8本。

＊　モリエール Molière の喜劇『プールソーニャック氏』*Monsieur de Pourceaugnac*、初演1669年10月6日、シャンボール。初版1670年、コメディ＝フランセーズ再演、1680年9月11日。ジュリーとエラストは恋仲なのだが、ジュリーの父親オロントは、彼女を田舎者だが裕福なプールソーニャック氏に嫁がせたいと思っている。もちろん財産目当て。そこで、ジュリーとエラストはそれぞれの召使スブリガニとネリーヌとともに一芝居打って、この危機を乗り越えることにする。プールソーニャック氏はパリへやってくると、エラストが自宅へ招き入れる。すると、そこには医師たちがいて、奇妙なラテン語を話している。プールソーニャック氏は困惑し、医学を罵倒し始めると、医師たちは彼に治療を施す。街へ出たプールソーニャック氏のもとへ、フランドル商人に変装したスブリガニが近づき、オロントが財産をあてにしており、ジュリーは品行方正ではないという。次にネリーヌがプールソーニャック氏の妻と称して登場するので、裁判沙汰に発展。プールソーニャック氏はスブリガニを伴い、弁護士のもとへ。プールソーニャック氏は裁判の状況が悪いと言われたので、女装して逃亡するようスブリガニに勧められる。スブリガニは、ジュリーが逃げ出したプールソーニャック氏

についていってしまったとオロントに嘘をつく。オロントは狼狽。エラストとともにジュリーが戻ってくるものの、あくまでもプールソーニャック氏と結婚したいと言い張る。一方、エラストも彼女を連れ戻したのは、彼女のためではなく、オロントの名誉を守るためだというので、オロントは感動し、二人を結婚させたいと言い出す。

　舞台設定と「椅子」は通常のものであり、居室の場面で用いられる。「注射器」は第１幕でプールソーニャック氏に治療を施す場面で使われる。「短銃」は第３幕で警官が登場するので、彼らに持たせるためのもの。

　［テキスト］Molière, *Œuvres complètes*, tome 2, Paris, Collection Bibliothèque de la Pléiade, Gallimard, 2010.
　［訳書］『プルソニャック氏』（秋山伸子訳）in『モリエール全集７』、臨川書店、2000年
『プールソニャック氏』（井村順一訳）in『モリエール笑劇集』、白水社、1959年

『才女気取り』

　駕籠一丁、肘掛け椅子２脚、棍棒２本。

＊　モリエール Molière の喜劇『才女気取り』*Les Précieuses ridicules*、初演1659年11月18日、初版1660年、コメディ＝フランセーズ再演、1680年９月28日。ラ・グランジュとデュ・クロワは、ゴルジビュスの家を訪れていたが、パリの才女を気取った娘のマドロンと姪のカトスに振られてしまう。ラ・グランジュたちは仕返しをしようと、自分たちの召使たちを貴族に仕立て上げ、ゴルジビュスの家を訪問させる。いんちきの侯爵と子爵となった召使たちは気取った口調で話すので、マドロンもカトスも大喜び。また、下手な詩を朗誦したり、偽の自慢話をするのだが、彼女たちはすっかり騙されてしまう。そこへ、ラ・グランジュたちが再度現れ、召使たちを棒で殴り、茶番であることが明かされる。ゴルジビュスは娘と姪を自業自得だとしかりつける。

　「駕籠」は召使が登場する場面で使われる。「肘掛け椅子」はマドロンの部屋での会話の場面で用いられる。「棍棒」は最後に召使たちを打擲するのに使われる。

　［テキスト］Molière, *Œuvres complètes*, tome 1, Paris, Collection Bibliothèque de la Pléiade, Gallimard, 2010.
　［訳書］『才女気取り』（鈴木力衛訳）in『モリエール全集４』、中央公論社、1973年
『滑稽な才女たち』（秋山伸子訳）in『モリエール全集２』、臨川書店、2000年
『才女気取り』（鈴木力衛訳）in『モリエール笑劇集』、白水社、1959年

第2部　『マウロの覚書』注解

『うるさがた』

　　トランプ一組、松明1本、小銭、装置は草むら。

＊　モリエール Molière の喜劇『うるさがた』Les Fâcheux、初演1661年8月17日、ヴォー、初版1662年、コメディ＝フランセーズ再演、1680年9月9日。青年貴族エラストは芝居を観ていて、恋人オルフィーズとの待ち合わせに遅れてしまった。しかし、彼女はまだ到着していなかったので、召使のラ・モンターニュと世間話をしていた。すると、その脇をオルフィーズが別の男性ダミスと腕組みして歩いているところを目撃してしまう。エラストはとりあえずラ・モンターニュに彼女の後をつけさせる。気が気でないエラストのもとへ、自作の曲を披露したがる作曲家、賭けトランプが好きな男、「嫉妬する男性と嫉妬しない男性のどちらを好きになるべきか」を議論する女性たち、狩猟好きの男、学問好きの男、金の無心をする男、決闘をしたい男が次々に登場し、エラストを悩まし、オルフィーズとの仲直りの機会を邪魔する。ようやくエラストがオルフィーズの前に到着すると、オルフィーズの後見人であるダミスがエラストを血祭りにあげてやろうと画策しているのを聞きつけたエラストの召使たちがダミスに襲い掛かっているところだった。エラストはこれをやめさせるので、ダミスはオルフィーズとの結婚を認める。
　「トランプ」は賭けが好きな男が持って出てくる小道具。「小銭」は、エラストが金の無心に来た男に恵んでやる場面で使われる。装置が「草むら」とあるが、通常の街中の風景をあらわす装置のこと。
　［テキスト］Molière, Œuvres complètes, tome 1, Paris, Collection Bibliothèque de la Pléiade, Gallimard, 2010.
　［訳書］『はた迷惑な人たち』（秋山伸子訳）in『モリエール全集3』、臨川書店、2000年

『ラ・クラース男爵』

　　腰掛2脚、肘掛け椅子1脚、ジグザグ1個、財布1個。

＊　ポワッソン Poisson の喜劇『ラ・クラース男爵』Le Baron de la Crasse、初演1662年6月または7月、オテル・ド・ブルゴーニュ座、初版1662年、コメディ＝フランセーズ再演、1680年10月23日。舞台は南仏のベジエの近く。ラ・クラース男爵はかつてパリの宮廷で田舎者であるがためにさまざまな嫌がらせを受けたことに嫌気がさして、今では田舎に引きこもっている。侯爵とシュヴァリエはその時の話を本人から聞き、楽

しもうと思っている。そこへ、巡回劇団がやってきて、是非とも屋敷の中で芝居をご覧に入れたいというので、男爵はこれを受け入れる。そして『ジグザク』という芝居が上演される。以下は『ジグザク』の梗概。

　オクターヴはイザベルという女性を好きになってしまった。そこで、召使のクリスパンに助けてほしいとお願いする。しかし、イザベルの母親は彼女にヴァレールという婿をあてがうつもりでいた。でも、誰もヴァレールの顔を知らないので、オクターヴはクリスパンにヴァレールになりすますよう命じる。イザベルは母親にオクターヴと結婚したいと申し出るが、母親は金持ちのヴァレールを選ぶよう命じる。落ち込んだイザベルは、２階の窓から外を見ている。すると、そこへオクターヴが現れる。彼は自分の親から盗んできたお金をイザベルの母親に見せて、安心させようとし、さらに「ジグザク」を使って２階にいるイザベルに手紙を渡す。その手紙には、このあとヴァレールに変装したクリスパンが現れることが書いてあった。クリスパンがヴァレールとして登場。あまりに傍若無人にふるまうので、母親は辟易としてしまう。そこへオクターヴの父親が登場し、自分の財産をすべて息子に移譲するというので、母親も二人の結婚を認める。

　芝居が終わると、ラ・クラース男爵は満足し、みなで食事をしようという。

　「腰掛」「肘掛椅子」は前半の場面で用いられる。また「ジグザグ」とは離れたところにあるものをつかむために使う、伸び縮みする道具のこと。後半の中で使われる。「財布」も後半、オクターヴがお金のあるところを見せるために用いる場面で使われる。

　［テキスト］Poisson, Raymond, *Le Baron de la Crasse, L'Après-souper des Anberges*, STFM, Librairie Nizet, 1987.

『用意できなかった晩餐』

　インク壺１個、用紙。

＊　オートロッシュ Hauteroche の１幕の喜劇『用意できなかった晩餐』*Le Souper mal apprêté*、初演1669年、オテル・ド・ブルゴーニュ座、初版1670年、コメディ＝フランセーズ再演、1680年９月18日。「舞台はパリ」である。ヴァレールは恋人のセリッドを食事に招待したが、賭博で金を使い果たし、晩餐の費用がない。困ったヴァレールは従僕のフィリパンに相談する。フィリパンはセリッドに事情を説明しようとするが、彼女は友達のシダリーズとその恋人のリジモンも食事に誘う。フィリパンは、セリッドの兄が怪我をしたと偽って追い払おうとするが、兄が現れて、客はさらに増える。勘定を払えないことが分かって、仕出し屋は警察を連れてくる。ヴァレールが絶望していると、この家で天然痘で死人が出たというフィリパンの話に恐れをなして、客は全員逃げ出す。

　場面は通りだが、ト書きによれば、第１場から第９場までがセリッドの家の前で、

その後はヴァレールの家の前である。「通りと2軒の家」という設定は喜劇の常套的な舞台である。おそらくは舞台の上手と下手にそれぞれの家を置いたのだろう。「インク壺と用紙」は、第18場で巡査が召喚状を書くのに使う。

　［テキスト］Hauteroche, Noël Lebreton, *Théâtre complet* Tome I, Paris, Éd. Classiques Garnier, 2014.

『やきもち焼きの学校』

　舞台は奥に庭、手前に2軒の家。手紙。

＊　モンフルーリ Montfleury の3幕の喜劇『やきもち焼きの学校』*L'École des jaloux*、初演1663年、オテル・ド・ブルゴーニュ座、初版1664年、コメディ＝フランセーズ再演、1684年8月2日。「舞台はカディックス」である。サンティラヌは、妻の昔の恋人のドン・カルロスへのやきもちから、妻のレオノールにつらく当たる。見かねたドン・カルロスは、一芝居打って、トルコ人に化けた従僕にサンティラヌを捕らえさせる。従僕のグズマンがトルコの太守に変装し、レオノールがハレムに入らなければ、サンティラヌを首吊りにするとおどす。サンティラヌはレオノールに、自分の命を救うために言いなりになってくれと頼むが、彼女は拒み続ける。ドン・カルロスから捕虜の交換を提案する手紙が届き、二人は釈放される。芝居の種が明かされると、サンティラヌは彼女の貞潔を称えて、今後決してやきもちを焼かないと約束する。

　第1幕は通り、「手前に2軒の家」とは舞台の上手と下手に1軒ずつ家がある。いずれか一方の家がサンティラヌの家で、登場人物が出入りする。第2幕第4場のト書きで「幕が開くと、庭が現れる、サティラヌは芝生に寝かされ、トルコの服装の従僕に監視されている」。第2幕と第3幕の場面となる「舞台奥の庭」は、通りを描いた背景幕の後ろに設けられていたのだろう。「手紙」は、第3幕第7場で捕虜交換の手紙である。

　［テキスト］Montfleury, *Théâtre de Messieurs de Montfleury père et fils,* Slatkine Reprints, 1971.

『ニカンドル兄弟』

　第3幕のために窓がある牢獄。手紙1通、長靴1足、小銭、手紙、鍵1束。

＊　ブルソー Boursault の3幕の喜劇『ニカンドル兄弟』*Les Nicandres ou les Menteurs qui ne mentent point*、初演1664年、オテル・ド・ブルゴーニュ座、初版1664年、コメ

ディ＝フランセーズ再演、1683年9月25日。1664年に出版された時は全3幕、その後全5幕に改作された。「舞台は牢獄」とあるが、パリの通りが舞台で、「牢獄」は最終幕である。メモの指示が「牢獄」の場面は第3幕であることから、ランカスターはこのメモを3幕の上演としている。ニカンドルは双子の兄弟で、瓜二つ、結婚には互いに了承を求めると約束している。イポリットは第一のニカンドルに愛を告白するが、兄弟の約束があるためはっきりした返事を得られない。そこへ第二のニカンドルの恋人のイスメーヌが男装してリヨンから彼を追ってくる。イスメーヌは二人を取り違えて、第二のニカンドルがイポリットに心変わりしたと思い込み、決闘を申し込む。イポリットも相手を取り違えて、侮辱されたと官憲に訴える。二人のニカンドルはそれぞれ警察に捕まるが、「牢獄」で全員が鉢合わせして誤解が解ける。二人のニカンドルは、それぞれの恋人と結婚する。

　第1幕と第2幕の場面はパリの通りで、第3幕が「牢獄」になる。おそらく、舞台上手と下手に家が並ぶ通りで、背景幕を開くと中央奥が牢獄だろう。第3幕第7場で第二のニカンドルが嘆いていると、同じく牢獄に入れられた第一のニカンドルが「窓」から顔を出す。「手紙」は、第2幕第6場の果たし状と第3幕第4場のイスメーヌからの手紙である。「長靴」は、第2幕第6場でクリスパンが履いて登場する。「鍵」は、第3幕の看守の小道具である。

　［テキスト］Boursault, Edme, *Théâtreie*, Slatkine Reprints, 1970.

『スガナレル』

　窓の開く2軒の家、肖像画を入れた箱、大刀一振りと胴鎧と兜一具、盾1枚。

＊　原文は *Le Cocu imaginaire*、モリエール Molière の喜劇『スガナレルあるいは疑い深い亭主』*Sganarelle ou le Cocu imaginere*、初演1660年5月28日上演、初版1660年、コメディ＝フランセーズ再演、1680年9月7日。ゴルジビュスにはセリーという娘がおり、婿を取りたいと考えている。しかし、彼女にはレリーという恋人がいる。しかし、レリーは旅行からなかなか戻らない。もしかしたら心変わりをしてしまっているのかもしれない、と女中がいうので、セリーは気を失ってしまう。近くにいたスガナレルが彼女を介抱する。そうとは知らずにその様子を家の中から見ていたスガナレルの妻は嫉妬してしまう。彼女が外に出てくると、スガナレルはセリーを家の中へ。妻は道端に肖像画が落ちているのを見つける。その肖像画の男性があまりに男前なので見とれていると、そこへスガナレルが戻り、今度は彼が嫉妬する。旅から戻ったレリーは、セリーが結婚してしまったとの噂を耳にする。すると、スガナレルが自分の肖像画を持っているので、話しかけると、スガナレルはこれは自分の妻から奪い取ったという。このことでレリーはスガナレルがセリーの夫であると勘違いし、卒倒しそうになる。

それを見つけたスガナレルの妻は肖像画の男性が倒れそうになっているので、家で介抱する。そこへスガナレルが戻るので、レリーは慌てて家を出る。その様子を自宅の窓から見ていたセリーは、レリーがなぜ自分のところにまっすぐに戻らないことに疑いを抱く。スガナレルは自分の妻が浮気しているものだと勘違いしているので、レリーに仕返しをしてやろうと言い出すが、徐々に恐ろしくなってしまう。一方、セリーも意趣返しにゴルジビュスの勧める縁談を受けると言い出す。そこへ武装したスガナレルが登場するも、レリーの前では何もできない。そこにセリーの召使が登場し、ひとつひとつ誤解を解いていき、全員納得する。しかも、ゴルジビュスがセリーの結婚相手に考えていた男性には内縁の妻と子どもがいることがわかったので、セリーとレリーの結婚を認める。

　舞台設定は、セリーの家とスガナレルの家を想定している。内容から窓のある家がセリーの家。「肖像画」はレリーのもの。武具の類はスガナレルが武装をして出てくる場面で用いられる。

　［テキスト］Molière, *Œuvres complètes*, tome 1, Paris, Collection Bibliothèque de la Pléiade, Gallimard, 2010.

　［訳書］『スガナレル』（鈴木力衛訳）in『モリエール全集2』、中央公論社、1973年
『スガナレル』（秋山伸子訳）in『モリエール全集2』、臨川書店、2000年
『スガナレル』（安堂信也訳）in『モリエール笑劇集』、白水社、1959年

『恋は医者』

　インク壺、用紙、指輪1個、小銭、財布1個、椅子4脚。

＊　モリエール Molière の喜劇『恋は医者』*L'Amour médecin*、初演1665年9月14日または15日、ヴェルサイユ、初版1666年、コメディ＝フランセーズ再演、1680年9月16日。スガナレルは妻に先立たれ、娘のリュサンドとともに気落ちしている。リュサンドは恋人のクリタンドルと結婚したいのだが、できないでいる。彼女がふさぎこんでいるのはそのためでもあった。スガナレルはそのことを知り取り乱してしまう。女中のリゼットが、先ほどのスガナレルの態度に失望したリュサンドが危篤状態になってしまったというので、スガナレルは大勢の医者を呼ぶことにする。スガナレルは娘の診療を終えた医師たちに治療費を払い、娘の様子を尋ねる。しかし、医師たちは関係のない話ばかり。ついには2人の医師が治療方針を巡って対立し、出て行ってしまう。医師たちが帰ってしまったのを見計らって、かねてからの計画通り、クリタンドルが医師に扮して登場する。クリタンドルは治療として結婚する真似事をすることが最善であると言い出すので、スガナレルも納得する。そこへ本物の公証人が現れ、正式な結婚の手続きが行われ、リュサンドとクリタンドルは夫婦となる。スガナレルもその真実を知り、自分が騙されていたことをようやく理解する。

第 3 章　コメディ＝フランセーズ

「インク壺」「用紙」「指輪」は最後に公証人が登場する場面で使われる。「小銭」「財布」はスガナレルが医師にお金を払う場面で使われ、また「椅子」も 4 脚あるので、医師たちが登場する場面で使われるものと考えられる。

［テキスト］Molière, *Œuvres complètes*, tome 2, Paris, Collection Bibliothèque de la Pléiade, Gallimard, 2010.
［訳書］『恋は医者』（鈴木力衛訳）in 『モリエール全集 1』、中央公論社、1972 年
『恋こそ名医』（秋山伸子訳）in 『モリエール全集 5』、臨川書店、2000 年
『恋は医者』（小場瀬卓三訳）in 『モリエール笑劇集』、白水社、1959 年

『いやいやながら医者にされ』

森、大きな酒瓶、棍棒 2 本、椅子 4 脚、チーズ 1 切れ、小銭、財布 1 個。

＊　モリエール Molière の喜劇『いやいやながら医者にされ』*Le Médecin malgré lui*、初演 1665 年 8 月 6 日、初版 1666 年、コメディ＝フランセーズ再演、1680 年 10 月 26 日。スガナレルは医者に仕えていたが、今ではきこりをしている。妻のマルティーヌはスガナレルが酒ばかり飲んでいるので、文句をいうと、喧嘩になってしまい、ついにはスガナレルは薪で妻を殴る。仲直りはするものの、妻は面白くない。そこへふたりの男性が通りかかる。彼らは自分の主人であるジェロントが娘のリュサンドを結婚させようとしたところ、急に口がきけなくなってしまったので、これを直してくれる医者を探しているとのことだった。妻はこれを良い復讐のチャンスだと思い、いま森の中で木を切っている男が医者である、しかしこの男は慎み深いので自分が医者だとは言わないので、その時には薪で殴ると自分が医者であると認めるはずだ、と嘘をつく。男たちは森の中にいるスガナレルを見つける。彼らは自分についてきて欲しいと懇願するが、スガナレルが断るので、仕方なく薪で叩く。スガナレルはついていくことにする。リュサンドの病気は仮病だった。というのも、彼女には恋人のレアンドルがいるのだが、別の男性と結婚させられるのが嫌で、口のきけないふりをしていたのだった。そこへ医師としてスガナレルが連れてこられる。インチキなラテン語と奇妙な処方を行うのだが、ジェロントはすっかりだまされてしまう。しばらくするとレアンドルが現れ、リュサンドの病気が仮病あることを告白し、自分たちに力を貸して欲しいとスガナレルに懇願する。スガナレルは協力を約束。スガナレルはレアンドルに薬剤師の格好をさせ、リュサンドの前に連れてくる。すると、嬉しさのあまりリュサンドは一気にしゃべりだす。ジェロントも大喜び。しかし、リュサンドがレアンドルと結婚したいと言い出すので、ジェロントは困惑し、スガナレルになんとかしてほしいと頼む。すると、スガナレルは二人を散歩させるのがよいと助言。二人はそのまま逃げ出してしまう。ついにはそれが露見し、ジェロントはスガナレルを警察に突き出すと激怒。ところが、レアンドルとリュサンドが戻ってくる。というのも、レアンドルは

おじの遺産を受け取ることになったので、正式にジェロントに結婚の許しをもらいにやってきたのだった。ジェロントはこの結婚を認め、スガナレルも許すことにする。

「森」は、スガナレルが木を切っている場面が出てくるので、そこで使われる。「酒瓶」は冒頭の場面、そしてインチキな治療行為をする場面で使われる。「チーズ」も治療行為を行う場面で出てくる。「椅子」も同じ場面で用いられる。「棍棒」とあるが、テキストでは「薪」となっている。「小銭」と「財布」は第２幕でジェロントがスガナレルにお金を渡す場面で使われる。

［テキスト］Molière, Œuvres complètes, tome 1, Paris, Collection Bibliothèque de la Pléiade, Gallimard, 2010.

［訳書］『いやいやながら医者にされ』（鈴木力衛訳）in『モリエール全集１』、中央公論社、1972年

『いやいやながら医者にされ』（秋山伸子訳）in『モリエール全集５』、臨川書店、2000年

『にわか医者』（有永弘人訳）in『モリエール笑劇集』、白水社、1959年

『いやいやながら医者にされ』、鈴木力衛訳、岩波文庫、1962年

『クリスパンの恐怖』

舞台は別々の２部屋、部屋と部屋のあいだに掛け金。テーブル２台、化粧道具、燭台４本、旅行鞄の入ったトランク１個、夏着と香料入りの枕と粗末なベッドとシャツと袖飾り１組、汚れた下着、馬櫛１個、折れた櫛１個、金槌１丁、やっとこ、靴磨き１組、トランプ、サイコロ、角笛、財布１個、石炭、暦１部、芯切り鋏、パン、チーズ。

＊　クロスニエ Crosnier の１幕の喜劇『クリスパンの恐怖』Les Frayeurs de Crispin、初演年代不明、初版1682年。コメディ＝フランセーズの『帳簿』に上演の記録はない。上演を予定されていたが、中止になったのだろうか。「舞台はパリ」である。リダマンは友達のフィラルクを尋ねてパリに出てきた。男に付きまとわれていたメリッスを助けたことをきっかけに、フィラルクと出会う。男はフィラルクの弟で、メリッスは二人の妹で、厳しい兄に芝居見物を見咎められて、追いかけられていた。リダマンは、フィラルクの家に泊まる。メリッスはリダマンに一目ぼれして、彼の素性を知ろうとして、彼女の部屋と彼の部屋をつなぐ秘密の扉から忍び込み、リダマンの持ち物を探る。彼女はリダマンに恋文を残す。リダマンの従僕のクリスパンは、部屋が荒らされているのを幽霊の仕業と思い込んで、怖がる。メリッスは再び忍んできて、リダマンに取り押さえられる。リダマンはメリッスを一目見て、恋に落ちる。兄弟の許しを得て、メリッスとリグダモンの結婚が整う。この喜劇は、ドゥーヴィルの喜劇『いたずら好

きの妖精』(初演1638-39年、初版1642年)の翻案、改作である(「目録中のメモのない作品」参照)。また、オートロッシュの喜劇『見えない婦人』(初演1684年2月22日、コメディ＝フランセーズ、初版1685年)も同じくドゥーヴィルの喜劇の改作である(メモ参照)。

　第1場から第4場までは通りで、リダマンがフィラルクと出会う。第5場からは、リダマンの泊まった「部屋」で、メリッスの「部屋」と隠し扉で繋がっている。「掛け金」は隠し扉にかけられている。メリッスは、隠し扉を通って、二部屋を往復する。「旅行カバン、夏着と香料入りの枕」は、第11場でリダマンのかばんの中の持ち物で、メリッスが点検する。ランカスターも述べているが、その他、さまざまな品物が列挙されているが、大部分は不要な小道具で、作品の中で取り上げられてもいない。

　［テキスト］Chappuzeau, Samuel, *Les Frayeurs de Crispin, comédie par le Sr. C...*, Leyde, F. Lopez, 1682.

『賢者の石』

　竈、枠張物（シャシ）、金槌1丁、マルメロの実、ふいご、酒石。

＊　トマ・コルネイユ Thomas Corneille とドノー・ド・ヴィゼ Donneau de Visé 合作の喜劇『賢者の石』*La Pierre philosophale*、初演1681年2月23日と25日、コメディ＝フランセーズ(不入りのため、上演はこの2回で終わっている)。未出版であるが、筋書を説明した台本が残っている。錬金術の「賢者の石」(化金石)の発見に没頭するモギ氏は、仲間のレイモン夫人の娘アンジェリックと結婚し、自分の娘マリヤンヌを研究に興味を持つ騎士と結婚させようとしている。しかし、騎士はアンジェリックと結婚したいと思っていて、マリヤンヌは侯爵と愛し合っている。実験は失敗、モギ氏とレイモン夫人は仲たがいし、アンジェリックは騎士と、マリヤンヌは侯爵と結婚することになる。

　台本に拠れば、第1幕の場面はモギ氏の家の控室、第2幕はモギ氏の家、第3幕は庭園で、イルカの装飾の泉と洞窟がある。第4幕はガバリス伯爵の家、第5幕は荒れ果てた古城の広間である。宙乗りは登場しないが、幕ごとに場面が変わるので、仕掛け芝居に分類されることもある。「枠張物（シャシ）」の使い方は、作品が未出版のため分からないが、フェルム（枠張物）と同様に場面転換に使われたと考えられる(『クリスパンの音楽家』のメモ参照)。メモの小道具は、実験用の道具である。

　［テキスト］Corneille, Thomas, *La pierre philosophale*, Paris, C. Blageart, 1681.

第2部　『マウロの覚書』注解

『クリスパンの家庭教師』

　肘掛け椅子1脚、生徒を罰するためのヘラ一本、鞭の柄、ラテン語の入門書一冊が必要。

＊　ラ・チュイユリー La Thuillerie の1幕の喜劇『クリスパンの家庭教師』 *Crispin précepteur*、初演1679年頃、オテル・ド・ブルゴーニュ座、初版1680年、コメディ＝フランセーズ再演、1688年6月24日。ほかの作品の上演に比べて、再演が極端に遅い。もっと早い時期に上演が計画されて、メモは書かれたが、何らかの事情で延期になったのではないだろうか。「舞台はパリ、アンセルムの家の前」である。ジェラストはリュシルを愛しているが、リュシルのおじで後見人のアンセルムは金のないジェラストとの結婚を許さない。アンセルムは、甥のコランの家庭教師を探している。ジェラストの従僕クリスパンはラテン語の教師に変装し、以前からの家庭教師を言い負かして雇われる。クリスパンはでたらめな授業をしながら、ジェラストとリュシルの仲を取り持とうとする。しかし、ジェラストのおばが死んで、彼に遺産が転がり込み、アンセルムから結婚の許しを得る。
　場面は「家の前」で、場所の移動はない。「（生徒を罰するための）ヘラ一丁、鞭、ラテン語の入門書」は、第7場で家庭教師に変装したクリスパンの持ち物である。ランカスターが述べているように、「肘掛け椅子」は、第13場からのクリスパンの授業でコランが座るのに使われる。
　［テキスト］La Tuillerie, *Crispin précepteur, comédie, par le sieur de La Tuillerie*, Paris, J. Ribou, 1680.

『クリスパンの才子』

＊　ラ・チュイユリー La Thuillerie の1幕の喜劇『クリスパンの才子』 *Crispin bel esprit*、初演1681年7月11日、コメディ＝フランセーズ、初版1682年。題名のみ記されていて、メモはない。どのような舞台にしたかは分からないから、筋書のみ紹介する。「舞台はパリ」である。ヴァレールとオルフィーズは恋仲。ヴァレールの従僕クリスパンは才人の触れ込みで、オルフィーズの母親に取り入る。クリスパンは、ヴァレールを修練士として母親に紹介する。母親は彼を気に入るが、父親は、友人との約束どおりオルフィーズを友人の息子と結婚させると言い張る。現れた友人はヴァレールの父親で、二人は結婚の運びとなる。
　場面はオルフィーズの家の前の通りで、場所の移動はない。
　［テキスト］La Tuillerie, *Crispin bel esprit*, Paris, J. Ribou, 1682.

第3章　コメディ＝フランセーズ

『尻軽女たち』

　舞台奥に代訴人の事務所、机1台、テーブル1台、インク壺1個と用紙、騎士の勲章1個、椅子1脚が必要。

＊　原文では *Crispin chevalier* となっているが、シャンメレ Champmeslé の1幕の喜劇『尻軽女たちあるいはクリスパンの騎士』 *Les Grisettes, ou Crispin chevalier*、初演1673年頃、オテル・ド・ブルゴーニュ座、初版1682年、コメディ＝フランセーズ再演、1682年1月16日。「舞台はパリ、（代訴人の）グリフォー氏の家の広間」である。クリスパンは主人の服を拝借して、騎士に成りすましている。彼はグリフォーの娘アンジェリックとイザベルの二人に言い寄って、一儲けしようとしている。クリスパンはグリフォーの家に忍び込んだところを見つかるが、訴訟を頼みに来たと言い逃れる。クリスパンは、彼女たちから今晩会いに来るように言われる。グリフォーは娘二人に自分が決めた結婚相手を紹介するが、彼女たちのお気に召さない。夜になって、クリスパンが二人に会いに来る。暗闇の中で、クリスパンとアンジェリック、グリフォーと結婚相手二人が鉢合わせする。結婚相手の男たちはほかの男と逢引している娘たちに愛想をつかして、結婚を取りやめて逃げ出す。
　場面は1部屋で、場所の移動はない。「舞台奥の執務室」は、場面として使われない。「机1台、テーブル1台」も、代訴人の父親のための道具立てである。「騎士の勲章」は、クリスパンの変装の道具である。
　［テキスト］Champmeslé, *Les Grisettes, ou Crispin chevalier*, Paris, chez Jean Ribou, 1683.

『押韻詩』

　用紙、袋1袋、太鼓1面。

＊　サン＝グラ Saint-Glas の1幕の喜劇『押韻詩』 *Les Bouts rimés*、初演1682年5月25日、コメディ＝フランセーズ、初版1682年。「さまざまな人の群れが太鼓の音で集まる。舞台はパリ」である。金持のデュ・リメはソネットのコンクールを催し、1,000エキュと娘を賞品にする。娘のアンジェリックと恋人のリザンドルは仰天する。リザンドルは、亡父の友人に娘を賞品にすることを取りやめるようにデュ・リメを説得してもらうが、デュ・リメは聞き入れない。コンクールが始まり、リザンドルの母親が優勝する。母親は賞金を手に入れ、リザンドルはアンジェリックを手に入れる。
　場面はコンクールの開かれる広場で、場所の移動はない。「用紙」は、人々がソネを書いて差し出す。「袋」は、第2場でクリスパンが集めた詩を入れるためである。「太

鼓」は、第 2 場でクリスパンが叩きながら登場する。
　［テキスト］*Petites comédies rares et curieuses du XVIIe siècle*, tome premier, Paris. A. Quantin, 1884.

『偽の御者』1684年

　舞台は数軒の家、奥に 1 部屋。枠張物（フェルム）が開くと、部屋が見える。手紙 2 通。

＊　オートロッシュ Hauteroche の 1 幕の喜劇『偽の御者』*Le Cocher supposé*、初演 1684 年 6 月 9 日（題名に付された数字は初演年代）、コメディ＝フランセーズ、初版 1685 年。「舞台はパリ」である。リジドールにはジュリーという婚約者がいるが、ドロテに心変わりした。リジドールの従僕のモリーユはドロテのおじの御者になって、二人の仲を取り持とうとする。モリーユの正体がばれて、おじから厳しく追及される。そこへジュリーがリジドールの行方を尋ねて、ル・マンからやってくる。モリーユは、おじとジュリーに真相を白状する。リジドールは追い払われるが、ジュリーに許されて、元の鞘に収まる。
　場面は、ドロテの家の前の通りである。通りと舞台両袖に家を配した常套的な装置と思われる。第17場で、「枠張物（フェルム）が開くと部屋が見え」、ドロテの部屋の中に場面が移る。フェルムは、枠張物の中でも特に舞台の幅の大きさのものを指す。この時代になると、背景幕の代わりに使われている。第18場で、おじがジュリーを「奥の 1 部屋」に隠す。「手紙 2 通」は、第 1 場でジュリーからリジドール宛の手紙と第 3 場でドロテがリジドールを愛しているという匿名の手紙である。
　［テキスト］Hauteroche, Noël Lebreton, *Théâtre complet*, Tome II, Paris, Classiques Garnier, 2014.

『気が触れた貴族』

　椅子 5 脚、棍棒 1 本、ナプキン 4 枚、手紙 2 通、狂人の服 1 着。

＊　ポワッソン Poisson の 1 幕の喜劇『気が触れた貴族』*Le Fou de qualité ou le Fou raisonnable*、初演1664年、オテル・ド・ブルゴーニュ座、初版1664年、コメディ＝フランセーズ再演、1681年 4 月16日。前後の作品の上演年代から考えて、このメモは1684年 7 月14日の再演のためのものか。この劇は、最初は 5 幕で書かれていたが、1 幕に改作された。このため、状況設定が省略されているため、開幕以前の出来事が劇中で物語られる。ドン・ペドルは、スペイン皇帝の大使ドン・ロドルフの娘イザベ

ルを愛している。ドン・ペードルは人を殺して、お尋ね者になった。一方、ドン・ロドルフは、娘を甥のレオポルドと結婚させたい。しかし、レオポルドは、ドン・ペードルの妹コンスタンスと結婚を約束している。レオポルドは、コンスタンスが自分とイザベルとの結婚の妨げになると考えて、彼女を襲おうとする。しかし、暗闇の中で、コンスタンスの馬車ではなく、間違ってドン・ロドルフの馬車を襲撃する。逃亡中のドン・ペードルが、ドン・ロドルフとイザベルを救う。彼らは、宿で一夜を過ごした。劇は、その翌朝から始まる。「舞台は、イレスカスの旅籠」である。ドン・ペードルは、イザベルと合わせる顔がないため、自分をアレクサンダー大王と思い込んだ狂人に変装する。ドン・ペードルは、ドン・ロドルフ、イザベルの前に現れて、狂人のふりをしてイザベルに愛を捧げる。夕食の時、ドン・ロドルフの友人が到着、ペードルの罪が許されたとの知らせが入る。狂人は、実はドン・ペードルであることが明かされる。ドン・ロドルフはイザベルをドン・ペードルに与え、レオポルドはコンスタンスとの結婚に同意する。

　場面は旅籠の1部屋で、場所の移動はない。「椅子5脚」は、第9場で一同が座る。「狂人の服」は、第2場での変装に使う。「手紙2通」は、第9場の危難に会ったドン・ロドルフへの友人の手紙と第15場のペードルへの赦免状である。

　［テキスト］Poisson, Raymond, *Le Fou de qualité*, comédie, Paris, J. Ribou, 1682.

『誘拐』

　舞台は草むら、そして舞台奥に城。龕灯1本、棍棒2本、松明1本。

＊　バロン Baron の1幕の喜劇『誘拐』*Les Enlèvements*、初演1685年7月6日、コメディ=フランセーズ、初版1686年。「舞台は、ラ・ダヴォワジエールの城の広場」である。ラ・ダヴォワジエールの二人の息子である伯爵と騎士、二人の農民ヴァンサンとピエロ、年寄りの従僕ペルランは、みな農民の娘バベに夢中である。ペルランを筆頭に、四人の若者は、かわるがわるバベの父親にかけあうが、相手にされない。伯爵は、バベと間違えて自分の婚約者を誘拐してしまう。ヴァンサンは女性に変装して、父親とペルランに間違われた挙句、殴られる。騎士がバベを首尾よく誘拐する。父親たちは騎士とバベの結婚に同意し、伯爵は婚約者との結婚に同意する。

　場面は「城」を背にした「草むら」で、場面は繋がり、場所の移動はない。「棍棒」は、第20場でヴァンサンが殴られる。「龕灯」と「松明」は、夜の誘拐の場面で使われたのだろう。

　［テキスト］Baron, *Théâtre complet*, Tome 1, Paris, Classiques Garnier, 2015.

第2部　『マウロの覚書』注解

『気前のよい公証人』1685年

　舞台は1部屋。用紙2枚、インク壺1個。

＊　ダンクール Dancourt の3幕の喜劇『気前のよい公証人』*Le Notaire obligeant*、初演1685年6月8日（題名に付された数字は初演年代）、コメディ＝フランセーズ、初版1696年。「舞台はパリ、ゲラント夫人の家の広間」である。ヴァレールとアンジェリックは愛し合っている。ヴァレールの父親オロントは、息子の恋人のアンジェリックと結婚したい。アンジェリックの母親のゲラント夫人は、娘の恋人のヴァレールと結婚したい。ヴァレールの従僕メルランはゲラント夫人に、ヴァレールがある侯爵夫人と結婚の約束をして、約束を破れば牢獄に入れられると嘘をつき、ゲラント夫人から2,000エキュを巻き上げる。アンジェリックは、オロントから全財産を譲り受ける約束を取り付ける。メルランに雇われた公証人が作成した書類に、関係者全員が署名する。書類は、ヴァレールとアンジェリック、オロントとゲラント夫人の結婚の契約書で、二組の結婚が決まる。
　場面はゲラント夫人の広間の「1部屋」で、各幕とも場面は繋がり、場所の移動はない。「用紙」と「インク壷」は、第3幕第10場で契約書の署名の時に使われる。
　［テキスト］Dancourt, *Le Notaire obligeant, comédie*, La Haye, E. Foulque, 1696.

『フィレンツェ人』

　舞台の手前に1軒の家、奥に4枚のドア、ドアの前にかんぬき。迫り出しと鉄の檻、椅子2脚。

＊　シャンメレ Chmpmeslé（執筆はラ・フォンテーヌ La Fontaine）の1幕の喜劇『フィレンツェ人』*Le Florentin*、初演1685年7月26日、コメディ＝フランセーズ、初版1701年。「舞台はフィレンツェ、アルパジェムの家」である。アルパジェムはオルタンスの後見人をしているが、もう若くないのに彼女と結婚しようと、彼女を部屋に閉じ込めている。彼女は、ティマントと恋仲である。アルパジェムは、彼女が信頼する従兄弟に変装して、自分との結婚を彼女に勧める。オルタンスは、ティマントを愛していると言いたい放題を言って、アルパジェムを怒らせる。彼は錠前屋を呼んで、オルタンスを檻に閉じ込めようとする。錠前屋はティマントに買収されていて、試しに入ったアルパジェムを檻に閉じ込める。オルタンスとティマントは、手に手を取って駆け落ちする。
　場面は「舞台の手前の1軒の家」の1部屋で、場面は繋がり、場所の移動はない。

第3章　コメディ＝フランセーズ

オルタンスを閉じ込めている部屋には、「かんぬき」が付いている。第10場で監禁用の「鉄の檻」が登場する。「迫り出し」は秘密の地下道で、第11場でティマントがそこから忍び込む。コメディ＝フランセーズの劇場は以前はオペラ・アカデミーの劇場で、オペラの上演のためにこの装置が設置されていた。「椅子2脚」は、第8場で従兄弟に変装したアルパジェムとオルタンスの話し合いで使用する。

　［テキスト］*Les comédies attribuées à La Fontaine, avec le Florentin*, Paris, Garnier, 1935.

『アンジェリックとメドール』

　舞台は任意、棍棒1本。

＊　ダンクール Dancourt の1幕の喜劇『アンジェリックとメドール』*Angélique et Médor*、初演1685年8月1日、コメディ＝フランセーズ、初版1698年。「舞台は、パリ」である。イザベルは、エラストと愛し合っている。イザベルは、母親によってオペラ劇団を主宰するギユマンと婚約させられる。女中のリゼットは母親に、エラストを高名な歌手、従僕のメルランを音楽家と紹介する。二人は雇われて、歌の練習が始まる。どのオペラを上演するか、ギユマンとメルランの議論が続く。その間も歌手や音楽家の売り込みがあったりする。演奏家が揃い、リュリのオペラ『ロラン』のリハーサルが始まる。イザベルはアンジェリック役、エラストはメドール役になる。二人は役の演技に従って退場し、そのまま逃亡する。母親は怒り狂うが、醜聞を避けるため、二人の結婚を許す。メルランによって、上演はオペラから喜劇に変更される。
　場面はイザベルの家の広間で、場面は繋がり、場所の移動はない。
　［テキスト］Dancourt, *Angélique et Medor*, comédie, Bruxelles, J. de Gouek, 1711.

『誘拐』

　舞台は草むらに変わる。

＊　バロン Baron の1幕の喜劇『誘拐』*Les Enlèvements*、初演年代、出版年代は前出。1685年に続演後、1686年8月、1689年2月にも再演されている。校閲者によれば、このメモの筆跡は前のメモと異なる。再演のために書き加えられたのだろう。初演と同じく、場面は「草むら」である[7]。

7　このメモの後に、当時のコメディ＝フランセーズ劇団員の名前と興行収入の配分、劇団についての記録が続くが、舞台装置のメモとは関わりないので、省略する。

あとがき

　フランス17世紀演劇を代表する三大作家のうち、ラシーヌとモリエールは日本でも全作品が翻訳され、コルネイユについても『コルネイユ名作集』『コルネイユ喜劇全集』が出版されており、代表的な作品と喜劇作品のすべてが日本語で読むことができます。このほかの作家についても、『フランス十七世紀演劇集』全3巻に、悲劇、喜劇、悲喜劇、田園劇の代表作12作品が収録されています。これによって、当時の演劇を概観するのに十分な作品群が紹介されていると言えます。また、フランスを中心にこれまではあまり紹介されなかった戯曲の校訂版が次々と出版されている状況を考えると、テキストという意味ではかなりの部分が紹介されてきているとも言えるでしょう。

　しかしながら、上演の実相について、いまだに十分には明らかにされているとは言えません。劇団、俳優、演出、演技、観客、舞台などの分野についてさらなる研究の発展が重視されるべきだと思います。そうした中で、この『マウロの覚書』は不可欠な資料のひとつであり、本書は里程標のひとつとなりうるものと自負しています。これを契機に、今後さらに新たな資料が翻訳あるいは紹介されることを期待します。

　翻訳にあたって底本としたテキストは参考資料に記したとおりです。基本的にはフランス国立図書館所蔵の原本を元にして、さらにランカスターとパスキエの校訂本を参照しました。

　終わりになりますが、日本学術振興会の出版助成費により出版できたことを厚く感謝いたします。また、この書の出版をお引き受けいただいた駿河台出版社と担当していただいた編集部浅見忠仁氏に深く感謝申し上げます。

2019年2月吉日

冨田高嗣

目録中のメモのない作品

「作品目録」に作品名が挙げられていても、メモのないものがある。本章では、メモの補足として、それらの作品をアイウエオ順に並べて、原綴、作者名、初演年代、出版年代、大筋、場面設定を記した。なお、「作品目録」には、これらの作品にアステリスクを付けた。

アジャックス *Ajax* ラ・シャペル La Chapelle の悲劇、初演1684年12月27日、コメディ＝フランセーズ、未出版。

アスデュルバルの死 *La Mort d'Asdrubal* ザカリー・ジャコブ・モンフルーリ Montfleury, Zacharie Jacob の悲劇、初演1645年、オテル・ド・ブルゴーニュ座、初版1647年。ピュジェ・ド・ラ・セール Puget de La Serre の散文悲劇『カルタゴの略奪』*Le Sac de Cartage* を韻文に書き直した作品である。「舞台はカルタゴの城塞の前、シピオンの陣営」の中である。カルタゴは落城寸前。カルタゴの使者は、城塞の人々の助命を求める。ローマの将軍シピオンは彼らの求めに応じようとするが、副官たちは元老院の意向を盾に反対する。シピオンも、やむをえず彼らの意見に従う。カルタゴの土族アスデュルバルが無条件降伏を申し出て、受け入れられ、ローマ軍の陣営にとどまる。アスデュルバルの妻ソフロニーがローマ軍の陣営にやってきて、徹底抗戦を主張するが聞き届けられない。アスデュルバルの娘たちも父親に会いに来るが、説得を拒否される。カルタゴの司令官は降伏に反対するソフロニーを殺そうとするが、彼女の愛国心に屈する。ローマ人が入城し、ソフロニーが娘たちを殺して自決したという知らせが入る。アスデュルバルも後悔して自殺する。

　第3幕まではローマの陣営、第4幕と第5幕はカルタゴの城中で、場面は2ヶ所である。

　［テキスト］Antoine Jacob Montfleury, *Théâtre de Messieurs de Monfleury père et fils*, Slatkine Reprints, Genève, 1971.

誤った真実 *Les Fausses Vérités* ドゥーヴィル d'Ouville の喜劇、初演1641年、初版1643年。ラングドックの貴族リダマンは夜毎チュイルリー宮でフロリモンドという女性と会っている。リダマンはパリの友人レアンドルの家に逗留しているのだが、実はフロリモンドはそのレアンドルの妹だった。彼女はこのことが兄に知られてはまずいので、正体を隠して、家の外で会っているのだった。家の中では、フロリモンドは常にリダマンの様子を隣室から窺っているが、リダマンはそれに気付いていない。一方、レアンドルにはオラジーという恋人がいるのだが、別の女性の横槍で、少々疎遠になっている。お互い本当は好きなのだが、正直に言い出せないでいる。フロリモンドはオラジーの家を自分の家ということにしてリダマンを招待する。ところが、そこへオラジーの父親が帰ってきたので、リダマンは小部屋に隠れる。しかも、そこへレアンドルも現れてしまう。隙を見て、正体を悟られずにリダマンは逃げ出す。レアンドルはオラジーが別の男性を隠していたと誤解して、怒り出してしまう。リダマンはフロリモンドへの思いに悩み、ついにはパリを去る決意をする。その様子を隣室から伺っていたフロリモンドが突如現れ、必死に止める。そこへレアンドルが帰ってきたので、フロリモンドは小部屋に隠れる。すると、今度はオラジーが先ほどの言い訳をしにやって来た。オラジーとレアンドルが口論している最中、フロリモンドがかつらと仮面をつけて小部屋から飛び出し、逃げ出す。オラジーは今の女性の正体をレアンドルに問うが、彼は答えられない。ふたりは物別れに終わる。

レアンドルはオラジーの様子を探るべく、フロリモンドに彼女の家に行くよう命じる。一方、オラジーはレアンドルの様子を探るためにフロリモンドの部屋に置いて欲しいと言う。そこで、フロリモンドはオラジーと入れ替わることにする。また、リダマンの元へ侍女を使わし、先ほどの家にもう一度来て欲しいと伝えさせると、リダマンは快諾。そこへレアンドルが現れたので、彼も一緒について行くことにする。一方、オラジーの父親は誰かに襲われて、怪我をしている様子。リダマンはオラジーの家に向かうので、レアンドルは疑念を持つ。リダマンだけが家の中に入るが、そこへオラジーの父親が誰かと決闘しながら戻ってくる。その混乱の中、リダマンはフロリモンドの手を引き、外へ出てくる。ところが、自分の従僕を忘れてきたので、彼女をレアンドルに託し、自分は再び家の中に戻る。レアンドルはフロリモンドをオラジーだと思いながら、彼女の腕をつかまえたまま、自分の家に連れて行く。家に戻ると、フロリモンドは闇に乗じて逃げ出す。そして偶然にも、その場にいたオラジーの腕をつかむ。召使いが明かりを持ってくるので、お互いの顔がわかるのだが、もちろんオラジーは状況が把握できず、ふたりの議論もかみ合わない。そこへフロリモンドが現れ、次いでリダマンも戻る。レアンドルはリダマンがオラジーと密会していたと疑っているので、リダマンはその場にいるフロリモンドを好きであると告白すると、そこで初めて彼女がレアンドルの妹であることを知る。リダマンはフロリモンドとの結婚をレアンドルに申し入れ、認めてもらう。そして、レアンドルとオラジーの結婚も決まる。

　スペイン物ではあるのだが、ドゥーヴィルは舞台設定をパリにしている。しかし、スペイン物に特有の隠し部屋、隠し扉は用いられる。

　［テキスト］Antoine d'Ouville, *Théâtre complet*, Tome I, Classiques Garnier, 2013.

アリシディ *Aricidie ou le Mariage de Tite*　ル・ヴェール Le Vert の悲喜劇、初演1645年、オテル・ド・ブルゴーニュ座、初版1646年。「舞台はローマ」である。ローマ皇帝ヴェスパジアンの息子ティットは、パルティアの王女ザラートと結婚することになっている。しかし、ティットはローマの貴族の娘アリシディを愛している。ティットは、ザラートに恋する弟のドミシアンに相談する。ドミシアンは父親のヴェスパジアンに、自分がザラートと結婚したいと申し出るが、認められない。ティットはアリシディをザラートだと偽って、ヴェスパジアンの承認を得て結婚する。そこへ現れたザラートは怒るが、密かにドミシアンに好意を寄せている。ヴェスパジアンは、二人を処刑しようとする。ティットとアリシディはザラートに、互いに恋人の命乞いをする。ザラートは二人を許し、ドミシアンとの結婚に同意する。

　第１幕の場面は、ローマの宮殿の庭園である。ここで、ティットはアリシディと逢引する。第２幕第１場と第２場は宮殿内の１部屋、ティットが弟に相談する。第３場と第４場は、ヴェスパジアンの居室に場面が移る。第３幕もヴェスパジアンの居室、ティットが偽者のザラートとの結婚が許される。第４幕は宮殿の１部屋、だまされたザラートが怒り、宣戦を布告する。第５幕も宮殿の１部屋で、ザラートが二人を許す。場面は、宮殿の庭園と宮殿内の２部屋が必要である。

　［テキスト］Le Vert, *Aricidie ou le Mariage de Tite*, Sommaville, 1646.

アリストデム *Aristodème*　ボワイエ Boyer の悲劇、初演1646年、初版1649年。「舞台はイトメ山の上、ユピテルの神殿の前」である。メスニーの王は、スパルタとの戦争の勝利を祈願している。神託はメロップとアルジーのどちらかを生贄に求める。メロップは王に愛され、アルジーにはアルシダマスという恋人がいる。結局、アルジーが選ばれる。スパルタ王からの手紙でメスニーの王の家臣のエフェボルがスパルタ王の息子クレスフォントと判明する。エフェボルは和平と引き換えに、アルジーとの結婚を要求する。アルシダマスは、アルジーの父親アリストデムがアルジーを殺した、国王もメロップも死んだ、自分も死ぬと告げる。エフェボルも、国王の死を見届けた後、死ぬことを決意する。

目録中のメモのない作品

場面は1ヶ所で、登場人物の入れ替わりはない。
［テキスト］Boyer, *Aristodème*, Quinet, 1649.

アルシオネ *Alcionée* デュ・リエ Du Ryer の悲劇、初演1637年頃、初版1640年。「舞台はリディアのサルディス市」である。リディアの武将アルシオネは国王に反旗を翻したが、王女リディを与えるとの約束で和平する。リディはアルシオネを愛しているが、身分違いの恋に悩んでいる。アルシオネは国王の約束を信じているが、周囲の人間は彼の王座への野心を疑っている。アルシオネは、国王に約束の履行を求める。国王は言を左右にして、明言を避け、リディの同意に従うと告げる。リディもアルシオネに、国王の決定に従うと答える。国王はリディに、身分違いの結婚を拒否するように求める。リディは、アルシオネに求婚を拒否する。アルシオネは、国王の面前で自刃する。アルシオネの今わの際に、リディは本心を語るが、アルシオネは息絶える。

場面は、王宮の1部屋と王の居室の2ヶ所である。
［テキスト］*Théâtre du XVIIe siècle II*, Bibliothèque de La Pléiade, Gallimard, 1986.

アルシディアーヌ *Alcidiane ou les quatre rivanx* デフォンテーヌ Desfontaines の悲喜劇、初演1642年、初版1644年。「舞台はマルセイユ」である。ゴールのナルボンヌの国王の姪アルシディアーヌは、4人の王子に恋されている。王子の1人テルサンドルは、狂言で彼女の誘拐を試みる。彼が偽物のモール人を追いかけている間に、王子のペリメーヌが王女を救出する。テルサンドルは、ライバルが王女を勝ち取るものと思い込んで、王女を殺して自分も死のうとする。テルサンドルは彼女を負傷させるが、王子の1人に殺される。おじの国王はアルシディアーヌに、結婚相手を指名するように求める。彼女は自分では決めかねて、国王に決めてもらうことにする。国王はペリメーヌを選び、他の2人には他の王女を与える。

第2幕第2場から第7場の誘拐の場面に「庭園」のト書きがある。その他の場面は王宮の中の同じ部屋と考えられる。
［テキスト］Boisrobert, *Alcidiane ou les quatre rivaux*, Paris, Toussaint Quinaet, 1644.

アルビランの裏切り *Les Trahisons d'Arbiran* ドゥーヴィル d'Ouville の悲喜劇、初演1636年、初版1638年。「舞台は、始めはサレルヌで、終わりはナポリ」である。アルビランは、ロドルフの妻レオニードを口説いているが、相手にされない。アルビランは彼女に、夫のロドルフとクレオントの妻ドラリスが浮気していると告げる。さらに、クレオントにも妻の不貞を告げ口して、ドラリスがロドルフと会っているところを見せる。クレオントは、不倫を真に受けて、森でドラリスを刺す。アルビランは、レオニードとクレオントの訴状を証拠として、国王にロドルフの反逆を訴える。ロドルフはナポリに召喚され、逮捕される。国王は、証言に立ったレオニードの美しさに魅了されて、求婚する。あわてたアルビランはレオニードとクレオントにだまされたと訴えて、告発を取り下げようとする。しかし、悪事がばれて、アルビランは逮捕投獄される。ロドルフは釈放され、レオニードの元に帰る。クレオントの妻ドラリスもクレオントの後悔する姿を見て、夫を許す。

第1幕は、サレルヌ市の通りと考えられる。第2幕は、レオニードの家と家の前の通りである。第3幕は、第4場まではレオニードの家と家の前の通りだが、第5場でト書きに「舞台は変わり、ナポリ市が現れる」。舞台はナポリの王宮である。第4幕は第3場までナポリ郊外の「森」で、クレオントがドラリスを刺す。第4場からは、王宮と王宮の門の前である。第5幕は王宮であるが、3部屋を必要とする。作品の初演年代、場面の移動から考えて、並列舞台が使用されたものと思われる。

［テキスト］Antoine d'Ouville, *Théâtre complet*, Tome II, Classiques Garnier, 2013.

アルミニウス *Arminius ou les Frères ennemis*　スキュデリー Scudéry の悲喜劇、初演1643年末、初版1643年。「舞台はヴィジュルジュ川のほとり、（ローマの将軍）ゲルマニキュスの陣営の中」である。ローマ軍とゲルマニア軍は交戦中である。ゲルマニア軍を率いるアルミニウスの兄弟フラヴィアンは、アルミニウスの妻エルシニーに邪な恋心を抱いている。彼はエルシニーの父親セジェストをだまして、アルミニウスへ憎しみを掻き立てた。フラヴィヤンとセジェストは、ローマ軍に寝返った。エルシニーは、ローマ軍の捕虜になる。両軍は休戦して、アルミニウスが妻の釈放を求めて、ローマ軍の陣営に交渉にやってくる。エルシニーはアルミニウスに会って、彼を戦いへと励ます。ローマ軍の将軍ゲルマニキュスはエルシニーを釈放しようとするが、フラヴィヤンとセジェストが反対する。アルミニウスはフラヴィヤンと言い争いになり、彼を殺そうとする。そこへフラヴィアンの元の恋人が現れて、命乞いをする。フラヴィアンは悔い改める。ゲルマニキュスは、エルシニーを釈放する。なお、同名の作品がカンピストロンにある（メモ参照）。

　場面はゲルマニキュスの陣営の中であるが、第1幕から第4幕第5場までと第5幕は同じ場所である。第4幕第6場から第8場は、陣営内だが、セジェストがいる別の場所である。

［テキスト］Scudéry, *Arminius ou Les Freres ennemis Tragi-comedie par Mr de Scudéry*, Quinet, 1643.

アンドロミール *Andromire*　スキュデリー Scudéry の悲喜劇、初演1641年、初版1641年。「舞台は包囲されたシラキューズ」である。シラキューズの王イエロンは、ヌミディアの捕虜になった時、ヌミディアの王子シファックスに娘を与えると約束した。イエロンの死後、ヌミディアの王ジュグルタは約束の履行を求めて出征、シラキューズを包囲する。シラキューズの女王アンドロミールは、無理強いの約束を拒否する。アンドロミールは、アグリゲンテゥムの王子クレオニムを愛している。妹のポリクリットは、将軍の1人アルバスを愛している。しかし、アルバスは野心のために、女王のアンドロミールと結婚したい。ヌミディアの王子シファックスは捕虜となっているが、アンドロミールのもう一人の妹のストラトニスと愛し合う。クレオニムは、身代金なしでシファックスを釈放して、ジュグルタと交渉すべきだと主張する。アンドロミールは彼の提案を受け入れて、シファックスを釈放する。その後、クレオニムとアルバスが出撃する。アルバスは勝利するが、クレオニムは捕虜になる。釈放されたシファックスは、クレオニムに闇にまぎれて逃亡するように提案する。クレオニムは、シファックスが裏切り者になると断る。一方、アルバスは夜襲をかけて、クレオニムを救出し、アンドロミールに求婚する。アンドロミールはアルバスに王位を与えるが、結婚から逃れるために毒を飲む。医者の与えた毒は偽物で、アンドロミールはよみがえる。そこへジュグルタが入城してくる。ジュグルタは和平を提案する。アンドロミールはクレオニムと結婚、妹のストラトニスをシファックスに与えて、妹のポリクリットには悔悟したアルバスとの結婚を許す。

　場面は、第1幕から第2幕第5場までと第3幕第4場以降はシラキューズの王宮の1部屋である。第2幕第6場はクレオニムが捕虜となっているジュグルタの陣営内で、第7場から第3幕第3場まではジュグルタの陣営だが、別の場所である。

［テキスト］Scudéry, *Andromire Tragi-comèdie de Mr de Scudey*, Sommaville, 1641.

いたずら好きの妖精 *L'Esprit follet*　ドゥーヴィル d'Ouville の喜劇、初演1638-39年、初版1642年。「舞台はパリ」である。フロレスタンは友達のリザンドルを尋ねてパリに出てきた。男に付きまとわれていたアンジェリックを助けたことをきっかけに、リザンドルと出会う。男はリザンドルの弟でアンジェリックの兄のリシダスで、妹が勝手に外出したのを見咎めて追いかけていた。リザンドルと再会したフロレスタンは、彼の家に泊まることになる。アンジェリックはフロレスタンに一目ぼれして、秘密の扉を通って、彼の部屋に忍び込み、取り押さえられそうになる。アンジェリックはフロレスタンに、用意された馬車に乗れば、自分の居所に案内すると手紙を残す。フロレスタンの馬車は町を一周して戻ってくる。フロレスタンとアンジ

ェリックが会っている現場を、リシダスに見咎められる。フロレスタンはアンジェリックとの結婚を申し出て、一件落着する。

第1幕はパリの通り、フロレスタンとアンジェリックが出会う。第2幕からは、「フロレスタンの部屋」と「アンジェリックの部屋」を行き来する。アンジェリックと女中は、フロレスタンの部屋の羽目板をはずして、部屋に入る。この作品は、オートロシュ Hauteroche の喜劇『見えない婦人』 *La Dame invisible*（初演1684年、初版1673年）とクロスニエ Crosnier の喜劇『クリスパンの恐怖』 *Les Frayeurs de Crispin*（初演年代不明、初版1682年）と内容が類似している。『見えない婦人』はドゥーヴィルの作品同様5幕で構成されており、筋の運びも含め、酷似していることから、明らかにこの『いたずら好きの妖精』を改作したものと思われる（オートロシュはこのような改作を他の作品でも行っている）。『クリスパンの恐怖』の方は、この作品の前半部分、お化けの仕業と見せかけいたずらをする場面までを参考にして書かれたものと考えられる。主人は平然としているが、召使が恐れおののく場面であるので、これをクリスパンで演じさせるための改作であろう。したがって、舞台装置に関して言えば、両作品と同様のものが利用されていたと考えられる。

［テキスト］Antoine d'Ouville, *Théâtre complet*, Tome I, Classique Garnier, 2013.

イブライム *Ibrahim ou l'Illustre Bassa* 　スキュデリー Scudéry の悲喜劇、初演1641年末または翌年始め、初版1643年。「舞台は、コンスタンティノーブルの後宮」である。トルコ皇帝ソリマンの大臣イブライムは、ペルシア軍との戦いに従軍中である。ソリマンは、イブライムの恋人イザベルに恋をする。側室のロクサラヌは、ソリマンとイブライムの仲を裂くため、武士のリュスタンと共に、ソリマンの恋心を煽る。ソリマンの娘アステリーとその恋人アコマは、ロクサラヌの陰謀を邪魔しようとする。イブライムが、凱旋する。ソリマンの横恋慕を知って、イブライムはイザベルと一緒に逃亡しようとするが、逮捕される。ソリマンは、イブライムの処刑の命令を出す寸前、彼に処刑しないと約束したことを思い出す。イスラムの最高権威はロクサラヌに命令されて、ソリマンが眠っている時なら処刑しても約束を破ったことにはならないと進言する。ソリマンは眠ろうとするが、イブライムのこれまでの功績を思い出す。彼は情念を克服、二人を釈放する。イブライムの投獄に怒った市民はリュスタンと最高権威を殺し、ロクサラヌは深く後悔する。なお、ラ・チュイユリーの『ソリマン』も同じ題材を扱っている（メモ参照）。

場面は、「後宮」だが、第4幕第5場はイブライムたちのいる部屋、続く第6場は敵役のロクサラヌたちが密議をこらす部屋で、別の場所である。第5幕はソリマンの寝室と寝室の前である。したがって、場面は少なくとも3ヶ所必要である。

［テキスト］Georges de Scudéry, *Ibrahim ou l'Illustre Bassa*, Société des Textes Français Moderne, 1998.

イポリット *Hypolite ou le Garçon insensible* 　ジルベール Gilbert の悲劇、初演1645年、オテル・ド・ブルゴーニュ座、初版1646年。「舞台はアテネ、王の宮殿」である。クレタの王女フェードルはアテネの王テゼの許婚であるが、テゼは出陣して不在である。フェードルは、テゼの息子イポリットをひそかに愛している。イポリットもフェードルを愛している。また、フェードルの腹心アクリーズもイポリットを愛しているが、相手にされないことを恨んでいる。フェードルはイポリットに、テゼとの婚約を解消して、一緒にクレタに帰りたいと漏らす。イポリットがためらっていると、怒ったフェードルは彼の剣を奪って立ち去る。テゼが戻り、泣き崩れるフェードルに訳を尋ねるが、返事がない。アクリーズは、イポリットがフェードルに横恋慕した、彼の剣がその証拠だと密告する。テゼはイポリットを追放するが、海から怪物が現れ、驚いた馬が暴走して、イポリットは死ぬ。この知らせを受けて、フェードルは自殺、アクリーズも後悔して海に身を投げる。ラシーヌの『フェードル』は同じ題材を扱っている。

場面は 1 ヶ所で、宮殿内の 1 部屋である。
［テキスト］*Le Mythe de Phèdre*, Paris, Honoré Champion, 1996.

妹 *La Soeur*　ロトルー Rotrou の喜劇、初演1645年または1646年、オテル・ド・ブルゴーニュ座、初版1646年。舞台の設定は作品にない。レリーは行方知れずの母と妹を探しにトルコに行くが、見つけられない。途中、ヴェネチアの宿の女中ソフィと恋に落ち、結婚して連れて帰る。彼は、母は死んだと報告し、ソフィを妹のオーレリーだと偽る。父親は、レリーをエロクセーヌと、ソフィも別の男と結婚させようとする。レリーは、友人でエロクセーヌの恋人のエラストに頼んで、ソフィを預かってもらうことにする。死んだはずのレリーの母親が帰ってくる。彼女は、ソフィがレリーの実の妹のオーレリーであることを明かす。しかし、エロクセーヌの侍女が、エロクセーヌとオーレリーが幼いころ入れ代わって育てられたと秘密を明かす。レリーはソフィ実はエロクセーヌと、エラストはエロクセーヌ実はオーレリーと結婚する。
　場面は通りだが、第 1 幕、第 2 幕、第 5 幕で場所が変わり、場面は 3 ヶ所である。
［テキスト］Jean de Rotrou, *Théâtre complet 3*, Société des Textes Français Modernes, 2000.

ヴァランティニアンとイジドールの死 *La Mort de Valentinian et d'Isidore*　ジレ・ド・ラ・テッソヌリ Gillet de la Tessonerie の悲劇、初演1646年、初版1648年。「舞台はローマ、ヴァランティニアン皇帝の宮殿」である。ローマ皇帝ヴァランティニアンは、皇女イジドールに恋している。彼女の恋人マクシムを水死したことにして、結婚を迫る。イジドールは、頑として聞き入れない。イジドールは、マクシムを生き返らせることを条件に、結婚を承諾する。監禁されていたマクシムが現れて、イジドールはだまされたことに気づく。しかし、約束は履行され、皇帝はイジドールと結婚するが、その直後マクシムに襲われる。皇帝は怒って、共犯者としてイジドールに死刑を宣告する。マクシムは皇帝の妹オノリックに匿われて、皇帝を殺す。ローマ市民の反乱が起こり、マクシムは皇帝に推戴される。しかし、マクシムは、イジドールとの約束を破って皇帝を殺害したことの責任を取って、すでに毒をあおいでいる。イジドールも後を追って死ぬ。
　場面は宮殿の 1 部屋、皇帝の妹オノリックの部屋である。なお、部屋には小部屋が付属していて、イジドールとマクシムがその小部屋に出入りする。
［テキスト］Gillet de La Tessonerie, *La Mort de Valentinian et d'Isidore Tragedie*, Quinet, 1648.

美しきポリクリット *La Belle Policrite*　ジレ・ド・ラ・テッソヌリ Gillet de la Tessonerie の悲喜劇、初演1640年、初版1642年。「舞台はナクス」である。ナクスの王の弟プロメドンがメレジエンヌの王イプシクレオンの妻ネレを奪ったために、ナクスはイプシクレオンに包囲されている。一方、ナクスの貴族ポリアルクの妹ポリクリットは捕虜となったが、敵将のマニェティが彼女に恋をする。彼女は、国を救ってくれれば愛にこたえると言う。ポリアルクが交渉にやってくる。ポリクリットはポリアルクと対面し、夜襲をかけることを勧める手紙を託す。作戦は成功するが、プロメドンは戦死する。ポリクリットは、褒美としてネレの本国への帰還とマニェティの助命を求め、彼と結婚する。
　第 1 幕は宮殿の 1 部屋、第 2 幕の場面は敵軍のキャンプである。ト書きによれば、第 3 幕第 1 場から第 6 場までは「（宮殿の）王妃の部屋」、第 7 場と第 8 場は「敵軍の陣営、イプシクレオンのテントの前」である。第 4 幕第 1 場から第 4 場までは、ト書きで「宮殿の外」である。第 5 場から第 7 場は、マニェティが入れられた「牢獄」である。第 5 幕第 1 場から第 4 場までは王宮の 1 部屋、第 5 場から第 8 場までは「牢獄」である。場面としては、宮殿の 1 部屋、王妃の部屋、宮殿の外、敵軍のキャンプ、牢獄が必要である。
［テキスト］Gillet de La Tessonerie, *La Belle Policrite Tragi-comedie*, Quinet, 1643.

目録中のメモのない作品

ウドックス Eudox　スキュデリー Scudéry の悲喜劇、初演1639-40年、初版1641年。「舞台はカルタゴ、王宮の前」である。ローマの騎士ユルサスは、ローマの元皇后ウドックスを救うため、カルタゴにやってきた。ウドックスは、ヴェンダルの王ジャンセリクに求婚されて、途方にくれている。ジャンセリクは力ずくでウドックスを手に入れようとするが、ウドックスは部屋に火を放つ。ウドックスは火の手から逃れて、庭師に匿われる。ジャンセリクが深く後悔しているのを見て、ウドックスは姿を現す。ユルサスはジャンセリクに恭順を誓い、王はウドックスとユルサスの結婚を許す。
　場面は「王宮の前」で、人物の入れ代わりはあるが、場所は変わらない。
〔テキスト〕Scudéry, *Eudox Tragi-comedie*, Courbé, 1641.

売れっ子の美容師 La Coiffeuse à la mode　ドゥーヴィル d'Ouville の喜劇、初演1646年、初版1647年。「舞台はパリ」である。アカストは人を殺して、リヨンからパリに出てきた。恋人のドロテは、彼が浮気しないように追いかけてくる。友人のアリマンはアカストに、恋人のフロールを紹介する。フロールは、アカストに関心を示す。ドロテは美容師に変装して、フロールの家に潜入する。アカストは、美容師がドロテにそっくりなので驚く。彼は、ドロテの家について行く。そこで、ドロテは今度は国王の司厨長の妻に変装する。アカストはまたしても彼女に夢中になる。アカストは、思案の末、ドロテに会うためにリヨンに帰ることにする。ドロテは、変装の種明かしをする。一方、フロールはアカストをあきらめて、アリマンと結婚することにする。
　第1幕、第2幕、第3幕、第5幕の場面は、フロールの家と家の前の通りである。第4幕は、国王の司厨長の妻に変装したドロテの家と家の前の通りである。したがって、場面は通りとフロールの家、変装したドロテの家の3ヶ所である。
〔テキスト〕Antoine d'Ouville, *La Coiffeuse à la mode, comédie*, A. de Sommaville, 1647.

エステル Esther　デュ・リエ Du Ryer の悲劇、初演1642年頃、初版1644年。「舞台は、ペルシアとバビロンの間のスズの都市」である。エステルはユダヤ人であることを隠して、ペルシア王アシュエリュスからイスラエルを救おうとしている。大臣のアマンはエステルをひそかに愛しているが、ユダヤ人を全滅させようと決意する。国王は王妃をないがしろにして、エステルを連れてくるように、アマンに命じる。エステルが王座に上ろうとすると、そこへ王妃が現れて、王座を奪われるくらいなら自殺すると宣言する。エステルは許しを請うが、逆に王妃の怒りを買うばかりで、エステルの戴冠式は中止される。エステルは王冠と王杖を返して、ユダヤ人の助命を嘆願する。エステルの願いは聞き入れられるが、裏で画策したアマンは断罪される。
　場面は、第1幕から第5幕まで王宮の1部屋である。第3幕は玉座の間と考えられるが、王座を置くことで場面は示される。
〔テキスト〕Du Ryer, *Esther Tragedie*, University of Exeter, 1982.

エセックス伯爵 Le Comte d'Essex　ラ・カルプルネード La Calprenède の悲劇、初演1637年、初版1639年。「舞台はロンドン」である。イギリス女王エリザベスは、恋人のエセックス伯爵に不服従の罪の自白を求める。エセックスは無実を主張して、弁明を拒み、逮捕される。エリザベスは国務卿セシルの夫人に、獄中のエセックスの真意を確かめることを命じる。エセックスは、自分が捨てたセシル夫人から女王の好意にすがれといわれて、拒否する。裁判でエセックスの死刑が宣告される。獄中のエセックスはセシル夫人に、愛の証拠としてエリザベスからもらった指輪を与える。エセックスは刑場に向かう。エセックス処刑の知らせが、エリザベスに届く。セシル夫人は危篤状態に陥り、エリザベスとの面会を求める。セシル夫人は、復讐のためにエセックスが死を選ぶように仕向けたと告白する。トマ・コルネイユの悲劇『エセック

ス伯爵』(メモ参照)と比較すると興味深い。
　第1幕第1場から第4場の場面は、エリザベスの執務室、第5場と第6場はエセックスの自宅か宮殿の別の部屋である。第2幕第1場から第3場は王宮、第4場と第5場は、ト書きによればエセックスの入っている「牢獄」である。第3幕は、法廷である。第4幕第1場から第4場はエリザベスの執務室、エリザベスが死刑執行を承認する。第5場と第6場は「牢獄」、エセックス伯爵とセシル夫人の別れの場面である。第7場と第8場は「牢獄の外」、セシル夫人と夫のセシルが言葉を交わす。第5幕第1場は屋外で、エセックスが刑場に連れて行かれる。第2場から第4場はエリザベスの執務室、エリザベスにエセックスの死の知らせが入る。第5場以降はセシルの家、「ベッド」の中のセシル夫人をエリザベスが見舞う。
　[テキスト] *Théâtre du XVIIe siècle* II, Bibliothèque de La Pléiade, Gallimard, 1986.

オノリス伯爵 *Le Comte Onorisse*　作者不詳、初演、出版年代不明、テキスト所在不明。

オルレアン行きの辻馬車 *Les Carrosses d'Orléans*　ラ・シャペル La Chapelle の1幕の喜劇、初演1680年8月9日、ゲネゴー座、初版1681年、コメディ=フランセーズ再演、1680年8月25日。「舞台は、オルレアンへの街道の旅籠」である。クレアントはアンジェリックと婚約していたが、彼女の母親が死に、おじで後見人のカスカルは彼女を他の男と結婚させることに決める。この報せを受けて、クレアントはアンジェリックに会うために、辻馬車でオルレアンの旅籠に到着した。そこで、結婚式を挙げるためパリを離れたアンジェリックと偶然再会する。彼は彼女の結婚の相手とそ知らぬふりで親しくなる。御者、旅籠の料理人、泊り客が次々と駆け落ちの邪魔をするが、二人が逃げ去った後、旅籠は大騒ぎになる。駆け落ちした二人には、母親が結婚を認めた書類があり、結婚に問題はない。
　場面は旅籠の中庭で、場所は変わらない。
　[テキスト] *Œuvres choisies de Visé et Th. Corneille, La Fontaine, La Chapelle et Desmarres*, Butschert, 1824.

オロンダット *Oroondate ou les Amants discrets*　ゲラン・ド・ブスカル Guérin de Bouscal の悲喜劇、初演1643年、初版1645年。舞台の設定は作品にない。モロッコの王子オロンダットは、フォルテュネ諸島の王女アルシアーヌを愛している。オロンダットの弟バジャゼは、アルシアーヌの妹のクリティと恋に落ちる。オロンダットは、アルシアーヌが弟のバジャゼを愛していると誤解する。オロンダットはバジャゼに、アルシアーヌをあきらめるなら、クリティとモロッコの王座を与えようと提案する。アルシアーヌはオロンダットに、自分がバジャゼに与えた肖像画を見るように求める。光学的な細工の下から、凱旋車に乗ったオロンダットが現れて、誤解が解ける。2組の結婚が決まる。
　場面は、第1幕と第3幕、第4幕は庭園、第2幕と第5幕は王宮の1部屋である。
　[テキスト] Guérin de Bouscal, *Oroondate ou les Amans discrets* Tragi-comedie, Courbé, 1647.

オロンダットとスタティラの結婚 *Le Mariage d'Oroondate et de Statira ou la Conclusion de Cassandre*　マニョン Magnon の悲喜劇、初演1646-47年、初版1648年。「舞台はバビロン、ロクサーヌの宮殿」である。アレクサンドル大王の未亡人のスタティラは、もう1人の未亡人ロクサーヌの囚われの身である。スキティアの王子オロンダットは、スタティラを救出しようと、バビロンを包囲するが、逆に捕虜になる。ロクサーヌはオロンダットを愛し、彼への想いを断ち切れない。ロクサーヌはオロンダットに会って、自分の意に従うよう説得するが、彼は聞き入れない。アレクサンドル大王の後継者候補の1人ペルディカスは、スタティラを愛している。スタティラは、彼の愛を拒否する。オロンダットとスタティラは、それぞれ恋人を殺すと脅される。ペルディカスは、オロンダットを殺したら、ロクサーヌがスタティラを殺すことを恐れ

273

目録中のメモのない作品

る。ペルディカスは、オロンダットを牢獄に、スタティラを自分の宮殿に移す。敵軍が宮殿に迫っている。ロクサーヌはスタティラの殺害を命じるが、オロンダットを殺すかどうか、思いは千々に乱れる。ロクサーヌはオロンダットを殺せず、釈放する。オロンダットがペルディカスを殺して、スタティラを救出したという知らせが入る。スタティラはオロンダットと結ばれ、ロクサーヌは自殺しないようにギリシアに送られる。

場面は、宮殿内の1部屋である。

［テキスト］Magnon, *Le Mariage d'Orrondate et de Statira ou la Coclusion de Cassandre*, Quinet, 1648.

強制結婚 *Le Mariage forcé* モリエール Molière の喜劇、初演1664年1月29日、モリエール一座、初版1668年、コメディ＝フランセーズ再演、1680年9月12日。中年のスガナレルは年甲斐もなく若い女性ドリメーヌを見初めてしまう。婚約まで無事に進むが、ドリメーヌがあまりにも自由奔放なので、彼女の貞操についてスガナレルは不安を感じる。そこへアリストテレス派の博士パンクラスが通りかかったので、このことを相談するが、全く話にならない。今度はピュロン派の博士マルフュリウスに相談。しかし、何の解決にもならない。次に、ジプシーの女性たちが通りかかるので、運勢を占ってもらうが、うまくいかない。そこで、ついには評判の魔術師のもとを訪れようとしたその時、ドリメーヌが本当の恋人であるリカストと現れる。スガナレルが物陰から二人の様子をうかがっていると、ドリメーヌの目的は財産であることがわかる。スガナレルはこの結婚を破談にすべくドリメーヌの父親のもとへ行くが、父親はスガナレルを打擲し、決闘するのかそれとも結婚するのかを迫られ、スガナレルは仕方なく結婚を承知する。

もともとは「魔法島の歓楽」のために作られたコメディ・バレーであり、もっと長く、豪華な戯曲だった。しかし、そのままでは市井での上演には向かないこともあり、よりコンパクトな形に整理されている。したがって、舞台装置についても、きわめて通常のもので十分にできるよう配慮されていると思われる。

［テキスト］Molière, *Œuvres complètes*, tome 1, Paris, Collection Bibliothèque de la Pléiade, Gallimard, 2010.

［訳書］『ゴリ押し結婚』（鈴木力衛訳）in『モリエール全集1』、中央公論社、1972年
『強制結婚』（秋山伸子訳）in『モリエール全集4』、臨川書店、2000年
『強制結婚』（岩瀬孝訳）in『モリエール笑劇集』、白水社、1959年

クリスプの死 *La Mort de Chrispe ou les Malheurs domestiques du Grand Constantin* トリスタン・レルミット Tristan L'Hermite の悲劇、初演1644年9月、盛名座、初版1645年。「舞台はローマ、コンスタンタン皇帝の宮殿」である。コンスタンタン皇帝の皇后フォストは、義理の息子のクリスプへの恋に悩んでいる。凱旋してきたクリスプは、敵将の妻と娘のコンスタンスの助命嘆願をフォストに依頼する。フォストは、クリスプとコンスタンスが恋仲であることを知って、協力を拒む。フォストは皇帝に二人の仲を伝えて、敵将の処刑を求める。フォストはコンスタンスに毒を盛って殺す。コンスタンスばかりか、クリスプも毒で死んだという知らせが入る。皇帝のもとに、フォストも熱湯に飛び込んで死んだという知らせが入る。

場面は、第1幕は宮殿のフォストの居室、第3幕はコンスタンタンの居室、そのほかの幕は宮殿の1部屋である。宮殿の1部屋でも上演は可能であろう。

［テキスト］Tristan L'Hermite, *Œuvres complètes Tome IV Les Tragédie*, Honoré Champion, 2001.

賢者の乱心 *La Folie du sage* トリスタン・レルミット Tristan L'Hermite の悲喜劇、初演1644年、オテル・ド・ブルゴーニュ座、初版1645年。舞台の設定は作品にない。サルディニヤ王は貴族のアリストに、彼の娘ロズリーを愛妾にしたいと告げる。アリストは拒否する。国

王は、貴族のパラメードに意向を告げる。パラメードはロズリーと結婚が決まっていて、これに反対する。ロズリーは国王の后にしたいとの手紙を拒否して、毒を飲む。実は難を避けるために、ロズリーは眠っただけである。アリストは取り乱して、教えが空しかったと古代の哲学者たちを罵る。ロズリーの処置を任された医者も、狂乱したアリストに食い下がられて困惑する。ロズリーは目覚める。国王は、アリストから二人の仲を知らされて、恋をあきらめる。
　第1幕が王宮、第2幕はアリストの家、第3幕は王宮、第4幕第1場と第2場はアリストの家の前、第3場から第6場までは王宮、第5幕はアリストの家で、場面は2ヶ所を必要とする。
　［テキスト］Tristan L'Hermite, *Œuvres complètes Tome V Théâtre (suite), Plaidoyers historiques*, Honoré Champion, 1999.

恋する囚われの詩人ジョドレ *Le Captif Jodelet poitte et amoureux*　作者不詳の喜劇、初演、出版年代不明、テキスト所在不明。

恋に目がくらんだ男 *La Dupe amoureuse*　ロジモン Rosimond の1幕の喜劇、初演1670年、マレー座、初版1673年、コメディ=フランセーズ再演、1680年9月26日。「舞台はパリ」である。リダマンとおじのポリドールは、2人ともイザベルを愛している。イザベルはリダマンを愛しているが、金がないので結婚できない。イザベルのお付きのマリーヌはポリドールの財布を掴んで、ポリドールからの贈り物だとイザベルに渡す。ポリドールは文句を言わないばかりか、晩餐に招待して、イザベルに財産を与える書類を作る。リダマンの従僕のカリーユはガスコーニュ人に変装して、ポリドールを脅して、イザベルに与えるつもりだったダイヤモンドを奪う。晩餐が始まると、リダマンと従僕のカリーユが騎士に変装して現れる。カリーユはイザベルの従兄弟と称して、彼女とリダマンの結婚を提案する。マリーヌは、イザベルがポリドールと結婚を望んでいると告げる。カリーユがイザベルに変装して現れて、財産譲渡の書類を受け取る。だまされたポリドールは書類を取り戻すために、リダマンとイザベルの結婚に同意し、年1,000エキュの支給を約束する。
　場面は第1場から第13場までは通り、第13場で給仕が「家（レストラン）の中に入り」、晩餐の準備をする。第14場のト書きで、「部屋が現れる、晩餐が用意されている」。第14場以降は、レストランの室内である。
　［テキスト］Rosimond, *La Dupe amoureuse comedie*, Pierre Bienfait, 1671.

覚めて見る夢 *Les Songes des hommes éveillés*　ブロッス Brosse の喜劇、初演1645年、オテル・ド・ブルゴーニュ座、初版1646年。「舞台はタルモンの城の中」である。ボルドーの貴族リジドールは難破して、愛するイザベルと生き別れになった。タルモンの城主クラリモンは、彼を余興で慰めようとする。一方、騎士のクレオントがクラリモンの妹クロリーズに愛を告白するが、断られる。クラリモンたちがトランプ遊びをしている部屋の隣の部屋で、クレオントは寝てしまう。クラリモンたちは火事と偽って、クレオントを驚かせてからかう。クレオントは、起こったことが夢かうつつか分からなくなる。酒に酔った農民デュ・ポンは寝ている間に貴族の衣装を着せられて、からかわれた末に這々の体で逃げ出す。クロリーズが秘密の扉を使って出入りするので、恋人のリュシダンは目を白黒する。リジドールとイザベルの半生が劇中劇で演じられるが、そこに本物のイザベルが男装で登場し、現実と芝居のイザベルが交錯し、リジドールには訳が分からなくなる。結局、リジドールは事情が分かって、城主たちに感謝する。
　第1幕は城の1部屋、第2幕第4場と第5場はクレオントが寝ている部屋、第3幕はデュ・ポンの寝ている部屋、第4幕はクロリーズの部屋の内と外、第5幕は劇中劇が演じられる部屋である。

目録中のメモのない作品

［テキスト］Brosse, *Les Songes des Hommes Esveillez*, Nizet, 1984.

三人のサビーヌ *Les Trois Scabinne* 作者不詳、初演、出版年代不明、テキスト所在不明。

三人のドロテ、あるいは横っ面を張られたジョドレ *Les Trois Dorothées ou Jodelet soufflé*
スカロン Scarron の喜劇、初演1645年、初版1646年。青年貴族ドン・フェリクスはリュシーという女性を追いかけてトレドにやって来た。ところが、この男は稀代の女たらしで別の女性と婚約している。召使いのジョドレが諌めても全く言うことを聞かない。自分の結婚のためにトレドにやって来たドン・ディエーグは、親戚のドン・ガスパールと出会う。ドン・ガスパールは恋の遺恨からある男性と戦うと言うので、ドン・ディエーグは協力を約束。ドン・ディエーグは婚約者の家を探している最中に街で出会った女性（リュシー）に一目惚れしてしまう。ドン・ディエーグの召使いアルフォンスは彼女が婚約者の家の人間であることを聞きつけてくるので、ドン・ディエーグは期待する。ドン・ディエーグが婚約者の家に行くと、リュシーは婚約者（エレーヌ）の妹であり、しかもドン・フェリクスと結婚することになっていることを知り、がっかりする。ところが、リュシーはドン・ディエーグに恋をしてしまった。リュシーは別の女性に変装して、一方ドン・ディエーグは偽の手紙を使ってドン・ペードルにドン・フェリクスの所業を知らせて、この結婚をなかったことにしようと画策する。ドン・ガスパールが現れ、ドン・フェリクスと別の場所で決闘し、彼に大けがをさせたと言う。そこで、ドン・ペードルはドン・ガスパールにエレーヌとリュシーのどちらかと結婚するように勧める。リュシーは耳が聞こえないふりをするので、ドン・ガスパールはエレーヌを妻に選ぶ。すると、リュシーの耳はたちまち聞こえるようになり、彼女はドン・ディエーグと結婚することになる。当初はこのタイトルで書かれたのだが、1651〜2年頃に『決闘者ジョドレ』*Jodelet duelliste* と改題されている。若干の手直しがある。この梗概は改題後のものである。

場面設定そのものはシンプルで「舞台はトレド」とあるだけ。特別な装置も必要とはしていない。

［テキスト］Scarron, *Théâtre complet*, tome I, Paris, H. Champion, 2009.

シギスモンド *Sigismond, duc de Varsau* ジレ・ド・ラ・テッソヌリ Gillet de la Tessonerie の悲喜劇、初演1645年、初版1646年。「舞台はクラコヴィ」である。ヴァルソ侯爵シギスモンドは、反乱を起こしたモロントを殺す。シギスモンドはポーランド女王ヴァンダを愛しているが、言い出せない。ヴァンダは、褒美として捕虜のプルシアの王女トリックスを与えようとするが、シギスモンドは辞退する。シギスモンドは、女王の恋文を反逆者モロントに宛てたものと誤解して、恋をあきらめて、宮廷を引退しようとする。国王補佐官のフィロンは王位に野心を持ち、シギスモンドを陥れようとする。フィロンの指図でトリックスは女王に、シギスモンドが恋文を使って国民を扇動しようとしていると告発する。シギスモンドの裁判が開かれるが、証拠不十分とされる。フィロンは状況を打開しようとするが、結局フィロンの告発は虚偽と認められる。女王はシギスモンドを王位に即けて、彼と結婚する。彼の求めで、犯罪者たちは殺されず、フィロンは追放、トリックスは尼となる。

第1幕と第2幕の場面は会議の席で、王宮の広間と考えられる。第3幕第1場のト書きに「部屋」とあり、第1場と第2場は女王の居室である。第3場から第6場までは、シギスモンドが女王の居室から出てきた後の場面である。第4幕第1場に「（フィロンが、）小部屋から出てきて、居室に移る」とあり、第4幕は女王の居室である。第5幕は裁判の場面で、王宮の広間である。したがって、場面は王宮の広間と女王の居室が必要である。

［テキスト］Gillet de La Tessonerie, *Sigismond duc de Varsau Tragi-comedie*, Quinet, 1646.

侍女 *La Suivante* ピエール・コルネイユ Pierre Corneille の喜劇、初演1633-34年、マレー座、

初版1637年。舞台の設定は作品にない。テアントはダフニスに近づきたいが、彼女の侍女アマラントに邪魔されて困っている。彼は友人のフロラムに頼んで、邪魔なアマラントに言い寄らせる。しかし、フロラムもダフニスを愛している。ダフニスは、フロラムに色よい返事をする。あわてたテアントは、フロラムをダフニスに恋するクラリモンと決闘させて、その隙を狙おうとする。しかし、フロラムにこの策を見抜かれて、決闘は中止になる。一方、クラリモンは侍女のアマラントにそそのかされて、ダフニスの父親に近づいて、彼女との結婚の許しを得る。ダフニスはそれを聞いて、フロラムとの結婚と誤解して喜ぶ。だが、ダフニスの父親は、フロラムの妹と再婚したい。フロラムは、自分とダフニスの結婚を認めることを結婚の条件にする。父親はダフニスに、結婚相手を変えるように命じる。父親が名前を言わなかったために、彼女は相手をフロラム以外の人物と誤解する。そこにフロラムが現れて、誤解が解けて、二人の結婚が決まる。アマラントは、1人取り残される。

　場面は通りで、1ヶ所で、場所の移動はない。

　［テキスト］Pierre Corneille, *Œuvres complètes,* tome 1, Paris, Bibliothèque de la Pléiade, Gallimard, 1980.

　〔訳書〕『侍女』（持田坦訳）、in『コルネイユ喜劇全集』、河出書房新社、1996年

侍女になった貴婦人 *La Dame suivante*　　ドゥーヴィル d'Ouville の喜劇、初演1643年、初版1645年。「舞台はパリ」である。イザベルはクリマントに恋をして、夫の暴力から逃れるために匿ってほしいと偽る。クリマントは彼女を自分の家に匿うが、恋人のレオノールと鉢合わせする。レオノールは怒って、絶交を宣言して出て行く。イザベルは侍女に変装して、レオノールの家に雇われる。レオノールが再びクリマントの家に行くのを知って、イザベルは自分の侍女に変装させて、先に家で待機させる。レオノールは彼の家でイザベルの侍女が小部屋から出てきたのに、驚き怒る。レオノールはクリマントをあきらめて、彼の友人との結婚を決める。レオノールは、クリマントに恥をかかせるため、自分の侍女と彼を結婚させようとする。侍女に変装していたイザベルはクリマントに正体を明かし、真相を語る。クリマントは彼女と結婚を誓う。一同は和解し、2組の結婚が決まる。

　場面について詳細なト書きが付けられていて、場面はめまぐるしく入れ替わる。第1幕は、「クリマントの家の前の通り」と「クリマントの部屋」を往復する。第2幕は「クリマントの家の前の通り」と「レオノールの家の前の通り」、「クリマントの部屋」に場面は移る。しかも、第4場では途中で家の内と外の両方で劇が進行する。第3幕は、「クリマントの家の前の通り」と「クリマントの部屋」である。第4幕は「クリマントの家の前の通り」と「レオノールの家の前の通り」である。第4場のト書きには、「望むならロワイヤル広場」、第5場と第6場も「ロワイヤル広場、リゼーヌの家の前」、第7場と第8場は「レオノールの家の前」である。第五幕も、「レオノールの家の前の通り」と「ロワイヤル広場、リゼーヌの家の前」である。舞台は、クリマントとレオノール、リゼーヌの3軒の家の並んだ通りだろう。なお、「クリマントの部屋」には小部屋があり、イザベルの侍女が隠れている。

　［テキスト］Antoine d'Ouville, *La Dame suivante comedie,* Quinet, 1645.

自分のにせ者 *Le Semblable à soy mesme*　　モンフルーリ Montfleury の喜劇『混合劇』*Ambigue comique* の第3の幕間狂言である。初演1673年、マレー座、初版1673年、コメディ＝フランセーズ再演、1680年9月24日。「舞台はル・マンに近いとある村」である。徴税官のティボーは、姪のリュシーを村の代官のル・ベリーに嫁がせようとしている。リュシーには恋人のクレオントがいる。リュシーもティボーの妻のペリーヌもこの結婚に反対する。代官のル・ベリーはティボーに、自分はパリに出張する、その間に自分とそっくりの兄が結婚式に参列するためやってくる、家に泊めてやってくれと依頼する。実は代官に兄弟はいない。彼はリュシーに恋人がいるのを恐れて、監視したい。兄に変装したル・ベリーが現れる。ル・ベリーとテ

277

目録中のメモのない作品

ィボーが隠れて会話を盗み聞きしていると、クレオント、リュシー、ベリーヌが通りに出てきて、代官の悪口から始まって二人の結婚話についてまで言いたい放題である。ティボーは、我慢しきれず姿を現す。ル・ベリーが騒ぎを鎮めるが、リュシーをあきらめて立ち去る。

　場面は徴税官の家の前の通りで、場所の移動はない。

　［テキスト］Montfleury, *Théâtre de Messieur de Montfleury père et fils*, Slatkine Reprints, 1971.

ジョサファ *Josaphat* 　マニョン Magnon の悲喜劇、初演1645年、オテル・ド・ブルゴーニュ座、初版1647年。「舞台は、（インドの）ナルサングのアベネの宮殿」である。インドの王アベネは、息子のジョサファがキリスト教徒になるという占いを恐れている。ジョサファは、囚われの王女アマラジーに恋する。しかし、アマラジーは、司令官のアラシュを愛している。宗教のために追放された貴族のバルラアムは宝石商に変装し、アマラジーへの贈り物を探しているジョサファに近づき、彼をキリスト教徒に改宗させる。説得に当たるはずの廷臣もキリスト教の真理を認めて、処刑される。アマラジーは司令官のアラシュから、ジョサファを棄教させるように求められる。しかし、その結果、彼女も改宗する。アラシュも彼女に続いて、キリスト教に改宗する。アマラジーとアラシュは、国王にジョサファが死ぬ気だと報告する。国王は衝撃を受けて、キリスト教に改宗して、王位をジョサファに譲る。ジョサファは王位について、アマラジーとアラシュを結婚させる。

　場面は宮殿、第1幕はアマラジーの部屋、第2幕と第4幕はジョサファの部屋、第3幕と第5幕は国王の部屋である。同じ宮殿内であり、上演は1部屋でも可能だろう。

　［テキスト］Magnon, *Josaphat, Tragi Comédie de Mr Magnon*, Sommaville, 1647.

ジョドレの占星術師 *Jodelet astrologue* 　ドゥーヴィル d'Ouville の喜劇、初演1645年、初版1646年。パリの貴族タンダールはイタリアにいると偽って、夜毎恋人リリアーヌの家に通っている。彼女の侍女は知り合いのジョドレにこの秘密を話してしまう。ジョドレはこのことを誰かに話したくして仕方がない。ジョドレは主人ティマンドルに秘密を話す。ティマンドルはリリアーヌのことが好きなので、彼女の元へ行き、怒りをぶつける。そして、ついには自分が秘密を知っていることをしゃべってしまう。そこで、口から出任せにジョドレが占星術師であるから秘密を知ったのだと嘘をつき、この場をしのぐ。ティマンドルはリリアーヌとタンダールの秘密を友人のアカストにすると、今度はアカストが別の友人アリストに話す。すると、アリストは自分がタンダールをかくまっていることを告白。アリストは自分が思いを寄せる女性ジャサントがタンダールに片思いをしているので、この状況を密かに喜んでいる。ティマンドルはジョドレが占星術師であるという噂を広めようとする。この噂を知ったアリストはジョドレに会いたいと考えるが、その前にタンダールから預かった手紙をジャサントに届けなければならない。ジャサントはタンダールに会えないことをあまりに嘆くので、アリストはジョドレの魔術で彼に会えるよう頼んでみようと言って慰める。ジャサントは早速ジョドレの元へ。ジョドレも最初は困惑するが、話を聞いているうちにジャサントが会いたがっているのはタンダールであることを知り、会わせると約束する。そのために1通の手紙を書かせる。先ほどの手紙をアリストが落としてしまい、それをタンダールが拾う。そこで、自分の秘密がばれていることを知る。そこで、彼はジャサントのところへ行くと、ジャサントは本当にタンダールが現れたことに驚き、彼を幽霊だと思って、逃げ出してしまう。状況がよく理解できぬまま、タンダールはリリアーヌの家に。彼女は愛の証しに自分のダイヤをタンダールに渡す。ティマンドルは少々いたずらが過ぎたことを反省し、タンダールとリリアーヌの仲を取り持つことにする。ジョドレの元にはその噂を信じて、さまざまな人が相談に訪れる。そこへリリアーヌの父親が現れ、自分のダイヤを紛失してしまったので、魔力で探して欲しいと言い出す。すると、ジョドレはタンダールが持っていると予言。周囲の者たちを驚かせるが、実はリリアーヌの侍女からこの話を聞いていたので、予言できたと種明かし。父親はタンダールにダイヤのことを聞く

と、タンダールは素直にダイヤを出し、彼に返す。この機会にリリアーヌとの結婚を申し出るが、父親は明言を避ける。というのも、父親がリリアーヌにダイヤの所在を尋ねた時に、彼女はそれをなくしてしまったと嘘をついていたからだった。しかし、ティマンドルが全てを父親に話し、またリリアーヌも自分の嘘を認めるので、父親はタンダールと娘の結婚を認める。また、アリストはジャサントにプロポーズをし、彼女もこれを受け入れる。

　他のドゥーヴィル作品同様、スペイン物にもかかわらず、フランスが舞台となっている。しかし、他のものとは若干異なり、隠し部屋などは必要ない。いくつかの家が必要となるだけ。したがって「数軒の家」という指示が書かれているものと同じ様な舞台装置で上演されたものと考えられる。

　［テキスト］Antoine d'Ouville, *Théâtre complet*, Tome I, Classiques Garnier, 2013.

　真説聖ジュネ *Le Véritable Saint Genest* 　ロトルー Rotrou の悲劇、初演1644年、オテル・ド・ブルゴーニュ座、初版1647年。舞台の設定は作品にないが、ニコメディアの宮廷である。第1幕で皇帝のディオクレシアンの娘と副皇帝の結婚が決まる。祝宴のために、ジュネが殉教劇を演じることになる。第2幕から第4幕までディオクレシアン他の観客の前で、劇中劇が演じられる。主人公がジュネに乗り移り、ジュネは回心して、本当にキリスト教徒になる。第5幕でジュネは処刑される。

　場面は、第1幕から第4幕まで宮殿の広間で、そこに劇中劇の舞台が設けられる。第2幕から第4幕まで劇中劇が演じられる。途中、芝居を見ている皇帝とそのお付きの会話の場面が挿入される。第5幕第1場から第4場までは、ジュネが入れられた牢獄である。第5幕第5場で、場面はふたたび宮廷に戻り、ジュネが殉教したことが報告される。

　［テキスト］Jean de Rotou, *Théâtre complet 4*, Société des Textes Français Modernes, 2001.
　〔訳書〕『真説聖ジュネ』（橋本能、浅谷眞弓訳）、in『フランス十七世紀演劇集　悲劇』、中央大学出版部、2011年

　真説セミラミス *La Véritable Sémiramis* 　デフォンテーヌ Desfontaines の悲劇、初演1646年、初版1647年。「舞台は、バビロンの王宮の1部屋」である。アッシリアの王ニニュスの王妃セミラミスは自分から王位を奪った夫を憎み、将軍のメリストラートをひそかに愛している。メリストラートは、王女のプラジメヌを愛している。セミラミスは、二人の仲を裂こうするが、失敗する。セミラミスは、ニニュスから一時的に王権を譲り受ける。セミラミスは、王位に就くと、ニニュスを処刑する。セミラミスはメリストラートに自分の愛を受け入れるように命じるが、彼は拒否して逮捕される。セミラミスの腹心のメルザバンヌの息子オロンクリッドは、セミラミスに逆らって、処刑されようとする。メルザバンヌは、メリストラートとオロンクリッドを幼少の時にすり替えた、メリストラートがセミラミスの息子で、オロンクリッドがニニュスの息子だと告白する。女王は、支配権をメリストラートとオロンクリッドの二人に譲って自殺する。ジルベールの『セミラミス』は、同じ題材を扱っている（「目録中のメモのない作品」参照）。

　場面は、第3幕を除いて王宮の同じ部屋である。第3幕は玉座の間だが、玉座を置くことでそれを示すことも可能であろう。

　［テキスト］Desfontaines, *La Veritable Sémiramis Tragedie*, Pierre Lamy, 1647.

　聖女カトリーヌの殉教 *Le Martyre de Sainte Catherine* 　ピュジェ・ド・ラ・セール Puget de la Serre の悲劇、初演1641‐42年、初版1643年。「舞台はアレクサンドリア、皇帝の宮殿」である。王女カトリーヌは皇帝に、キリスト教徒の迫害をやめるように訴えるが、皇帝は彼女を逮捕する。皇帝はカトリーヌが棄教すれば彼女と結婚すると、寵臣に説得させるが、逆に言い負かされて、寵臣は入信する。皇后もカトリーヌに会って、教えを聞き、キリスト教に改宗す

る。皇帝の前で、カトリーヌは哲学者と論争するが、哲学者も論破されて、キリスト教徒に改宗する。皇帝は、カトリーヌ、皇后、寵臣、哲学者を処刑するが、天使たちがシナイ半島の山の上に現れて、カトリーヌの遺体を埋葬する。皇帝はこの奇跡を見て、キリスト教徒に改宗する。

第1幕は勝利を祝うために皇帝が神殿に向かう場面で、宮殿の前である。第2幕は宮殿の中で、カトリーヌが皇帝を諫める。第3幕は、カトリーヌが入れられた牢獄である。第4幕と第5幕は宮殿で、論争が行われ、皇帝が彼女の処刑の報告を受ける。

『聖カトリーヌの殉教』の当時の版本には、幕ごとの舞台装置の挿絵が5枚載っている。ジェローム・ダヴィッド Gérome David という当時の画家が描いたものである。舞台は皇帝の宮殿のファサードで、中央にアーチがあり、その奥に宮殿内部に通じる門がある。第1幕の皇帝の凱旋は、宮殿のファサードの前である。ファサードの左側の部分は、皇后の居室（第1幕）、右側の部分はカトリーヌの部屋（第2幕）、次に牢獄（第3幕）と見なされる。中央奥の半円形の部分は皇帝の謁見の間（第4幕と第5幕）になる。ランカスターは、この舞台装置を並列舞台から「任意の宮殿」に代表される単一の舞台装置へ移行する時期の中間形態を表していると考えている。作品そのものは平凡な殉教劇だが、挿絵が当時の舞台装置の一端を示すものとして重要である。

［テキスト］Puget de La Serre, *Le Martyre de Sainte Catherine*, Courbé, 1683.

聖女カトリーヌの殉教 *Le Martyre de Sainte Catherine* ドービニャック師 Abbé d'Aubignac の悲劇、初版1649年。「舞台はエジプトのアレクサンドリア市」である。アレクサンドリアの王女カトリーヌはキリスト教を信仰し、皇帝の前での学者との教義問答で、論争に勝つが、投獄される。皇帝はカトリーヌに心変わりし、自分の意に従うように側近に説得させる。皇帝の側近は、逆にカトリーヌによって回心する。皇后も皇帝の心変わりを知って怒り、カトリーヌと会うが、回心する。皇帝は、皇后を神々の生贄にする。キリスト教徒が騒ぎを起こし、カトリーヌも殉教するが、地方長官も回心し、彼女の後を追う。皇帝はローマの栄光を思って、気持ちを励まそうとする。

第1幕と第5幕は宮殿の1部屋、第2幕と第4幕は牢獄、第3幕は宮殿の皇后の居室である。場面は3ヶ所である。

［テキスト］d'Aubignac, *Le Martyre de Ste Catherine*, Mangent, 1664.

聖女カトリーヌの殉教 *Le Martyre de Sainte Catherine* サン＝ジェルマン Saint-Germain の悲劇、初版1649年、テキスト所在不明。

セジャニュス *Séjanus* マニョン Magnon の悲劇、初演1645年、初版1647年。「舞台はローマ、皇帝ティベール（ティベリウス）の宮殿」である。セジャン（セジャニュス）は皇帝のティベールを退位させ、自分が皇帝の地位に就こうとしている。彼はティベールの息子の未亡人のリヴィに、妻のアピカタと離婚して、彼女と結婚し、皇后の位に就けると持ちかける。リヴィはこれに同意したふりをする。彼女はティベールの甥のドリューズに、この企みを阻止したら結婚すると約束して味方につける。アピカタは、リヴィが夫を毒殺し、セジャンの愛人になったと非難するが、リヴィは罰せられるには当たらないとはねつける。リヴィとドリューズの告発を受けて、ティベールはセジャンを逮捕し、元老院に身柄をゆだねる。セジャンは処刑を恐れて自殺する。ティベールは、リヴィとドリューズの結婚を認める。

場面は、第1幕と第2幕、第4幕は、宮殿内の同じ部屋である。第3幕と第5幕は皇帝ティベールの居室で、別室である。場面としては2ヶ所が必要である。

［テキスト］Magnon, *Sejanus Tragedie*, Sommaville, 1667.

ゼノビー *Zénobie* 　ドービニャック師 Abbé d'Aubignac の悲劇、初演1640年、初版1647年。「舞台は、パルミールの宮殿のゼノビーの部屋」である。パルミールの女王ゼノビーは、ローマ皇帝オーレリアンに包囲されている。彼女は、2人の将軍ザバスとティマジェーヌに恋されている。彼女は、皇帝からの降伏を要求する手紙を受け取る。返答としてザバスに出撃を、ティマジェーヌには市の防衛を命じる。戦いは敗北に終わる。ゼノビーは、ティマジェーヌに付き添われて、逃亡の準備をする。ザバスは最後の戦いに向かうが、敗北して戦死する。ゼノビーが逃げる前にオーレリアンが入城し、ゼノビーは捕えられ、ティマジェーヌも死ぬ。ゼノビーは皇帝の前に連れてこられて、丁重に扱われる。オーレリアンは彼女に恋しているが、元老院はゼノビーの死を求める。ゼノビーは自殺する。

　場面は同じ「ゼノビーの部屋」の1ヶ所で、場所の移動はない。

［テキスト］Abbé d'Aubignac, *Pièces en Prose*, Narr, 2012.

セミラミス *Sémiramis* 　ジルベール Gilbert の悲劇、初演1646年、初版1647年。「舞台はニニヴの王宮」である。アッシリアの王ニニュスは、王座を何者かに奪われるという敵将の予言を恐れている。ニニュスは、それを寵臣のメノンだと思い込む。ニニュスはメノンの妻セミラミスを愛していて、離婚させて王妃につけ、メノンは自分の娘のソザルムと結婚させて王位を譲り、予言の実現を避けようとする。ソザルムは、メノンがセミラミスと結婚する前から彼をひそかに愛していて、この計画に同意する。メノンは妻のセミラミスを殺すと脅されて、5日間王位をセミラミスに譲ることを条件に、ニニュスの意に従う。婚礼の式場で、メノンは自殺する。セミラミスは王位に就き、ニニュスを裁判にかけて処刑、それに抗議したソザルムも処刑する。デフォンテーヌの『真説セミラミス』は、同じ題材を扱っている（「目録中のメモのない作品」参照）。

　場面は王宮の1部屋で、場所の移動はない。

［テキスト］Gilbert, *Semiramis Tragedie*, Courbé, 1647.

ソフォニスブ *La Sophonisbe* 　メレ Mairet の悲劇、初演1634年9月または10月、マレー座、初版1635年。「舞台は、ヌミディアの都市シルト」である。ローマ軍との戦闘中のヌミディアの王シファックスは、妻のソフォニスブが敵将マシニスに宛てた手紙を手に入れて、彼女の不貞を疑いながら戦死する。占領軍として乗り込んできたマシニスはソフォニスブに求婚し、彼女も受け入れる。しかし、ローマ軍のシピオン（スキピオ）は、この結婚を認めず、捕虜としてローマに連行すると告げる。ソフォニスブは、マシニスが与えた毒を飲んで自殺する。マシニスも彼女の後を追って自殺する。

　場面は宮殿だが、第1幕第1場と第2場は王の居室、第3場はソフォニスブの居室。第2幕はソフォニスブの居室。第3幕第1場は、宮殿内のマシニスのいる部屋、第2場から第4場までソフォニスブの居室。第4幕第1場もソフォニスブの居室、第2場と第3場はシピオンのいる部屋である。第5幕第1場から第3場までは前幕と同じシピオンのいる部屋、第4場と第5場はソフォニスブの居室、第6場から第8場はシピオンのいる部屋である。場面は少なくとも宮殿内の2部屋が必要である。また第5幕第7場には、ト書きで「部屋が現れる」とあり、幕が開くと別室で死んだソフォニスブが横たわっている。

［テキスト］Jean Mairet, *Théâtre complet*, Tome II, Paris, H. Champion, 2008.

ソローニュの愚か者 *Le Niais de Sologne* 　レザン Raisin の喜劇、初演1686年6月3日、コメディ＝フランセーズ、未出版。

タメルラン大帝とバジャゼ *Le Grand Tamerlan et Bajazet* 　マニョン Magnon の悲劇、初演1646年、初版1648年。「舞台はガラティのタメルランの幕舎」である。ティムール朝のタメル

目録中のメモのない作品

ラン（ティムール）は、オスマン・トルコ皇帝のバジャゼの妻のオラジーと娘のロクサリーを捕虜にしている。彼はオラジーに恋をする。タメルランの息子のテミールは、ロクサリーと恋に落ちる。バジャゼは使者に変装して、妻の釈放についてタメルランと交渉するが、話し合いは物別れに終わる。ロクサリーの発案でテミールが捕虜となり、人質を交換させようとするが、タメルランは応じない。バジャゼの大臣セリムの裏切りで、戦いはオスマン・トルコ軍の敗北に終わったという報せが入る。セリムは嫉妬の果てにロクサリーを殺し、自分も死ぬ。捕虜となったバジャゼはオラジーと面会し、彼女に短剣を渡す。オラジーは自殺し、バジャゼも後を追う。

場面は「幕舎」の１ヶ所である。なお、第５幕で捕虜となったバジャゼは「檻」に入れられて、辱しめを受ける。

［テキスト］Magnon, *Le Grand Tamerlan et Bajazet Tragedie*, Quinet, 1643.

治世術 *L'Art de régner ou le Sage gouverneur* ジレ・ド・ラ・テッソンヌリ Gillet de la Tessonerie の悲喜劇、初演1643年、初版1645年。「舞台は、アテネの宮殿」である。養育係は、若い王子に為政者の心得を教えるために、芝居を見せる。この劇中劇は、５つのエピソードのオムニバス形式である。第１幕、マケドニア王フィリップはミネルヴを助けなかったために、彼女に殺される。第２幕、ローマの兵士カミーユは恋人に会うために職務を怠り、死刑を宣告されるが、事情を知った隊長は彼を許し、二人を結婚させる。第３幕、エジプト王プトロメはポンペを殺したために、セザールに裏切りを叱責され、窮地に陥る。第４幕、ペルシアの王子オロンダットは、アルクサンドル大王にスタティラを奪われることを恐れている。アレクサンドルは、スタティラの自決の覚悟を察して、彼女とオロンダットを結婚させる。第５幕、マケドニア王ペルセウスは財宝を惜しむあまり、王位を失う。

各幕とも、第１場で養育係が王子に劇中劇の解説をする。第２場で「カーテンが開き」、養育係と王子は「舞台袖」に寄って、劇中劇を見る。幕ごとに劇中劇の場面は変わるが、場面は「アテネの宮殿」の１部屋である。

［テキスト］Gillet de La Tessonerie, *L'Art de régner*, University of Exeter, 1993.

ティリダット *Tyridate* ボワイエ Boyer の悲劇、初演1647年、初版1649年。「舞台はセザレの王宮」である。カッパドキアの王は、世継ぎのアリアラットをビチュニーの王女ベレニスと結婚させたい。しかし、ベレニスは、もう１人の王子ティリダットと愛し合っている。アリアラットは、実は王妃アンティオチルドと貴族のオロントの子供である。王妃のアンティオチルドは国王に、ティリダットとベレニスと結婚させることを提案するが、国王は拒否する。王妃の随身が王に、アリアラットは王の息子ではないと告げる。一方、アリアラットは、オロントの娘ユリディスと恋に落ちる。彼は、ユリディスが実の妹であることに気づいていない。ユリディスの母は彼女に、真実を書いた覚書を読ませる。彼女は、アリアラットが異母兄であることを知る。彼女がアリアラットにそのことを告げると、彼は自殺する。ユリディスも死に、オロントは真実を告白する。国王は、ティリダットとベレニスの結婚に同意する。

場面は宮殿の１部屋で、場所の移動はない。

［テキスト］Boyer, *Tyridate*, Droz, 1998.

テオドール *Théodore vierge et martyre* ピエール・コルネイユ Pierre Corneille の悲劇、初演1645-46年、マレー座、初版1646年。「舞台はアンティオキアの総督の宮殿」である。ヴァランスは皇帝の側近の妹マルセルとの再婚で、アンティオキア総督の地位を得た。マルセルは、自分の娘と義理の息子プラシードと結婚させたい。プラシードは、アンティオキアの王女テオドールに恋していて、結婚を断る。マルセルはテオドールを脅すが、テオドールは逆に自分がキリスト教徒であることを公言する。テオドールは、棄教するか、売春宿に放り込まれるか、

選択を迫られる。プラシードはテオドールに、一緒に逃げようと持ちかける。テオドールは提案を拒否し、殉教を選ぶ。テオドールは売春宿に連れて行かれる。テオドールを愛するディディムが服を交換して、彼女を逃がす。しかし、テオドールとディディムは、殉教を求めて出頭する。マルセルは二人を処刑する。プラシードはマルセルを殺し、自分も自殺する。

場面は第1幕から第3幕までは宮殿の1部屋である。第4幕第1場のト書きに「マルセルの家から出てくる」とあり、第4幕は通りである。第5幕は宮殿の1部屋に戻る。

［テキスト］Pierre Corneille, *Œuvres complètes II*, Bibliothèque de La Pléiade, Gallimard, 1984。

デスカルバニャス伯爵夫人 *La Comtesse d'Escarbagnas* モリエール Molière の一幕のコメディ=バレエ、初演1672年2月、モリエール一座、初版1682年、コメディ=フランセーズ再演、1680年10月25日。「舞台はアングーレム」である。ジュリーは、親同士の不仲のために恋人の子爵に会えない。二人は、ある伯爵夫人に余興の芝居を見せるのを口実に会おうとする。伯爵夫人は頓珍漢なことばかりしているが、芝居が始まる。子爵が伯爵夫人に気のあるふりをしたために、伯爵夫人は恋人と仲たがいする。そこへ手紙が届き、二人の親が仲直りしたことが分かり、子爵はジュリーとの結婚を宣言する。伯爵夫人は子爵に、別の恋人との結婚を勧められ、了承する。

場面はデスカルバニャス伯爵夫人の家で、一幕のコメディ=バレエだから、場所の移動はない。

［テキスト］Molière, *Œuvres complètes*, tome 2 , Paris, Collection Bibliothèque de la Pléiade, Gallimard, 2010.

［訳書］『エスカルバニャス伯爵夫人』（秋山伸子訳）in『モリエール全集9』、臨川書店、2002年
『デスカルバニャース伯爵夫人』（有永弘人訳）in『モリエール笑劇集』、白水社、1959年

テレフォント *Téléphonte* ジルベール Gilbert の悲喜劇、初演1641年、初版1642年。「舞台は、ペロポネソスのミセヌ」である。エルモクラットは国王を殺して、王座と王妃のメロップを奪い、王子のテレフォントの首に賞金をかけた。テレフォントは逃れて、アイトリアの宮廷で成長した。彼は、王の娘フィロクレと恋仲である。しかし、フィロクレは海賊に囚われて、エルモクラットに売られた。エルモクラットはフィロクレの父親に、彼女とテレフォントの交換を提案しているが、一方でフィロクレと息子のデモシャールを結婚させたい。アイトリアの使者が、テレフォントが死んだと報告する。しかし、使者はテレフォントの変装で、エルモクラットを神殿で殺す。さらに部下の助けを借りて、息子のデモシャールも殺すが、母親に刺されそうになる。しかし、フィロクレによってテレフォントと確認されて、テレフォントは王座を取り戻して、フィロクレと結婚する。なお、ラ・シャペルの悲劇『テレフォント』（メモ参照）も同じ題材である。

場面は、第1幕から第4幕までは宮殿の中で、第5幕は王宮の前である。

［テキスト］Gilbert, *Telephonte Tragi-comedie*, Quinet, 1643.

とっぴな医者 *Le Docteur extravagant*、ルクレルク Leclerc の喜劇、初演1684年1月14日、コメディ=フランセーズ、散逸。

トミュス・モリュス *Thomus Morus ou le Triomphe de la Foy et de la Constance* ピュジェ・ド・ラ・セール Puget de la Serre の悲劇、初演1640年、初版1642年。舞台の設定は作品にない。大法官のトミュス・モリュス（トーマス・モア）は、イギリス国王アンリ8世の離婚に反対している。国王はアルテニスを愛人にしようとするが、彼女は拒否する。国王は、王妃と離婚するため、宗教を変えることを決意する。国王は、王妃に離婚を宣言する。国王は、離婚

目録中のメモのない作品

に反対するモリュスを逮捕し、王妃を追放する。モリュスの娘とシュフォルク公爵が牢獄で彼を説得しようとするが、モリュスはカトリックの信仰を変えない。国王が懐柔しようとするが、モリュスは拒否して処刑される。王妃の言葉で、アルテニスは王妃になると不幸になることに気づく。モリュスの娘は国王を呪う。

場面はめまぐるしく変わる。場面は王宮だが、各幕とも国王の居室、王妃の居室、アルテニスの控えの間、会議のための玉座の間を移動する。王宮の場面は4部屋だが、玉座の間は玉座を置くことで国王の居室と兼ねることもできる。その他にトミュス・モリュスの家（第1幕第1場）、アルテニスの家（第2幕）、牢獄（第4幕と第5幕）が必要である。初演は1640年であるが、並列舞台が使われていただろう。

［テキスト］Puget de La Serre, *Thomus Morus ou Le Triomphe de la foy et de la constance*, Courbé, 1642.

トミリス *Thomyris* 作者不詳、初演、出版不明、所在不明。

ドン・パスカン・ダヴァロ *Dom Pasquin d'Avalos* モンフルーリ Montfleury の『混合劇』*Ambigue comique* の二番目の幕間狂言、初演1673年、マレー座、初版1673年、コメディ＝フランセーズ再演、1688年5月3日。「舞台はブルゴス」である。リュシーは、おじの遺言で、ドン・パスカンと結婚することになっている。遺言書には、結婚を拒めばおじの財産は相手のものになると書かれている。リュシーには、ドン・ロープという恋人がいる。リュシーの侍女のマリーヌが策を練り、マリーヌがリュシーの代わりにドン・パスカンと会う。マリーヌはドン・パスカンに言いがかりをつけて、彼を困惑させる。ドン・ロープは老人に変装して、歓迎する振りをしながら、ドン・パスカンを痛めつける。リュシーとマリーヌは、怒って家に入ってしまう。ドン・ロープにさらに脅されて、ドン・パスカンは財産を放棄する書類に署名して、ほうほうの体で立ち去る。

場面はリュシーの家の前の通りで、場所の移動はない。

［テキスト］Montfleury, *Théâtre de Messieur de Montfleury père et fils*, Slatkine Reprints, 1971.

ドン・ベルナール・ド・カブレール *Dom Bernard de Cabrère* ロトルー Rotrou の悲喜劇、初演1646年頃、オテル・ド・ブルゴーニュ座、初版1647年。「舞台は、サラゴサの王宮」である。ドン・ロープ・ド・リュンヌは国王に自分の活躍を報告しようとするが、国王は恋するレオノールからの手紙に気を取られて、上の空で聞いてない。友人のドン・ベルナール・ド・カブレールが到着して、戦況を報告するが、国王はドン・ロープの活躍する場面で眠りこける。報告の直後、ドン・ロープは王女の侍女から手紙を受け取り、王女から愛されていると思い込む。一方、レオノールは、国王の恋心をそらすため自分宛のドン・ベルナールの偽手紙を国王の秘書に書かせる。国王は、それを読んで怒る。ドン・ベルナールは、国王の怒りがドン・ロープのせいだと思い込んで、彼を戦場に送る。戦いは、ドン・ロープの活躍で勝利を収めるが、誰にも相手にされない。ドン・ロープが王女に会いに行くと、狂人扱いされる。王女からと思った手紙は年老いた侍女からのもので、ドン・ロープの誤解だった。ドン・ベルナールと王女が相愛であることが分かり、レオノールは国王と婚約する。ドン・ロープの活躍が判明するが、それが分かるのは彼が絶望して宮廷を立ち去った後である。

場面は王宮の1部屋であるが、第3幕第3場から第5場は部屋に付属した小部屋である。

［テキスト］Rotrou, *Œuvres de Jean Rotrou Tome cinquième*, Slatkine Reprints, 1967.

名高き海賊 *L'Illustre Corsaire* メレ Mairet の悲喜劇、初演1637年12月、初版1640年。「舞台はマルセイユ」である。行方不明だったシシリアの王子レパントは、プロヴァンスの王女で恋人のイスメーヌの消息とその後のシシリアの様子を知る。彼女はレパントの身を案じて病気

になったが、回復しつつある。シシリアはリグリアの王リパスの手に渡った。リパスはイスメーヌに恋している。レパントとその手下は道化に変装して、イスメーヌに近づく。レパントは、イスメーヌの怒りに触れて、絶望して海に飛び込んだ顛末を、道化の台詞で物語る。イスメーヌは、道化が二人だけの秘密を知っていることに驚く。レパントはその後の自分の半生を物語る。イスメーヌは、道化がレパントであることを驚き喜ぶ。イスメーヌは、彼女の兄弟でプロヴァンスの王子ドラントが海賊アクサラに捕えられて、イスメーヌを与えることを条件に釈放されたことを物語る。レパントは彼女に、海賊との結婚に同意するように勧める。怒ったイスメーヌに、レパントはアクサラとは自分だと明かす。レパントは、王国が滅び、愛するイスメーヌが死んだと聞かされて、海賊になった。一方、シシリアを手に入れたリパスは、イスメーヌがアクサラと結婚すると聞いて、彼女を誘拐しようとする。しかし、レパントは彼女を救い、リパスを脅して、イスメーヌばかりかシシリア王国も返すことに同意させる。

　場面は、第1幕と第4幕は宮殿の前の通りと考えられる。第2幕は宮殿のイスメーヌの部屋、第3幕は台詞から「庭園」である。第5幕第1場から第4場までも「庭園」、第5場以降は場面が変わり、宮殿の中である。

　〔テキスト〕Jean Mairet, *Théâtre complet Tome III*, Honoré Champion, 2010.

　　逃げ出した王子 *Le Prince fugitif* 　バロ Baro の劇詩、初演1647年。初版1649年。「舞台は、包囲されたシレーヌの王宮」である。海から助けられたアポロニーは、シレーヌの宮廷に迎えられる。彼は、国王の娘アルケストラートと恋に落ちる。国王は、彼女を他国の王子アルセストかオルフィーズと結婚させようと考えている。シレーヌの王宮は、オズモンドに包囲される。アポロニーは市を守備していたが、抜け出して、オズモンドを殺して進軍する。手柄を立てたのが誰か、分からない。アルセストとオルフィーズがそれぞれ、自分の武勇を述べ立てる。そこへ、アポロニーが戦いの時の鎧姿で現れる。戦いの前の約束どおり、国王はアルケストラートに、結婚相手を選ぶように言う。彼女は、海から救われた男とだけ紙に書く。国王は、娘がアポロニーが愛していることを理解する。しかし、彼の出生が分からない。ティール国の使者がやってきて、アポロニーが王子であることが明かされる。アポロニーはアルケストラートと婚約、2人の王子には自分の妹を与えると約束する。

　場面は王宮の1部屋で、場所の移動はない。

　〔テキスト〕Baro, *Le Prince fugitif*, Sommaville, 1649.

　　盗っ人たちの策略 *L'Intrigue des Filous* 　レトワール L'Estoile の喜劇、初演1647年、オテル・ド・ブルゴーニュ座、初版1647年。「舞台はパリ、王宮の島（シテ島）、馬のブロンズ像の前」である。故買屋は盗っ人たちから盗品をだまし取って、追いかけられている。そこへ隊長のリュシドールが恋人のフロランドの肖像画を落として、探しに来るが、見つからない。肖像画を拾った故買屋は、リュシドールの恋敵テルサンドルに売りつける。故買屋とテルサンドルは、互いに相手が昔の悪事の仲間だったことに気づく。故買屋はテルサンドルに味方するが、反対にリュシドールがテルサンドルをなぐり倒して、肖像画を奪い返す。盗人たちに捕まった故買屋は、押し込み先としてフロランドの家を教える。一方、リュシドールはフロランドと駆け落ちしようとしている。駆け落ちのためにフロランドの家の前にいたリュシドールは、押し入ろうとした盗っ人たちを追い払う。母親は、リュシドールとフロランドの結婚を許す。

　場面は、第1幕と第2幕は女小間物商の家の前、第3幕と第5幕はフロランドの家の前、第4幕はリュシドールの家の前である。場面は、3軒の家の前の通りである。

　〔テキスト〕L'Estoile, *L'Intrigue des Filous*, Honoré Champion, 1977.
　〔訳書〕『盗っ人たちの策略』（鈴木康司訳）、in『フランス十七世紀演劇集　喜劇』、中央大学出版部、2010年

目録中のメモのない作品

舞台は夢 *L'Illusion comique*　ピエール・コルネイユ Pierre Corneille の喜劇、初演1635-36年、マレー座、初版1639年。舞台の設定は作品にない。クランドールの父親は魔術師のアルカンドルに、息子の消息を尋ねる。魔術師は、精霊を使って息子に起こった出来事を劇中劇で再現する。クランドールはイザベルと恋仲であるが、乱闘の末恋敵を殺してしまう。クランドールは死刑の宣告を受けるが、脱獄して、イザベルと駆け落ちする。場面は変わり、クランドールはイギリスの大公妃と恋仲になり、大公の部下に殺される。父親が嘆いていると、魔術師は、クランドールが殺されたのは芝居の一場面で、息子が俳優になっていることを明かす。魔術師から演劇の素晴らしさを諭されて、父親は息子のいるパリに向かう。

　場面は、トゥーレーヌ地方の魔術師の洞窟に近い野原である。第2幕から第4幕までは、クランドールに起きた事件が劇中劇で再現される。第5幕は、クランドールの演じる芝居の一場面である。したがって、場面としては、洞窟の近くの野原、劇中劇の中では通り、牢獄、芝居の舞台である庭園が必要となる。

　〔テキスト〕Pierre Corneille, *Œuvres complètes*, tome 1, Paris, Bibliothèque de la Pléiade, Gallimard, 1980.
〔訳書〕『舞台は夢』（伊藤洋訳）、in『コルネイユ名作集』、白水社、1975年
『舞台は夢・嘘つき男』（井村順一訳）、岩波文庫、2001年
『芝居の幻影』（持田担訳）、in『コルネイユ喜劇全集』、河出書房新社、1996年

ブリュットの息子たちの死 *La Mort des Enfants de Brute*　作者不詳の悲劇、初演1647年、初版1648年。「舞台はヴィテルの家の広間の一つ」である。ブリュット（ルキウス・ユーウス・ブルトゥス）の息子ティベールは、追放された王タルカンの娘テュリーと恋仲である。彼らのおじ、タルカンの婿のヴィテルは、タルカンを復位させようとしている。ティベールと兄弟のティットは、この陰謀に加わる。計画が発覚し、三人は逮捕される。ヴィテルは死に、兄弟に死刑が宣告される。元老院は、ブリュットへの敬意から兄弟の一人を許すことにする。兄弟は、共に死を求める。どちらを死刑にするか、テュリーの判断にゆだねられるが、彼女は自分が身代わりになると提案する。しかし、ブリュットは、二人の息子の処刑を求める。テュリーも自殺する。ブリュットの妻ジュリーは息子たちの死を嘆くが、夫の勇気とローマへの献身のために息子たちをあきらめる。

　場面は、第1幕は陰謀の密議を殺す場面で、「ヴィテルの家」である。第2幕でブリュットが息子たちを諭し、衛兵がヴィテルの逮捕に向かう。第2幕と第3幕はブリュットの家の前、第4幕は兄弟が拘留されている部屋、第5幕はブリュットの家である。

　〔テキスト〕Anonimo, *La Mort des enfants de Brute*, Edizioni Fiorini, 2005.

別荘 *La Maison de bouteille*　作者不詳、初演、出版年代不明、テキスト所在不明、目録に記載があるが、コメディ＝フランセーズに上演の記録にない。

弁護士パトラン *L'Avocat Patelin*　作者不詳の喜劇、初演1706年6月8日、コメディ＝フランセーズ、初版1656年、テキスト所在不明。

捕虜 *Les Captifs ou les Esclaves*　ロトルー Rotrou の喜劇、初演1638年頃、オテル・ド・ブルゴーニュ座、初版1640年。「舞台はアエトリー」である。フィレニーは、奴隷のタンダールへの恋に悩んでいる。彼女はエジェの息子と結婚の約束があるが、当の息子は幼いころ誘拐されて行方が知れない。奴隷のフィロクラートは、愛するオランピーから引き離されて、医者の家に売られていくことを嘆く。タンダールが彼の身代わりになる。主人のエジェは奴隷が入れ代わったことを知って、怒って二人の奴隷を鎖につなぐ。年取った奴隷が連れて来られて、タンダールがエジェの息子だと分かる。フィロクラートも誘拐された貴族であることが分かり、

オランピーとの結婚が決まる。
　場面は通りで、場所の移動はない。
　［テキスト］Jean de Rotrou, *Théâtre complet* 8 , Societé des Textes Francais Modernes, 2005.

　未亡人 *La Veuve ou le Traître trahi*　ピエール・コルネイユ Pierre Corneille の喜劇、初演1631-32年、マレー座、初版1634年。舞台の設定は作品にない。フィリストは未亡人のクラリスと相愛だが、財産と身分の違いから告白できない。クラリスは思い切って愛を告白して、自分の髪で編んだ腕輪をフィリストに贈る。フィリストの妹のドリスの恋人アルシドンも、ひそかにクラリスに思いを寄せている。クラリスの乳母と共謀して、クラリスを誘拐する。ドリスに片思いのセリダンは、だまされて誘拐に手を貸す。絶望するフィリストを見て、セリダンはアルシドンに疑いを抱く。セリダンは、アルシドンが死んだと偽って、乳母に悪事を白状させる。セリダンはクラリスを救出する。アルシドンはフィリストにすべてを白状して、謝罪する。フィリストはセリダンとドリスの結婚を認めて、2組の男女の結婚が成立する。
　第1幕から第5幕まで大部分の場面は通りだが、少なくとも通りの離れた場所2ヶ所が必要である。また、第1幕第5場と第6場、第5幕の第7場から第9場はクラリスの家である。第3幕第8場から第10場にはクラリスの家の「庭園」のト書きがある。したがって、場面としては少なくとも4ヶ所が必要である。初演年代から推察すると、並列舞台が使われていただろう。
　［テキスト］Pierre Corneille, *Œuvres complètes,* tome 1 , Paris, Bibliothèque de la Pléiade, Gallimard, 1980.
　〔訳書〕『未亡人あるいは裏切られた裏切り男』（持田坦訳）、in『コルネイユ喜劇全集』、河出書房新社、1996年

　ミラム *Mirame*　デマレ・ド・サン＝ソルラン Desmarets de Saint-Sorlin の悲喜劇、初演1641年1月14日、パレ＝カルディナルの柿落し、オテル・ド・ブルゴーニュ座員、初版1641年。「舞台は、海に臨むエラクレーの王宮の庭園」である。コルコスの王の寵臣アリマンはビチュニーの王女ミラムに恋をし、身分違いの恋を成就しようと、大艦隊を率いて来襲した。ミラムも、アリマンを密かに愛している。ミラムは、国を救うためにアリマンと会う。アリマンは夜陰にまぎれてやってくるが、ミラムに愛を拒まれる。戦いはビチュニーが勝利して、アリマンは捕虜となる。アリマン自殺の報せを受けて、ミラムも自殺を決意する。コルコスから使者が到着し、アリマンがフィリジーの王の息子で、アリマンをコルコスの王位継承者とするという知らせが入る。ミラムが飲んだ毒薬はただの眠り薬で、眠りから醒めて現れる。アリマンの傷は浅く、生きているという報せが入る。国王は、二人の結婚に同意する。
　舞台は「庭園」で、場所の移動はない。『ガゼット』誌によれば、「フランスでも、また上演が可能な諸外国でも、これほど豪華な芝居を観たことはなかった。そして、遠近法は観客の目に一層の魅力をもたらした。（…）海に面した大きなテラス、洞窟と彫刻と泉に飾られた非常に心地よい庭園、自然に見える大波小波、2つの大きな船団、その1つは2海里も離れているように見え、2つの船団は観客の目の前を通過する。庭園と海と空に、気がつかないうちに暗闇とともに夜が訪れる、空は月に照らされている。この夜は気がつかぬうちに明けて、曙とその後から太陽がやってきて昼が続く」。この記事にもあるとおり、舞台は豪華だったが、とりわけこの作品の舞台で透視図法背景がはじめて本格的に取り入れられたことが評判を呼んだ。
　［テキスト］Desmarets de Saint-Sorlin, Jean, *Théâtre complet,* Paris, H. Champion, 2005.

　無学な弁護士 *L'Avocat sans étude*　ロジモン Rosimond の1幕の喜劇、初演1670年、マレー座、初版1670年、コメディ＝フランセーズ再演、1680年9月3日。舞台の設定は作品にない。町人のアルシドールは、娘のフロリスとエルガストの結婚に反対している。エルガストは貴族

目録中のメモのない作品

だが、アルシドールは婿に法律家を希望している。エルガストは、フロリスと駆け落ちしようとする。しかし、彼女の召使リーユは、靴直し職人のカリーユを雇い、法律家に変装させて、結婚を申し込ませる。アルシドールは結婚に同意し、法律家の弟のクリタンドルに結婚の契約をさせようとする。しかし、クリタンドルはペテンを見抜き、カリーユはほうほうの体で逃げ出す。クリタンドルは兄を説得し、フロリスとエルガストの結婚が決まる。

場面は通りで、場所の移動はない。

［テキスト］Rosimond, *L'Advocat sans estude*, Barbin, 1671.

無の結婚 Le Mariage de rien　モンフルーリ Montfleury の1幕の喜劇、初演1680年頃、オテル・ド・ブルゴーニュ座、初版1680年、コメディ＝フランセーズ再演、1680年9月10日。舞台の設定は作品にない。イザベルは、リザンドルと結婚したい。詩人、画家、ほら吹き隊長、音楽家が求婚相手として登場するが、父親の博士は次から次へと文句をならべて拒否する。リザンドルは、自分が何一つ取り得がないことを強調する。博士には文句がつけられず、結婚に同意せざるを得ない。

場面は通りで、場所の移動はない。

［テキスト］Antoine Jacob Montfleury, *Théâtre de Messieurs de Monfleury père et fils*, Slatkine Reprints, Genève, 1971.

村の婚礼 Les Noces de village　ブレクール Brécourt の喜劇、初演1666年、オテル・ド・ブルゴーニュ座、初版1666年、コメディ＝フランセーズ再演、1682年10月21日。「舞台はグラン・フランソワ（クロディーヌの父親）の家の広間」である。コランはクロディーヌと結婚直前なのに、彼女と給仕のニコラの仲を疑って、結婚を拒否する。事は裁判官に任されるが、裁判官もうまく裁くことができず、首になる。コランは、クロディーヌがニコラの恋人だったという明らかに嘘の証言をニコラから得て納得する。公証人が契約書を読み上げて、父親たちも署名をして、歌とダンスになる。

場面は「広間」で、場所は1ヶ所である。

［テキスト］Brecourt, *La Nopce de village*, Ribou, 1681.

メデ Médée　ピエール・コルネイユ Pierre Corneille の悲劇、初演1634-35年、マレー座、初版1639年。「舞台はコリントス」である。ジャゾンはイオルコスの国王殺害の罪で引渡しを要求されている。彼は妻のメデを追放し、コリントスの王女クレユーズと結婚して追及の手を逃れようとする。メデは追放に同意するが、自分を裏切ったジャゾンに復讐を計画する。クレユーズはメデの子供たちを庇護する代わりに、メデのドレスを要求する。メデはドレスに魔法をかけて、クレユーズの許に届けさせる。メデは、クレユーズを誘拐しようとして牢獄に入れられたアテナイ王エジェを魔法で開放する。クレユーズと父親のクレオンは、ドレスから出た炎で焼死する。メデは子供たちを殺して、エジェが保護を約束したアテナイに空飛ぶ戦車に乗って飛び去る。ジャゾンは自殺する。

第1幕はメデの家の前、第2幕は宮殿の前、第3幕はメデの家の前、第4幕第1場から第3場は宮殿の前、第4幕第4場と第5場はエジェの入れられた牢屋、第5幕は宮殿の前である。舞台は上手と下手にメデの家と宮殿のある通りで、宮殿の近くに牢獄を配したと考えられる。

［テキスト］Pierre Corneille, *Œuvres complètes,* tome 1, Paris, Bibliothèque de la Pléiade, Gallimard, 1980.

勇敢な妹 La Soeur généreuse　ボワイエ Boyer の悲喜劇、初演1645年、初版1647年。「舞台はシシリアの王宮」である。テミシットの女王クロミールとその妹ソフィットは、シシリア王の捕虜となっている。シシリア王はクロミールに恋をして、妻の王妃の嫉妬を買う。クロミー

ルを遠ざけるために、王妃は彼女の釈放を提案するが、王から反対される。息子の王子エルモドールは、ソフィットを愛している。ソフィットは、捕虜の身であっても屈しない。王妃とソフィットはクロミールが王の寝室から出てくるのを見るが、ソフィットは姉の身の潔白を疑わない。王妃は、エルモドールにクロミールを殺させようとする。一方、国王は思い直して、クロミールを国に送り返すことにする。エルモドールは、クロミールを刺せなかった。誤解も解けて、互いに許しあい、ソフィットはエルモドールとの結婚に同意する。

　場面はシシリアの王宮だが、第1幕第3場、第4場と第2幕の第3場から第6場は、クロミールとソフィットが囚われている部屋である。第3幕は国王の寝室の前である。第4幕、第5幕は王宮の1部屋である。したがって、場面は少なくとも王宮の2部屋が必要である。

　［テキスト］Boyer, *La Soeur genereuse*, Courbé, 1647.

竜騎兵 *La Dragonne ou Merlin Dragon* 　デマレ Desmares (ou Desmarres) の1幕の喜劇、初演1686年4月26日、コメディ＝フランセーズ、初版1696年。「舞台はパリ」である。ピマンドルはイザベルと婚約しているが、ピマンドルの父親ラ・セール氏は金ずく自分がイザベルと結婚しようとする。ピマンドルは、友人の従僕メルランに助けを求める。メルランはイザベルの兄弟で竜騎兵の隊長に変装し、従兄弟の所属する軍隊から竜騎兵を借りて、乱暴狼藉を働く。ラ・セール氏は、ほとほと困り果て、イザベルをあきらめる。

　場面は、ラ・セール氏の家とイザベルの家の前の通りの1ヶ所で、場所の移動はない。

　［テキスト］Desmarres, *La dragons ou Merlin dragon*, comédie, E.Fouloque, 1696.

冷血漢 *Le Brutal de sens froid* 　作者不詳の喜劇、初演1686年5月3日、コメディ＝フランセーズ、出版年代不明、テキスト所在不明。

ローマのポルシー *La Porcie romaine* 　ボワイエ Boyer の悲劇、初演1645年、初版1646年。「舞台はファルサルスの野営地、ポルシーのテントの中」である。亡霊の幻影とカッシー（カシウス）の忠告にもかかわらず、ブリュット（ブルータス）はフィリッピの戦いに向い、部下のマクシムに妻のポルシーを託す。戦いの最中、解放奴隷が、ブリュットが戦死したと知らせる。しかし、それは誤報で、そのために味方は総崩れとなり、指揮官のカッシーは死に、敗北する。ブリュットは、総攻撃の前にポルシーに会いに戻る。ブリュットとポルシーは死を決意する。ブリュットは最後の戦いに向かう。ポルシーは捕虜となって、オクターヴ（オクタヴィアヌス）の陣営に連れて来られる。オクターヴは、ブリュットが戦死し、ポルシーはオクターヴを呪いながら自殺したという報告を受ける。

　場面は、第1幕から第4幕までブリュットの陣営のポルシーのテントの中である。第5幕はオクターヴの陣営で、オクターヴの前に捕虜になったポルシーが連れて来られる。

　［テキスト］Boyer, *Porcie Romaine tragedie*, Paris, Augustan Courbe, 1646.

〈参考文献〉

Dacier, Emile, La mise en scène à Paris au XVIIe siècle. Mémoire de Laurent Mahelot et Michel Laurant, in *Mémoires de la Société de l'histoire de Paris et de l'Île de France*, XXVIII, Paris, 1901, p.105 à 162.
Lancaster, Henry Carrington, *Le Mémoire de Mahelot, Laurent et d'autres décorateurs de l'Hôtel de Bourgogne et de la Comédie-française au XVIIe siècle*, Honoré Champion, 1920.
Pasquier, Pierre, *Le mémoire de Mahelot*, Paris, Honoré Champion, 2005.

Bayard, Marc, Les Faiseurs d'Artifices : Georges Buffequin et les Artistes de l'éphémère à l'époque de Richelieu, in *Dix-septième siècle*, 2006/1-n° 230, P.U.F., p.151 à 164.
Bayard, Marc, *Feinte baroque Iconographie et esthétique de la variété au XVIIe siècle*, Rome, Académie de France à Rome-Villa Médicis, 2010.
Clarke, Jan, *The Guénégaud Theatre in Paris (1673-1680)*, Lewinston, The Edwin Mellen Press, 1998-2004, 2 volumes.
Deierkauf-Holsboer, Sophie Wilma, *Le Théâtre de l'Hôtel de Bourgogne*, Paris, Nizet, 1968-1970, 2 volumes.
Deierkauf-Holsboer, Sophie Wilma, *Vie d'Alexandre Hardy, poète du Roi, 1572-1632*, Nouvelle édition revue et augmentée, Paris, A.G. Nizet, 1972.
Lancaster, Henry Carrington, The Comédie française, 1701-1774, plays, actors, spectators, finances. in *Transactions of the American philosophical society* New series. Vol. 41. Part 4, 1951.
Lancaster, Henry Carrington, *A History of French Dramatic Litterature in the seventeenth century*, Gordian Press, 1966.
La Représentation théâtrale en France au XVIIe siècle, sous la direction de Pierre Pasquier et Anne Surger, Paris, Armand Colin, 2011.
Lawrenson, T. E., *The French stage in the XVIIth century, a study in the advent of the Italian order*, Manchester University press, 1957.
Lawrenson, T.E., Roy, D. et Southern, R., Le Mémoire de Mahelot et l'Agarite de Durval : vers une reconstitution, in *Le Lieu théâtral à la Renaissance*, éd J. Jacauot, Paris, CNRS, 1986, p.363 à 376.
Rigal, Eugène, *Alexandre Hardy et le théâtre français à la fin du XVIe et au commencement du XVIIe siècle*, Paris, 1889 (Réimpression, Genève, Slatkine Reprints, 1970).
Roy, Alain, *Dictionnaire raisonné et illustré du théâtre à l'italienne*, Actes Sud-Papiers, 1992, p.37.
Roy, Donald, La Scène de l'Hôtel de Bourgogne, in *Revue d'Histoire du Théâtre*, XIV, 1962, p.227 à 235.
Ryngart, Jean-Pierre, L'Antre et le palais dans le décor simultané selon Mahelot. Etude du fonctionnement de deux espaces antagoniques, in *Les Voies de la création théâtrale*, t. VIII, Paris CNRS, 1980, p.183 à 226.
Willey, W. L., The Hotel de Bourgogne, Another Look at France's First Public Theater, in *Studies in philology*, N° spécial, vol. 70, n° 5, 1973, Chapel Hill, University of North Carolina press, cop. 1974.

橋本能、遠近法と仕掛け芝居、中央大学出版部、2000年.
フランス17世紀演劇事典、エイコス：17世紀フランス演劇研究会編、中央公論新社、2011年.
フランス十七世紀の劇作家たち、橋本能編、中央大学出版部、2011年.
混沌と秩序 ― フランス十七世紀演劇の諸相 ―、橋本能編、中央大学出版部、2014年.

作品名索引

〈あ〉

アガメムノン Agamemnon（ボワイエ）………………………………………… 54, 216
アガリット Agarite（デュルヴァル）………………………………………… 48, 119
アジャックス Ajax（ラ・シャペル）………………………………………… 54, 266
アスデュルバルの死 La Mort d'Asdrubal（ザカリー・ジャコブ・モンフルーリ）
　……………………………………………………………………………………… 51, 266
アスパール Aspar（フォントネル）…………………………………………… 53, 220
あだっぽい母親 La Mère coquette ou les Amants brouillés（キノー）……… 53, 206
あまのじゃく L'Esprit fort ou l'Algélie（クラヴレ）………………………… 48, 153
アマラント Amaranthe（ゴンボー）………………………………………… 47, 63
アマリリス Amarillis（デュ・リエ）………………………………………… 47, 59
アメリー Amélie（ロトルー）………………………………………………… 48, 158
誤った真実 Les Fausses Vérités（ドゥーヴィル）…………………………… 49, 266
アリアーヌ Ariane（トマ・コルネイユ）…………………………………… 53, 193
アリシディ Aricidie ou le Mariage de Tite（ル・ヴェール）……………… 51, 267
アリストデム Aristodème（ボワイエ）……………………………………… 51, 267
アルキメドン Alcimédon（デュ・リエ）…………………………………… 49, 163
アルジェニス Argénis（デュ・リエ）……………………………………… 48, 113
アルジェニスとポリアルク Argénis et Poliarque, ou Théocrine（デュ・リエ）……… 113
アルジェリー Argélie, reyne de Thessalie（アベイユ）……………………… 53, 209
アルシオネ Alcionée（デュ・リエ）………………………………………… 50, 268
アルシディアーヌ Alcidiane ou les quatre rivaux（デフォンテーヌ）……… 51, 268
アルシビアッド Alcibiade（カンピストロン）……………………………… 54, 242
アルビランの裏切り Les Trahisons d'Arbiran（ドゥーヴィル）…………… 50, 268
アルミニウス Arminius（カンピストロン）………………………… 54, 236, 269
アルミニウス Arminius ou les Frères ennemis（スキュデリー）……… 50, 236, 269
アレクサンドル大王 Alexandre le Grand（ラシーヌ）……………………… 52, 183
アレクサンドルとアリストビュルの死 La Mort d'Alexandre et d'Aristobule（ルヴァール）…………………………………………………………………………… 54, 239
アレタフィル Arétaphile（デュ・リエ）…………………………………… 48, 109

291

アンジェリックとメドール *Angélique et Médor*（ダンクール）	263
アンティオキュス *Antiochus*（トマ・コルネイユ）	52, 193
アンドロニック *Andronic*（カンピストロン）	54, 240
アンドロマック *Andromaque*（ラシーヌ）	52, 184
アンドロミール *Andromire*（スキュデリー）	49, 269
アンドロメード *Andromède*（ピエール・コルネイユ）	226
アンヌ・ド・ブルターニュ *Anne de Bretagne reine de France*（フェリエ）	211
アンフィトリヨン *Amphitryon*（モリエール）	53, 218
イザベルの狂気 *La Folie d'Isabelle*（アルディ）	47, 95
いたずら好きの妖精 *L'Esprit follet*（ドゥーヴィル）	49, 238, 256, 269
逸した機会 *Les Occasions perdues*（ロトルー）	47, 61
偽りの近親相姦 *L'Inceste supposé*（アルディ）	48, 111
田舎貴族 *Le Campagnard*（ジレ・ド・ラ・テッソヌリ）	223
イフィジェニー *Iphigénie*（ラシーヌ）	52, 189
イフィスとイヤント *Iphis et Iante*（バンスラード）	49, 171
イブライム *Ibrahim ou l'Illustre Bassa*（スキュデリー）	49, 220, 270
イポリット *Hypolite ou le Garçon insensible*（ジルベール）	50, 270
妹 *La Soeur*（ロトルー）	51, 271
いやいやながら医者にされ *Le Médecin malgré lui*（モリエール）	55, 255
いわれのないやきもち焼き *Le Jaloux sans sujet*（ベス）	49, 170
ヴァランティニアンとイジドールの死 *La Mort de Valentinian et d'Isidore*（ジレ・ド・ラ・テッソヌリ）	51, 271
ヴァンセスラス *Venceslas*（ロトルー）	53, 198
ヴィルジニー *Virginie*（カンピストロン）	234
嘘つき男 *Le Menteur*（ピエール・コルネイユ）	49, 52, 176
美しきジプシー娘 *La Belle Egyptienne*（アルディ）	47, 99
美しきポリクリット *La Belle Policrite*（ジレ・ド・ラ・テッソヌリ）	50, 271
ウドックス *Eudox*（スキュデリー）	50, 272
うるさがた *Les Fâcheux*（モリエール）	55, 250
売れっ子の美容師 *La Coiffeuse à la mode*（ドゥーヴィル）	51, 272
運命の力 *La Force du destin*（バロ）	48, 127
エステル *Esther*（デュ・リエ）	50, 272
エセックス伯爵 *Le Comte d'Essex*（トマ・コルネイユ）	53, 195, 272

エセックス伯爵 Le Comte d'Essex（ラ・カルプレネード）················ 51, 195, 272
エディップ OEdipe（ピエール・コルネイユ）····························· 52, 174
エラクリウス Héraclius empreur d'Orient（ピエール・コルネイユ）·········· 51, 52, 179
エリード姫 La Princesse d'Elide（モリエール）····························· 53, 200
エルキュール Hercule（ラ・チュイユリー）······················· 54, 166, 221
延期された訪問 La Visite différée（クラヴレ）····························· 49, 162
押韻詩 Les Bouts rimés（サン=グラ）································ 55, 259
オズマン Ozmin（アルディ）··· 47, 85
オトン Othon（ピエール・コルネイユ）································ 52, 181
オノリス伯爵 Le Comte Onorisse（作者不詳）··························· 50, 273
己自身の牢番あるいはジョドレの王侯 Le Geôlier de soi-mesme ou Jodelet prince（トマ・
  コルネイユ）·· 53, 195
オラース Horace（ピエール・コルネイユ）·························· 50, 52, 177
オルレアン行きの辻馬車 Les Carrosses d'Orléans（ラ・シャペル）············· 55, 273
オロンダット Oroondate, ou les Amants discrets（ゲラン・ド・ブスカル）······· 50, 273
オロンダットとスタティラの結婚 Le Mariage d'Oroondate et de Statira ou la Conclusion
  de Cassandre（マニョン）··· 50, 273
女占い師 La Devineresse ou les Faux Enchantements（トマ・コルネイユ、ドノー・ド・
  ヴィゼ合作）··· 228
女学者 Les Femmes savantes（モリエール）································· 229
女隊長 La Fille capitaine（モンフルーリ）·································· 53, 208
女判事で訴訟の当事者 La Femme juge et partie（モンフルーリ）······· 53, 201, 206

〈か〉

カルデニオの狂気 Les Folies de Cardénio（ピシュー）····················· 48, 151
カンマ Camma reine de Galatie（トマ・コルネイユ）······················· 52, 192
気が触れた貴族 Le Fou de qualité ou le Fou raisonnable（ポワッソン）······· 55, 260
気前のよい公証人 Le Notaire obligeant（ダンクール）······················ 262
強制結婚 Le Mariage forcé（モリエール）································ 55, 274
クリスパンの医者 Crispin médecin（オートロッシュ）······················ 55, 247
クリスパンの音楽家 Crispin musicien（オートロッシュ）············ 53, 201, 257
クリスパンの家庭教師 Crispin précepteur（ラ・チュイユリー）·················· 258
クリスパンの貴族 Crispin gentilhomme（モンフルーリ）··················· 53, 210

クリスパンの恐怖 Les Frayeurs de Crispin（クロスニエ）············· 55, 238, 256, 270
クリスパンの才子 Crispin bel esprit（ラ・チュイユリー）················· 55, 258
クリスプの死 La Mort de Chrispe ou les Malheurs domestiques du Grand Constantin（トリスタン・レルミット）·· 50, 274
クリゼイッドとアリマン Chryséide et Arimand（メレ）··················· 48, 149
クリダマンの狂気 La Folie de Clidamant（アルディ）······················ 47, 89
クリトフォン Clitophon（デュ・リエ）··· 48, 135
クレオニス Cléonice ou l'Amour téméraire（パサール）···················· 49, 167
クレオパートル Cléopâtre（ラ・シャペル）···································· 54, 221
クロリーズ Clorise（バロ）··· 47, 65
劇詩人の役者 Le Comédien poète（モンフルーリ）····························· 230
賢者の石 La Pierre philosophale（トマ・コルネイユ、ドノー・ド・ヴィゼ合作）
··· 55, 257
賢者の乱心 La Folie du sage（トリスタン・レルミット）··················· 51, 274
恋する恋人 L'Amante amant（カンピストロン）······························· 54, 239
恋する巡礼の女 La Pèlerine amoureuse（ロトルー）························· 49, 159
恋する囚われの詩人ジョドレ Le Captif Jodelet poitte et amoureux（作者不詳）
··· 50, 275
恋に目がくらんだ男 La Dupe amoureuse（ロジモン）························ 55, 275
恋は医者 L'Amour médecin（モリエール）····································· 55, 254
恋人同士のけんか Le Dépit amoureux（モリエール）······························ 231
高利貸し L'Usurier（トマ・コルネイユ、ドノー・ド・ヴィゼ合作）············· 241
コルネリー Cornélie（アルディ）·· 47, 97

〈さ〉
ザイード Zaïde（ラ・シャペル）··· 53, 54, 220
才女気取り Les Précieuses ridicules（モリエール）·························· 55, 249
幸いな貞節 L'Heureuse Constance（ロトルー）······························· 48, 133
覚めて見る夢 Les Songes des hommes éveillés（ブロス）···················· 51, 275
サン＝ジェルマンの市 La Foire de Saint-Germain（ラ・ピヌリエール）······ 49, 164
三人のサビーヌ Les Trois Scabinne（作者不詳）······························ 51, 276
三人のドロテ、あるいは横っ面を張られたジョドレ Les Trois Dorothées ou Jodelet souffleté（スカロン）··· 51, 276

作品名索引

三人の似た者同士 Les Trois Semblables（作者不詳） ……………… 48, 115
幸せな心変わり L'Heureuse Inconstance（パサール） ……………… 49, 160
シギスモンド Sigismond, duc de Varsau（ジレ・ド・ラ・テッソヌリ） ……… 51, 276
侍女 La Suivante（ピエール・コルネイユ） ……………………………… 50, 276
侍女になった貴婦人 La Dame suivante（ドゥーヴィル） ……………… 50, 277
死にゆくエルキュール Hercule mourant（ロトルー） ……………… 49, 165, 221
自分のにせ者 Le Semblable à soy mesme（モンフルーリ） …………… 55, 277
しゃれ者の女たち Les Femmes coquettes（ポワソン） ……………… 53, 207
ジャンセリック Genséric（デズリエール） ……………………………… 212
守銭奴 L'Avare（モリエール） …………………………………………… 53, 204
シュレーヌのぶどうの取り入れ Les Vendanges de Suresne（デュ・リエ）… 48, 157
シュレナ Suréna, général des Parthes（ピエール・コルネイユ） …… 52, 174
ジョサファ Josaphat（マニョン） ……………………………………… 51, 278
ジョドレ、あるいは主人になった召使い Jodelet ou le Maître valet（スカロン）
 ……………………………………………………………………… 50, 53, 210
ジョドレの占星術師 Jodelet astrologue（ドゥーヴィル） …………… 50, 278
尻軽女たち Les Grisettes, ou Crispin chevalier（シャンメレ） ……… 259
シルヴァニール La Silvanire ou la Morte-vive（メレ） ……………… 48, 137
シルヴィ La Sylvie（メレ） ……………………………………………… 48, 147
真説聖ジュネ Le Véritable Saint Genest（ロトルー） ………………… 50, 279
真説セミラミス La Véritable Sémiramis（デフォンテーヌ） ……… 51, 279, 281
シンティ La Cintie（アルディ） ………………………………………… 47, 87
シンナ Cinna（ピエール・コルネイユ） ……………………………… 49, 52, 180
スガナレル Sganarelle ou le Cocu imaginaire（モリエール） ………… 55, 253
スキロス島のフィリス La Filis de Scire（ピシュー） ………………… 48, 129
スティリコン Stilicon（トマ・コルネイユ） …………………………… 52, 192
聖女カトリーヌの殉教 Le Martyre de Sainte Catherine（サン＝ジェルマン）… 50, 280
聖女カトリーヌの殉教 Le Martyre de Sainte Catherine（ドービニャック師）… 50, 280
聖女カトリーヌの殉教 Le Martyre de Sainte Catherine（ピュジェ・ド・ラ・セール）
 ……………………………………………………………………………… 50, 279
セヴォール Scévole（デュ・リエ） ……………………………………… 51, 53, 197
石像の宴 Le Festin de pierre（原作モリエール『ドン・ジュアン』、トマ・コルネイユ改作） ………………………………………………………………… 54, 217

295

セジャニュス *Séjanus*（マニョン） ……………………………………………… 51, 280
ゼノビー *Zénobie*（ドービニャック師） …………………………………… 49, 281
セミラミス *Sémiramis*（ジルベール） ……………………………… 51, 279, 281
セリアーヌ *La Céliane*（ロトルー） ………………………………………… 48, 139
セリーヌ *Céline, ou les Frères rivaux*（ベス） …………………………… 48, 155
セリデあるいは愛の気高さ － セリデの名をカリリに変えて *La Célidée sous le nom de Calirie, ou de la Générosité d'Amour*（レシギエ） ……………………… 49, 168
セリメーヌ *La Célimène*（ロトルー） ……………………………………… 48, 152
セルトリユス *Sertorius*（ピエール・コルネイユ） ……………………… 52, 178
セレニー *Célénie*（パサール） ……………………………………………… 49, 167
ゼロニード *Zélonide princesse de Sparte*（ジュネ） ……………………… 54, 222
粗忽者 *L'Étourdi ou les contretemps*（モリエール） ……………………………… 228
訴訟狂 *Les Plaideurs*（ラシーヌ） ………………………………………… 54, 243
ソフォニスブ *La Sophonisbe*（メレ） ……………………………………… 49, 281
ソリマン *Soliman*（ラ・チュイユリー） ………………………… 53, 54, 220, 270
ソローニュの愚か者 *Le Niais de Sologne*（レザン） ……………………… 55, 281

〈た〉

題名のない喜劇 *La Comédie sans titre*（ブルソー） ……………………… 54, 235
タメルラン大帝とバジャゼ *Le Grand Tamerlan et Bajazet*（マニョン） ……… 51, 281
タルチュフ *Le Tartuffe ou l'Imposteur*（モリエール） ……………………………… 203
ダルビクラック男爵 *Le Baron d'Albicrak*（トマ・コルネイユ） ……………… 233
治世術 *L'Art de régner ou le Sage gouverneur*（ジレ・ド・ラ・テッソヌリ） …… 50, 282
チュイルリー公園の逢引 *Le Rendez-vous des Tuileries, ou le Coquet trompé*（バロン） ………………………………………………………………………… 241
忠実な羊飼い *Le Berger fidèle*（作者不詳） ……………………………… 49, 160
町人貴族 *Le Bourgeois gentilhomme*（モリエール） …………………… 53, 231
ディアーヌ *Diane*（ロトルー） ……………………………………………… 49, 161
亭主学校 *L'École des maris*（モリエール） ……………………………………… 232
ティットとベレニス *Tite et Bérénice*（ピエール・コルネイユ） ……… 54, 224
ティリダット *Tyridate*（ボワイエ） ………………………………………… 52, 282
テオダ *Théodat*（トマ・コルネイユ） ……………………………………… 53, 194
テオドール *Théodore vierge et martyre*（ピエール・コルネイユ） …… 51, 282

デスカルバニャス伯爵夫人 La Comtesse d'Escarbagnas（モリエール） 55, 283
テュルリュパンの狂気 La Folie de Turlupin（アルディ） 47, 77
テレフォント Téléphonte（ジルベール） 50, 225, 283
テレフォント Téléphonte（ラ・シャペル） 54, 225, 283
田園悲喜劇、アストレとセラドンの恋 Tragicomédie pastorale, où les Amours d'Astrée et de Céladon...（レシギエ） 48, 105
とっぴな医者 Le Docteur extravagant（ルクレルク） 54, 283
賭博者たち Les Joueurs（シャンメレ） 234
トミュス・モリュス Thomus Morus ou le Triomphe de la Foy et de la Constance（ピュジェ・ド・ラ・セール） 49, 283
トミリス Thomyris（作者不詳） 51, 284
ドランド Dorinde（オーヴレー） 48, 121
ドリステ La Doristée（ロトルー） 49, 164
ドン・サンシュ・ダラゴン Don Sanche d'Aragon（ピエール・コルネイユ） ... 52, 175
ドン・ジャフェ・ダルメニー Dom Japhet d'Arménie（スカロン） 50, 53, 202
ドン・パスカン・ダヴァロ Dom Pasquin d'Avalos（モンフルーリ） 55, 284
ドン・ベルトラン・ド・シガラル Dom Bertrand de Cigarral（トマ・コルネイユ） 53, 196
ドン・ベルナール・ド・カブレール Dom Bernard de Cabrère（ロトルー） 51, 284

〈な〉
謎の男 L'Inconnu（トマ・コルネイユ、ドノー・ド・ヴィゼ合作） 53, 217
名高き海賊 L'Illustre Corsaire（メレ） 51, 284
ニカンドル兄弟 Les Nicandres ou les Menteurs qui ne mentent point（ブルソー） 55, 252
逃げ出した王子 Le Prince fugitif（バロ） 51, 285
ニコメード Nicomède（ピエール・コルネイユ） 52, 178
偽の御者 Le Cocher supposé（オートロッシュ） 55, 260
女房学校 L'École des femmes（モリエール） 53, 205
人間嫌い Le Misanthrope（モリエール） 53, 203
盗っ人たちの策略 L'Intrigue des Filous（レトワール） 51, 285

〈は〉

バジャゼ *Bajazet*（ラシーヌ）……………………………………………… 52, 187
罰せられたペテン師 *Le Trompeur puni ou l'Histoire septentionale*（スキュデリー）
………………………………………………………………………… 47, 69, 133
パリジャン *Le Parisien*（シャンメレ、ラ・シャペル合作）…………… 223
パリスの冒険 *Le Roman de Pâris*（デ・ブリュイエール）…………… 48, 145
パルテニー第1日 *Parténie, première journée*（アルディ）………… 47, 101
パルテニー第2日 *Parténie, seconde journée*（アルディ）………… 48, 103
パンドスト第1日 *Pandoste, première journée*（アルディ）……… 47, 81
パンドスト第2日 *Pandoste, 2ème journée*（アルディ）………… 47, 83
ピラムとティスベ *Pyrame et Thisbé*（プラドン）………………… 54, 79, 226
ピラムとティスベの悲恋 *Les Amours tragiques de Pyrame et Thisbé*（ヴィオー）
………………………………………………………………………… 47, 79, 226
ピランドルとリジメーヌ *Pyrandre et Lisimène ou l'Heureuse Tromperie*（ボワロベール）
………………………………………………………………………… 48, 141
フィランドル *Le Filandre*（ロトルー）……………………………… 49, 162
フィレンツェ人 *Le Florentin*（シャンメレ）………………………… 262
フェードル *Phèdre*（ラシーヌ）……………………………………… 52, 190, 270
フェリスメーヌ *Félismène*（アルディ）……………………………… 47, 91
不実な女友達 *L'Infidèle confidente*（ピシュー）…………………… 48, 117
舞台は夢 *L'Illusion comique*（ピエール・コルネイユ）…………… 49, 286
ブリタニキュス *Britannicus*（ラシーヌ）…………………………… 52, 185
ブリュットの息子たちの死 *La Mort des Enfants de Brute*（作者不詳）……… 51, 286
プールソーニャック氏 *Monsieur de Pourceaugnac*（モリエール）…… 55, 248
フロラント *Florante ou les Desdains amoureux*（ロトルー）……… 49, 163
フロリス *Florice*（パサール）………………………………………… 49, 165
別荘 *La Maison de bouteille*（作者不詳）…………………………… 55, 286
ペネロープ *Pénélope*（ジュネ）……………………………………… 54, 235
ベランド *Bélinde*（ランパル）………………………………………… 48, 107
ベリセール *Bélissaire*（ラ・カルプルネード）……………………… 53, 199
ベリゼール *Bélisaire*（ロトルー）…………………………………… 199
ベレニス *Bérénice*（ラシーヌ）……………………………………… 52, 186, 225
弁護士パトラン *L'Avocat Patelin*（作者不詳）……………………… 55, 286

忘却の指輪 *La Bague de l'oubli*（ロトルー）･････････････････････････････････ 47, 71
ポリュークト *Polyeucte martyr*（ピエール・コルネイユ）････････････････ 49, 52, 181
捕虜 *Les Captifs ou les Esclaves*（ロトルー）･･････････････････････････････ 50, 286
ポンペ *Pompée*（ピエール・コルネイユ）････････････････････････････ 49, 52, 177

〈ま〉

マドント *Madonte*（オーヴレー）･･ 47, 75
マリヤンヌ *La Mariane*（トリスタン・レルミット）･････････････････････ 53, 198
見えない婦人 *La Dame invisible ou l'Esprit follet*（オートロッシュ）
･･ 54, 238, 257, 270
ミトリダート *Mithridate*（ラシーヌ）･････････････････････････････････････ 52, 188
未亡人 *La Veuve ou le Traître trahi*（ピエール・コルネイユ）････････････ 51, 287
ミラム *Mirame*（デマレ・ド・サン＝ソルラン）････････････････････････ 50, 287
無学な弁護士 *L'Avocat sans étude*（ロジモン）････････････････････････････ 55, 287
無の結婚 *Le Mariage de rien*（モンフルーリ）･････････････････････････････ 55, 288
無分別な兄弟 *Le Frère indiscret*（アルディ）･･････････････････････････････ 48, 154
村の婚礼 *Les Noces de village*（ブレクール）･･････････････････････････････ 55, 288
メデ *Médée*（ピエール・コルネイユ）････････････････････････････････････ 51, 288
メネクム兄弟 *Les Ménechmes*（ロトルー）･･････････････････････････････ 48, 52, 143
妄想に囚われた人々 *Les Visionnaires*（デマレ・ド・サン＝ソルラン）････ 50, 216
モスクワの女 *La Moscovite*（カニュ）････････････････････････････････････ 47, 91
喪服 *Le Deuil*（オートロッシュ）･･･ 55, 246
モリエール断章 *Les Fragments de Molière*（シャンメレ）･･････････････････ 55, 245
モリエールの幽霊 *L'Ombre de Molière*（ブレクール）･････････････････････ 55, 246

〈や〉

やきもち焼きの学校 *L'École des jaloux*（モンフルーリ）･･････････････････ 55, 252
宿屋の夕食後 *L'Après-souper des auberges*（ポワッソン）･････････････････ 55, 247
病は気から *Le Malade imaginaire*（モリエール）･････････････････････････････ 214
憂鬱症患者 *L'Hypocondriaque ou le Mort amoureux*（ロトルー）････････････ 48, 123
誘拐 *Les Enlèvements*（バロン）･･････････････････････････････････････ 261, 263
勇敢な妹 *La Soeur généreuse*（ボワイエ）･･････････････････････････････････ 50, 288
愉快な狂人たち *Les Fous divertissants*（ポワッソン）･････････････････････････ 219

ユリスの功業 Les Travaux d'Ulysse（デュルヴァル）･･････････････････････････ 48, 125
用意できなかった晩餐 Le Souper mal apprêté（オートロッシュ）･･････････････ 55, 251

〈ら〉

ラ・クラース男爵 Le Baron de la Crasse（ポワッソン）････････････････････････ 55, 250
ラゴタン Ragotin ou Le Roman comique（シャンメレ）･･･････････････････････ 237
ラ・テバイッド La Thébaïde ou les Frères ennemis（ラシーヌ）･･････････････ 52, 182
ラ・トロアッド La Troade（プラドン）･･ 212
ラ・ラピニエール La Rapinière（ロベ）･･･････････････････････････････････････ 227
ランセ Lyncée（アベイユ）･･ 53, 209
リグダモンとリディアス Ligdamon et Lidias ou la Ressemblance（スキュデリー）
･･ 47, 73
離婚 Le Divorce（シャンメレ）･･ 54, 235
リザンドルとカリスト Lisandre et Caliste（デュ・リエ）････････････････････ 47, 67
竜騎兵 La Dragonnes ou Merlin Dragon（デマレ）････････････････････････････ 56, 289
ルコジー Leucosie（アルディ）･･･ 47, 87
ル・シッド Le Cid（ピエール・コルネイユ）････････････････････････････ 49, 52, 180
冷血漢 Le Brutal de sang froid（作者不詳）･･････････････････････････････････ 56, 289
ローマのポルシー La Porcie romaine（ボワイエ）････････････････････････････ 51, 289
ロドギュンヌ Rodogune（ピエール・コルネイユ）････････････････････････ 51, 52, 175
ロワイヤル広場 La Place Royale（クラヴレ）････････････････････････････････ 48, 158

作者名索引

〈あ〉

アベイユ、アベ・ガスパール Abeille, abbé Gaspard（1648 - 1718）･････････････ 209
アルディ、アレクサンドル Hardy, Alexandre（1570 ? - 1632）
･････････････････････････ 77, 81, 83, 85, 87, 89, 91, 95, 97, 99, 101, 103, 111, 154
ヴィオー、テオフィル・ド Viau, Théophile de（1590 - 1626）･･････････････ 79, 226
オーヴレー、ジャン Auvray, Jean（ ? - ? ）･････････････････････････････････ 75, 121
オートロッシュ、ノエル・ル・ブレトン Hauteroche, Noël Le Breton, sieur de（1630

- 1707） ……………………………… 201, 238, 246, 247, 251, 257, 260, 270

〈か〉

カニュ Canu（? - ?）…………………………………………………… 91
カンピストロン、ジャン・ガルベール・ド Campistron, Jean Galbert de（1656 - 1723）……………………………… 50, 54, 234, 236, 239, 240, 242, 269
キノー、フィリップ Quinault, Philippe（1635 - 1688）……………… 206
クラヴレ、ジャン・ド Claveret, Jean de（1590 - 1686）…… 153, 158, 162
クロスニエ、ジャン Crosnier, Jean（1643 - 1709）………… 238, 256, 270
ゲラン・ド・ブスカル、ギュヨン Guérin de Bouscal, Guyon（? - 1657）…… 273
コルネイユ、トマ Corneille, Thomas（1625 - 1709）
…………… 51, 52, 192, 193, 194, 195, 196, 217, 218, 228, 233, 241, 257, 272
コルネイユ、ピエール Corneille, Pierre（1606 - 1684）…… 52, 54, 174, 175, 176, 177, 178, 179, 180, 181, 224, 226, 276, 282, 286, 287, 288
ゴンボー、ジャン・オジエ・ド Gombauld, Jean Ogier, sieur de（1590 - 1666）…… 63

〈さ〉

サン＝グラ、ピエール・ド Saint-Glas, Pierre de（? - 1699）……………… 259
サン＝ジェルマン Saint-Germain（? - ?）…………………………… 50, 280
シャンメレ、本名シャルル・シュヴィエ Champmeslé, Charles Chevillet, sieur de（1642 - 1701）…………………… 223, 234, 235, 237, 245, 259, 262
ジュネ、シャルル＝クロード Genest, Charles-Claude（1639 - 1719）…… 54, 222, 235
ジルベール、ガブリエル Gilbert, Gabriel（1620 ? - 1680 ?）
………………………………………… 50, 54, 225, 270, 279, 281, 283
ジレ・ド・ラ・テッソヌリ Gillet de la Tessonerie（1619 ? - ?）
…………………………………………………… 224, 271, 276, 282
スカロン、ポール Scarron, Paul（1610 - 1660）…………… 202, 210, 276
スキュデリー、ジョルジュ・ド Scudéry, Georges de（1601 - 1667）
……………………………… 50, 69, 73, 133, 220, 236, 269, 270, 272

〈た〉

ダンクール、フローラン・カルトン Dancourt, Florent Carton（1661 - 1726）
……………………………………………………………… 262, 263

デズリエール、本名アントワネット・デュ・リジエ・ド・ラ・ガルド Deshoulières, Antoinette Du Ligier de La Garde, dame（1637 - 1694）……………… 212
デフォンテーヌ、ニコラ＝マルク Desfontaines, Nicolas-Marc（? - 1652） ……………………………………………………………………… 268, 279, 281
デ・ブリュイエール Des Bruyères（?）（? - ?） ………………………… 145
デマレ Desmares（ou Desmarres）（? - 1716 ?） ……………………… 289
デマレ・ド・サン＝ソルラン、ジャン Desmarets de Saint-Sorlin, Jean（1595 - 1676） ……………………………………………………………… 216, 287
デュ・リエ、ピエール Du Ryer, Pierre（1606 - 1658） ……………………………………… 48, 50. 59, 67, 109, 113, 135, 157, 163, 197, 268, 272
デュルヴァル、ジャン＝ジルベール Durval, Jean-Gilbert（? - ?） ……… 119, 125
ドゥーヴィル、本名アントワーヌ・ル・メテル Ouville, Antoine Le Métel, sieur d'（1590 ? － 1656 ?） ……………… 238, 256, 266, 268, 269, 272, 277, 278
ドービニャック師、フランソワ・エドラン Aubignac, François Hédelin abbé d'（1604, 281- 1676） ……………………………………………… 50, 280, 281
ドノー・ド・ヴィゼ、ジャン Donneau de Visé, Jean（1638 - 1700） ……………………………………………………………… 217, 228, 241, 257
トリスタン・レルミット、本名フランソワ・レルミット Tristan L'Hermite, François L'Hermite, sieur Du Solier, dit（1601 - 1655） ……………… 198, 274

〈は〉

パサール Passar（? - ?） ………………………………………… 160, 165, 167
バロ、バルタザール Baro, Balthasar（1590 ? - 1650） ………… 65, 127, 285
バロン、本名ミッシェル・ボワロン Baron, Michel Boyron, dit（1653 - 1729） ……………………………………………………………… 241, 261, 263
バンスラード、イサック・ド Benserade, Issac de（1612 - 1691） ……… 171
ピシュー Pichou（1596 ? - 1631） ……………………………… 117, 129, 151
ピュジェ・ド・ラ・セール、ジャン Puget de la Serre, Jean（1600 - 1665） ……………………………………………………………………… 50, 279, 283
フェリエ、ルイ Ferrier, Louis, sieur de La Martinière（1652 - 1721） … 211
フォントネル、ベルナール・ル・ブイエ・ド Fontenelle, Bernard Le Bouyer de（1657 - 1757） ……………………………………………………………… 220
プラドン、ニコラ Pradon, Nicolas（1632 - 1698） …………… 79, 212, 226

ブルソー、エドゥム Boursault, Edme（1636 - 1701） ················ 235, 252
ブレクール、ギヨーム・マルクロー・ド Brécourt, Guillaume Marcoureau de（1639
　 - 1685） ·· 246, 288
ブロッス Brosse（? - 1651） ·· 275
ベス、シャルル Beys, Charles（1610 ? - 1659） ················ 155, 170
ボワイエ、クロード Boyer, Claude（1618 - 1698） ·········· 216, 267, 282, 288, 289
ポワッソン、レイモン Poisson, Rayomd（1633 ? - 1690） ····· 207, 219, 247, 250, 260
ボワロベール、フランソワ・ル・メテル・ド Boisrobert, François Le Metel de（1592
　 - 1662） ·· 141

〈ま〉

マニョン、ジャン Magnon, Jean（1620 - 1662） ·············· 273, 278, 280, 281
メレ、ジャン Mairet, Jean（1604 - 1686） ····················· 137, 147, 149, 281, 284
モリエール、本名ジャン＝バティスト・ポクラン Molière, Jean-Baptiste Poquelin,
　 dit（1622 - 1673）······ 53, 200, 203, 204, 205, 214, 218, 229, 231, 232, 248, 249,
　　　　　　　　　　　　　　　　　　　　250, 253, 254, 255, 274, 283
モンフルーリ、アントワーヌ・ジャコブ Montfleury, Antoine Jacob（1639 - 1685）
　 ·· 201, 206, 208, 210, 230, 252, 277, 284, 288
モンフルーリ、ザカリー・ジャコブ Montfleury, Zacharie Jacob（1600 - 1667）
　 ··· 266

〈ら〉

ラ・カルプルネード、ゴーティエ・ド・コスト La Calprenède, Gautier de Coste,
　 sieur de（1609 ? - 1663）·· 51, 195, 199, 272
ラ・シャペル、ジャン・ド La Chapelle, Jean de（1651 - 1723）
　 ·· 50, 54, 220, 222, 223, 225, 266, 273, 283
ラ・チュイユリー、本名ジャン＝フランソワ・ジュヴノン・ド La Thuillerie, Jean-
　 François Juvenon de（1650 - 1688） ························· 166, 220, 221, 258, 270
ラ・ピヌリエール、ピエール・ゲラン・ド La Pinelière, Pierre Guérin de（1615 -
　 1642） ·· 164
ラ・フォンテーヌ、ジャン・ド La Fontaine, Jean de（1621 - 1695） ········· 237, 262
ラシーヌ、ジャン Racine, Jean（1639 - 1699）
　 ················· 52, 182, 183, 184, 185, 186, 187, 188, 189, 191, 225, 243, 270

ランパル Rampalle（1603 ? - 1660 ?）.. 107
ルクレルク Leclerc（? - ?）... 283
ル・ヴェール Le Vert（? - ?）... 267
ルヴァール、ジャン Louvart, Jean（? - ?）.................................... 54, 239
レザン、ジャック Raisin, Jacques（1653 - 1702）................................ 281
レシギエ Rayssiguier（? - 1660）.. 105, 168
レトワール、クロード・ド L'Estoile, Claude de（1597 - 1652）............. 285
ロジモン、本名クロード・ローズ Rosimond, Claude Rose, sieur de（? - 1686.）
.... 275, 287
ロトルー、ジャン Rotrou, Jean（1609 - 1650）............ 61, 71, 123, 133, 139, 143,
    152, 158, 159, 161, 162, 163, 164, 165, 198, 199, 221, 271, 279, 284, 286
ロベ、ジャック Robbé, Jacques, dit Barquebois（1643 ? - 1721）........... 227

作品名、作者名の原語・邦語対照表

作品名

〈A〉

Agamemnon アガメムノン（ボワイエ）... 54, 216
Agarite アガリット（デュルヴァル）... 48, 119
Ajax アジャックス（ラ・シャペル）... 54, 266
Alcibiade アルシビアッド（カンピストロン）................................... 54, 242
Alcidiane ou les quatre rivaux アルシディアーヌ（デフォンテーヌ）...... 51, 268
Alcimédon アルキメドン（デュ・リエ）... 49, 163
Alcionée アルシオネ（デュ・リエ）... 50, 268
Alexandre le Grand アレクサンドル大王（ラシーヌ）........................ 52, 183
Amante amant, L' 恋する恋人（カンピストロン）.............................. 54, 239
Amaranthe アマラント（ゴンボー）... 47, 63
Amarillis アマリリス（デュ・リエ）... 47, 59
Amélie アメリー（ロトルー）... 48, 158
Amour médecin, L' 恋は医者（モリエール）..................................... 55, 254

304

作品名、作者名の原語・邦語対照表

Amours tragiques de Pyrame et Thisbé, Les ピラムとティスベの悲恋（ヴィオー）
  .... 47, 79, 226
Amphitryon アンフィトリヨン（モリエール） 53, 218
Andromaque アンドロマック（ラシーヌ） 52, 184
Andromède アンドロメード（ピエール・コルネイユ） 226
Andromire アンドロミール（スキュデリー） 49, 269
Andronic アンドロニック（カンピストロン） 54, 240
Angélique et Médor アンジェリックとメドール（ダンクール） 263
Anne de Bretagne reine de France アンヌ・ド・ブルターニュ（フェリエ） 211
Antiochus アンティオキュス（トマ・コルネイユ） 52, 193
Après-souper des auberges, L' 宿屋の夕食後（ポワッソン） 55, 247
Arétaphile アレタフィル（デュ・リエ） 48, 109
Argélie, reyne de Thessalie アルジェリー（アベイユ） 53, 209
Argénis et Poliarque, ou Théocrine アルジェニスとポリアルク（デュ・リエ）......... 113
Argénis アルジェニス（デュ・リエ） 48, 113
Ariane アリアーヌ（トマ・コルネイユ） 53, 193
Aricidie ou le Mariage de Tite アリシディ（ル・ヴェール） 51, 267
Aristodème アリストデム（ボワイエ） 51, 267
Arminius アルミニウス（カンピストロン） 54, 236, 269
Arminius ou les Frères ennemis アルミニウス（スキュデリー） 50, 236. 269
Art de régner ou le Sage gouverneur, L' 治世術（ジレ・ド・ラ・テッソヌリ） 50, 282
Aspar アスパール（フォントネル） 53, 220
Avare, L' 守銭奴（モリエール） 53, 204
Avocat Patelin, L' 弁護士パトラン（作者不詳） 55, 286
Avocat sans étude, L' 無学な弁護士（ロジモン） 55, 287

〈B〉

Bague de l'oubli, La 忘却の指輪（ロトルー） 47, 71
Bajazet バジャゼ（ラシーヌ） 52, 187
Baron d'Albicrak, Le ダルビクラック男爵（トマ・コルネイユ） 233
Baron de la Crasse, Le ラ・クラース男爵（ポワッソン） 55, 250
Bélinde ベランド（ランパル） 48, 107
Bélisaire ベリゼール（ロトルー） 199

Bélisaire ベリセール（ラ・カルプルネード）	53, 199
Belle Egyptienne, La 美しきジプシー娘（アルディ）	47, 99
Belle Policrite, La 美しきポリクリット（ジレ・ド・ラ・テッソヌリ）	50, 271
Bérénice ベレニス（ラシーヌ）	52, 186, 225
Berger fidèle, Le 忠実な羊飼い（作者不詳）	49, 160
Bourgeois gentilhomme, Le 町人貴族（モリエール）	53, 231
Bouts rimés, Les 押韻詩（サン＝グラ）	55, 259
Britannicus ブリタニキュス（ラシーヌ）	52, 185
Brutal de sang froid, Le 冷血漢（作者不詳）	56, 289

〈C〉

Camma reine de Galatie カンマ（トマ・コルネイユ）	52, 192
Campagnard, Le 田舎貴族（ジレ・ド・ラ・テッソヌリ）	223
Captif Jodelet poitte et amoureux, Le 恋する囚われの詩人ジョドレ（作者不詳）	50, 275
Captifs ou les Esclaves, Les 捕虜（ロトルー）	50, 286
Carrosses d'Orléans, Les オルレアン行きの辻馬車（ラ・シャペル）	55, 273
Célénie セレニー（パサール）	49, 167
Céliane, La セリアーヌ（ロトルー）	48, 139
Célidée sous le nom de Calirie, ou de la Générosité d'Amour, La セリデあるいは愛の気高さ ― セリデの名をカリリに変えて（レシギエ）	49, 168
Célimène, La セリメーヌ（ロトルー）	48, 152
Céline, ou les Frères rivaux セリーヌ（ベス）	48, 155
Chryséide et Arimand クリゼイッドとアリマン（メレ）	48, 149
Cinna シンナ（ピエール・コルネイユ）	49, 52, 180
Cintie, La シンティ（アルディ）	47, 87
Cléonice ou l'Amour téméraire クレオニス（パサール）	49, 167
Cléopâtre クレオパトル（ラ・シャペル）	54, 221
Clitophon クリトフォン（デュ・リエ）	48, 135
Clorise クロリーズ（バロ）	47, 65
Cocher supposé, Le 偽の御者（オートロッシュ）	55, 260
Coiffeuse à la mode, La 売れっ子の美容師（ドゥーヴィル）	51, 272
Comédie sans titre, La 題名のない喜劇（ブルソー）	54, 235

Comédien poète, Le 劇詩人の役者（モンフルーリ） ················· 230
Comte d'Essex, Le エセックス伯爵（トマ・コルネイユ） ········ 53, 195, 272
Comte d'Essex, Le エセックス伯爵（ラ・カルプレネード） ······ 51, 195, 272
Comte Onorisse, Le オノリス伯爵（作者不詳） ················ 50, 273
Comtesse d'Escarbagnas, La デスカルバニャス伯爵夫人（モリエール） ········ 55, 283
Cornélie コルネリー（アルディ） ···························· 47, 97
Crispin bel esprit クリスパンの才子（ラ・チュイユリー） ········ 55, 258
Crispin gentilhomme クリスパンの貴族（モンフルーリ） ········ 53, 210
Crispin médecin クリスパンの医者（オートロッシュ） ········ 55, 247
Crispin musicien クリスパンの音楽家（オートロッシュ） ······ 53, 201, 257
Crispin précepteur クリスパンの家庭教師（ラ・チュイユリー） ········ 258

〈D〉

Dame invisible ou l'Esprit follet, La 見えない婦人（オートロッシュ）
·· 54, 238, 257, 270
Dame suivante, La 侍女になった貴婦人（ドゥーヴィル） ········ 50, 277
Dépit amoureux, Le 恋人同士のけんか（モリエール） ············ 231
Deuil, Le 喪服（オートロッシュ） ···························· 55, 246
Devineresse ou les Faux Enchantements, La 女占い師（トマ・コルネイユ、ドノー・ド・ヴィゼ合作） ·· 228
Diane ディアーヌ（ロトルー） ······························ 49, 161
Divorce, Le 離婚（シャンメレ） ···························· 54, 235
Docteur extravagant, Le とっぴな医者（ルクレルク） ············ 54, 283
Dom Bernard de Cabrère ドン・ベルナール・ド・カブレール（ロトルー） ····· 51, 284
Dom Bertrand de Cigarral ドン・ベルトラン・ド・シガラル（トマ・コルネイユ）
·· 53, 196
Dom Japhet d'Arménie ドン・ジャフェ・ダルメニー（スカロン） ········ 50, 53, 202
Dom Pasquin d'Avalos ドン・パスカン・ダヴァロ（モンフルーリ） ········ 55, 284
Don Sanche d'Aragon ドン・サンシュ・ダラゴン（ピエール・コルネイユ） ··· 52, 175
Dorinde ドランド（オーヴレー） ·························· 48, 121
Doristée, La ドリステ（ロトルー） ·························· 49, 164
Dragonne ou Merlin Dragon, La 竜騎兵（デマレ） ············ 56, 289
Dupe amoureuse, La 恋に目がくらんだ男（ロジモン） ·········· 55, 275

〈E〉

École des femmes, L' 女房学校（モリエール） ……………………………… 53, 205
École des jaloux, L' やきもち焼きの学校（モンフルーリ） ………………… 55, 252
École des maris, L' 亭主学校（モリエール） ………………………………… 232
Enlèvements, Les 誘拐（バロン） …………………………………………… 261, 263
Esprit follet, L' いたずら好きの妖精（ドゥーヴィル） ………… 49, 238, 256, 269
Esprit fort ou l'Algélie, L' あまのじゃく（クラヴレ） ………………… 48, 153
Esther エステル（デュ・リエ） ……………………………………………… 50, 272
Étourdi ou les contretemps, L' 粗忽者（モリエール） ……………………… 228
Eudox ウドックス（スキュデリー） ………………………………………… 50, 272

〈F〉

Fâcheux, Les うるさがた（モリエール） …………………………………… 55, 250
Fausses Vérités, Les 誤った真実（ドゥーヴィル） ………………………… 49, 266
Félismène フェリスメーヌ（アルディ） …………………………………… 47, 91
Femme juge et partie, La 女判事で訴訟の当事者（モンフルーリ） …… 53, 201, 206
Femmes coquettes, Les しゃれ者の女たち（ポワッソン） ………………… 53, 207
Femmes savantes, Les 女学者（モリエール） ……………………………… 229
Festin de pierre, Le 石像の宴（原作モリエール『ドン・ジュアン』、トマ・コルネイユ改作） ……………………………………………………………… 54, 217
Filandre, Le フィランドル（ロトルー） …………………………………… 49, 162
Filis de Scire, La スキロス島のフィリス（ピシュー） …………………… 48, 129
Fille capitaine, La 女隊長（モンフルーリ） ……………………………… 53, 208
Florante ou les Desdains amoureux フロラント（ロトルー） …………… 49, 163
Florentin, Le フィレンツェ人（シャンメレ） ……………………………… 262
Florice フロリス（バサール） ……………………………………………… 49, 165
Foire de Saint-Germain, La サン=ジェルマンの市（ラ・ピヌリエール） … 49, 164
Folie de Clidamant, La クリダマンの狂気（アルディ） …………………… 47, 89
Folie de Turlupin, La テュルリュパンの狂気（アルディ） ………………… 47, 77
Folie d'Isabelle, La イザベルの狂気（アルディ） ………………………… 47, 95
Folie du sage, La 賢者の乱心（トリスタン・レルミット） ……………… 51, 274
Folies de Cardénio, Les カルデニオの狂気（ピシュー） ………………… 48, 151
Force du destin, La 運命の力（バロ） ……………………………………… 48, 127

308

作品名、作者名の原語・邦語対照表

Fou de qualité ou le Fou raisonnable, Le 気が触れた貴族（ポワッソン）………… 55, 260
Fous divertissants, Les 愉快な狂人たち（ポワッソン）………………………… 219
Fragments de Molière, Les モリエール断章（シャンメレ）………………… 55, 245
Frayeurs de Crispin, Les クリスパンの恐怖（クロスニエ）……… 55, 238, 256, 270
Frère indiscret, Le 無分別な兄弟（アルディ）………………………………… 48, 154

〈G〉
Genséric ジャンセリック（デズリエール）………………………………………… 212
Geôlier de soi-mesme ou Jodelet prince, Le 己自身の牢番あるいはジョドレの王侯（トマ・コルネイユ）………………………………………………………… 53, 195
Grand Tamerlan et Bajazet, Le タメルラン大帝とバジャゼ（マニョン）……… 51, 281
Grisettes, ou Crispin chevalier, Les 尻軽女たち（シャンメレ）………………… 259

〈H〉
Héraclius empreur d'Orient エラクリウス（ピエール・コルネイユ）……… 51, 52, 179
Hercule mourant 死にゆくエルキュール（ロトルー）………………… 49, 165, 221
Hercule エルキュール（ラ・チュイユリー）…………………………… 54, 166, 221
Heureuse Constance, L' 幸いな貞節（ロトルー）…………………………… 48, 133
Heureuse Inconstance, L' 幸せな心変わり（パサール）…………………… 49, 160
Horace オラース（ピエール・コルネイユ）………………………………… 50, 52, 177
Hypocondriaque ou le Mort amoureux, L' 憂鬱症患者（ロトルー）………… 48, 123
Hypolite ou le Garçon insensible イポリット（ジルベール）……………… 50, 270

〈I〉
Ibrahim ou l'Illustre Bassa イブライム（スキュデリー）……………… 49, 220, 270
Illusion comique, L' 舞台は夢（ピエール・コルネイユ）………………… 49, 286
Illustre Corsaire, L' 名高き海賊（メレ）……………………………………… 51, 284
Inceste supposé, L' 偽りの近親相姦（アルディ）…………………………… 48, 111
Inconnu, L' 謎の男（トマ・コルネイユ、ドノー・ド・ヴィゼ合作）……… 53, 217
Infidèle confidente, L' 不実な女友達（ピシュー）…………………………… 48, 117
Intrigue des Filous, L' 盗っ人たちの策略（レトワール）…………………… 51, 285
Iphigénie イフィジェニー（ラシーヌ）……………………………………… 52, 189
Iphis et Iante イフィスとイヤント（バンスラード）………………………… 49, 171

309

⟨J⟩

Jaloux sans sujet, Le いわれのないやきもち焼き（ベス）………………… 49, 170
Jodelet astrologue ジョドレの占星術師（ドゥーヴィル）………………… 50, 278
Jodelet ou le Maître valet ジョドレ、あるいは主人になった召使い（スカロン）
　………………………………………………………………………………… 50, 53, 210
Josaphat ジョサファ（マニョン）………………………………………… 51, 278
Joueurs, Les 賭博者たち（シャンメレ）…………………………………… 234

⟨L⟩

La Rapinière ラ・ラピニエール（ロベ）…………………………………… 227
Le Cid ル・シッド（ピエール・コルネイユ）……………………… 49, 52, 180
Leucosie ルコジー（アルディ）…………………………………………… 47, 87
Ligdamon et Lidias ou la Ressemblance リグダモンとリディアス（スキュデリー）
　……………………………………………………………………………………… 47, 73
Lisandre et Caliste リザンドルとカリスト（デュ・リエ）……………… 47, 67
Lyncée ランセ（アベイユ）………………………………………………… 53, 209

⟨M⟩

Madonte マドント（オーヴレー）………………………………………… 47, 75
Maison de bouteille, La 別荘（作者不詳）……………………………… 55, 286
Malade imaginaire, Le 病は気から（モリエール）……………………… 214
Mariage de rien, Le 無の結婚（モンフルーリ）………………………… 55, 288
Mariage d'Oroondate et de Statira ou la Conclusion de Cassandre, Le オロンダットとスタティラの結婚（マニョン）……………………………………… 50, 273
Mariage forcé, Le 強制結婚（モリエール）……………………………… 55, 274
Mariane, La マリヤンヌ（トリスタン・レルミット）………………… 53, 198
Martyre de Sainte Catherine, Le 聖女カトリーヌの殉教（サン=ジェルマン）… 50, 280
Martyre de Sainte Catherine, Le 聖女カトリーヌの殉教（ドービニャック師）… 50, 280
Martyre de Sainte Catherine, Le 聖女カトリーヌの殉教（ピュジェ・ド・ラ・セール）
　………………………………………………………………………………… 50, 279
Médecin malgré lui, Le いやいやながら医者にされ（モリエール）…… 55, 255
Médée メデ（ピエール・コルネイユ）…………………………………… 51, 288
Ménechmes, Les メネクム兄弟（ロトルー）………………………… 48, 52, 143

Menteur, Le 嘘つき男（ピエール・コルネイユ）················· 49, 52, 176
Mère coquette ou les Amants brouillés, La あだっぽい母親（キノー）············· 53, 206
Mirame ミラム（デマレ・ド・サン＝ソルラン）················· 50, 287
Misanthrope, Le 人間嫌い（モリエール）························· 53, 203
Mithridate ミトリダート（ラシーヌ）····························· 52, 188
Monsieur de Pourceaugnac プールソーニャック氏（モリエール）················· 55, 248
Mort d'Alexandre et d'Aristobule, La アレクサンドルとアリストビュルの死（ルヴァール）················· 54, 239
Mort d'Asdrubal, La アスデュルバルの死（ザカリー・ジャコブ・モンフルーリ）················· 51, 266
Mort de Chrispe ou les Malheurs domestiques du Grand Constantin, La クリスプの死（トリスタン・レルミット）················· 50, 274
Mort de Valentinian et d'Isidore, La ヴァランティニアンとイジドールの死（ジレ・ド・ラ・テッソヌリ）················· 51, 271
Mort des Enfants de Brute, La ブリュットの息子たちの死（作者不詳）············· 51, 286
Moscovite, La モスクワの女（カニュ）··································· 47, 91

〈N〉

Niais de Sologne, Le ソローニュの愚か者（レザン）················· 55, 281
Nicandres ou les Menteurs qui ne mentent point, Les ニカンドル兄弟（ブルソー）················· 55, 252
Nicomède ニコメード（ピエール・コルネイユ）················· 52, 178
Noces de village, Les 村の婚礼（ブレクール）························· 55, 288
Notaire obligeant, Le 気前のよい公証人（ダンクール）························· 262

〈O〉

Occasions perdues, Les 逸した機会（ロトルー）························· 47, 61
OEdipe エディップ（ピエール・コルネイユ）························· 52, 174
Ombre de Molière, L' モリエールの幽霊（ブレクール）····················· 55, 246
Oroondate, ou les Amans discrets オロンダット（ゲラン・ド・ブスカル）················· 50, 273
Othon オトン（ピエール・コルネイユ）····························· 52, 181
Ozmin オズマン（アルディ）······································· 47, 85

〈P〉

Pandoste, 2 ème journée パンドスト第2日（アルディ）·················· 47, 83
Pandoste, première journée パンドスト第1日（アルディ）··············· 47, 81
Parisien, Le パリジャン（シャンメレ、ラ・シャペル合作）················ 223
Parténie, première journée パルテニー第1日（アルディ）··············· 47, 101
Parténie, seconde journée パルテニー第2日（アルディ）··············· 48, 103
Pèlerine amoureuse, La 恋する巡礼の女（ロトルー）··················· 49, 159
Pénélope ペネロープ（ジュネ）····································· 54, 235
Phèdre フェードル（ラシーヌ）································· 52, 190, 270
Pierre philosophale, La 賢者の石（トマ・コルネイユ、ドノー・ド・ヴィゼ合作）
·· 55, 257
Place Royale, La ロワイヤル広場（クラヴレ）······················· 48, 158
Plaideurs, Les 訴訟狂（ラシーヌ）································ 54, 243
Polyeucte martyr ポリユークト（ピエール・コルネイユ）············ 49, 52, 181
Pompée ポンペ（ピエール・コルネイユ）························· 49, 52, 177
Porcie romaine, La ローマのポルシー（ボワイエ）···················· 51, 289
Précieuses ridicules, Les 才女気取り（モリエール）·················· 55, 249
Prince fugitif, Le 逃げ出した王子（バロ）·························· 51, 285
Princesse d'Elide, La エリード姫（モリエール）····················· 53, 200
Pyrame et Thisbé ピラムとティスベ（プラドン）·················· 54, 79, 226
Pyrandre et Lisimène ou l'Heureuse Tromperie ピランドルとリジメーヌ（ボワロベール）
·· 48, 141

〈R〉

Ragotin ou Le Roman comique ラゴタン（シャンメレ）···················· 237
Rendez-vous des Tuileries, ou le Coquet trompé, Le チュイルリー公園の逢引（バロン）
·· 241
Rodogune ロドギュンヌ（ピエール・コルネイユ）················· 51, 52, 175
Roman de Pâris, Le パリスの冒険（デ・ブリュイエール）············· 48, 145

〈S〉

Scévole セヴォール（デュ・リエ）····························· 51, 53, 197
Séjanus セジャニュス（マニョン）································ 51, 280

Semblable à soy mesme, Le 自分のにせ者（モンフルーリ）··················· 55, 277
Sémiramis セミラミス（ジルベール）······························· 51, 279, 281
Sertorius セルトリユス（ピエール・コルネイユ）···················· 52, 178
Sganarelle ou le Cocu imaginaire スガナレル（モリエール）·········· 55, 253
Sigismond, duc de Varsau シギスモンド（ジレ・ド・ラ・テッソヌリ）······ 51, 276
Silvanire ou la Morte-vive, La シルヴァニール（メレ）··············· 48, 137
Soeur, La 妹（ロトルー）·· 51, 271
Soeur généreuse, La 勇敢な妹（ボワイエ）···························· 50, 288
Soliman ソリマン（ラ・チュイユリー）······················ 53, 54, 220, 270
Songes des hommes éveillés, Les 覚めて見る夢（ブロッス）············ 51, 275
Sophonisbe, La ソフォニスブ（メレ）··································· 49, 281
Souper mal apprêté, Le 用意できなかった晩餐（オートロッシュ）······ 55, 251
Stilicon スティリコン（トマ・コルネイユ）························· 52, 192
Suivante, La 侍女（ピエール・コルネイユ）························· 50, 276
Suréna, général des Parthes シュレナ（ピエール・コルネイユ）········ 52, 174
Sylvie, La シルヴィ（メレ）··· 48, 147

〈T〉

Tartuffe ou l'Imposteur, Le タルチュフ（モリエール）······················· 203
Téléphonte テレフォント（ジルベール）··························· 50, 225, 283
Téléphonte テレフォント（ラ・シャペル）·························· 54, 225, 283
Thébaïde ou les Frères ennemis, La ラ・テバイッド（ラシーヌ）········ 52, 182
Théodat テオダ（トマ・コルネイユ）··································· 53, 194
Théodore vierge et martyre テオドール（ピエール・コルネイユ）········· 51, 282
Thomus Morus ou le Triomphe de la Foy et de la Constance トミュス・モリュス（ピュジェ・ド・ラ・セール）··· 49, 283
Thomyris トミリス（作者不詳）·· 51, 284
Tite et Bérénice ティットとベレニス（ピエール・コルネイユ）············ 54, 224
Tragicomédie pastorale, où les Amours d'Astrée et de Céladon... 田園悲喜劇、アストレとセラドンの恋（レシギエ）·· 48, 105
Trahisons d'Arbiran, Les アルビランの裏切り（ドゥーヴィル）··········· 50, 268
Travaux d'Ulysse, Les ユリスの功業（デュルヴァル）··················· 48, 125
Troade, La ラ・トロアッド（プラドン）···································· 212

Trois Dorothées ou Jodelet souffleté, Les 三人のドロテ、あるいは横っ面を張られたジョドレ（スカロン） 51, 276
Trois Scabinne, Les 三人のサビーヌ（作者不詳） 51, 276
Trois Semblables, Les 三人の似た者同士（作者不詳） 48, 115
Trompeur puni ou l'Histoire septentionale, Le 罰せられたペテン師（スキュデリー）
.... 47, 69, 133
Tyridate ティリダット（ボワイエ） 52, 282

〈U〉

Usurier, L' 高利貸し（トマ・コルネイユ、ドノー・ド・ヴィゼ合作） 241

〈V〉

Venceslas ヴァンセスラス（ロトルー） 53, 198
Vendanges de Suresne, Les シュレーヌのぶどうの取り入れ（デュ・リエ） 48, 157
Véritable Saint Genest, Le 真説聖ジュネ（ロトルー） 50, 279
Véritable Sémiramis, La 真説セミラミス（デフォンテーヌ） 51, 279, 281
Veuve ou le Traitre trahi, La 未亡人（ピエール・コルネイユ） 51, 287
Virginie ヴィルジニー（カンピストロン） 234
Visionnaires, Les 妄想に囚われた人々（デマレ・ド・サン゠ソルラン） 50, 216
Visite différée, La 延期された訪問（クラヴレ） 49, 162

〈Z〉

Zaide ザイード（ラ・シャペル） 53, 54, 220
Zélonide princesse de Sparte ゼロニード（ジュネ） 54, 222
Zénobie ゼノビー（ドービニャック師） 49, 281

作者名

〈A〉

Abeille, abbé Gaspard アベイユ、アベ・ガスパール（1648 - 1718） 209
Aubignac, François Hédelin abbé d' ドービニャック師、フランソワ・エドラン（1604 - 1676） 50, 280, 281

作品名、作者名の原語・邦語対照表

Auvray, Jean オーヴレー、ジャン（? - ?） ……………………………… 75, 121

〈B〉

Baro, Balthasar バロ、バルタザール（1590? - 1650） …………… 65, 127, 285
Baron, Michel Boyron, dit バロン、本名ミッシェル・ボワロン（1653 - 1729）
　……………………………………………………………………… 241, 261, 263
Benserade, Issac de バンスラード、イサック・ド（1612 - 1691） ……… 171
Beys, Charles ベス、シャルル（1610? - 1659） ………………………… 155, 169
Boisrobert, François Le Metel de ボワロベール、フランソワ・ル・メテル・ド（1592
　- 1662） ………………………………………………………………………… 141
Boursault, Edme ブルソー、エドゥム（1636 - 1701） ………………… 235, 252
Boyer, Claude ボワイエ、クロード（1618 - 1698） …… 216, 267, 282, 288, 289
Brécourt, Guillaume Marcoureau de ブレクール、ギヨーム・マルクロー・ド（1639
　- 1685） ……………………………………………………………… 246, 288
Brosse ブロス（? - 1651） ……………………………………………………… 275

〈C〉

Campistron, Jean Galbert de カンピストロン、ジャン・ガルベール・ド（1656 -
　1723） ………………………… 50, 54, 234, 236, 239, 240, 242, 269
Canu カニュ（? - ?） ……………………………………………………………… 91
Champmeslé, Charles Chevillet, sieur de シャンメレ、本名シャルル・シュヴィエ
　（1642 - 1701） ………………………… 223, 234, 235, 237, 245, 259, 262
Claveret, Jean de クラヴレ、ジャン・ド（1590 - 1686） …………… 153, 158, 162
Corneille, Pierre コルネイユ、ピエール（1606 - 1684）
　… 52, 54, 174, 175, 176, 177, 178, 179, 180, 181, 224, 226, 276, 282, 286, 287, 288
Corneille, Thomas コルネイユ、トマ（1625 - 1709）
　……………… 51, 52, 192, 193, 194, 195, 196, 217, 218, 228, 233, 241, 257, 272
Crosnier, Jean クロスニエ、ジャン（1643 - 1709） …………………… 238, 256, 270

〈D〉

Dancourt, Florent Carton ダンクール、フローラン・カルトン（1661 - 1726）
　……………………………………………………………………………… 262, 263
Des Bruyères デ・ブリュイエール（? - ?） …………………………………… 145

315

Desfontaines, Nicolas-Marc デフォンテーヌ、ニコラ＝マルク（? - 1652）
.... 268, 279, 281

Deshoulières, Antoinette Du Ligier de La Garde, dame デズリエール、本名アントワネット・デュ・リジエ・ド・ラ・ガルド（1637 - 1694） 212

Desmares（ou Desmarres）デマレ（? - 1716 ?） 289

Desmarets de Saint-Sorlin, Jean デマレ・ド・サン＝ソルラン、ジャン（1595 - 1676）
.... 216, 287

Donneau de Visé, Jean ドノー・ド・ヴィゼ、ジャン（1638 - 1700）
.... 217, 228, 241, 257

Du Ryer, Pierre デュ・リエ、ピエール（1606 - 1658）
.... 48, 50, 59, 67, 109, 113, 135, 157, 163, 197, 268, 272

Durval, Jean-Gilbert デュルヴァル、ジャン＝ジルベール（? - ?） 119, 125

〈F〉

Ferrier, Louis, sieur de La Martinière フェリエ、ルイ（1652 - 1721） 211

Fontenelle, Bernard Le Bouyer de フォントネル、ベルナール・ル・ブイエ・ド（1657 - 1757） 220

〈G〉

Genest, Charles-Claude ジュネ、シャルル＝クロード（1639 - 1719） 54, 222, 235

Gilbert, Gabriel ジルベール、ガブリエル（1620 ? - 1680 ?）
.... 50, 54, 225, 270, 279, 281, 283

Gillet de la Tessonerie ジレ・ド・ラ・テッソンヌリ（1619 ? - ?）
.... 224, 271, 276, 282

Gombauld, Jean Ogier, sieur de ゴンボー、ジャン・オジエ・ド（1590 - 1666）
.... 63

Guérin de Bouscal, Guyon ゲラン・ド・ブスカル、ギュヨン（? - 1657） 273

〈H〉

Hardy, Alexandre アルディ、アレクサンドル（1570 ? - 1632）
.... 77, 81, 83, 85, 87, 89, 91, 95, 97, 99, 101, 103, 111, 154

Hauteroche, Noël Le Breton, sieur de オートロッシュ、ノエル・ル・ブレトン（1630 - 1707） 201, 238, 246, 247, 251, 257, 260, 270

作品名、作者名の原語・邦語対照表

〈L〉

La Calprenède, Gautier de Coste, sieur de ラ・カルプルネード、ゴーティエ・ド・コスト（1609?‐1663）……………………………………………… 51, 195, 199, 272

La Chapelle, Jean de ラ・シャペル、ジャン・ド（1651‐1723）
………………………………………… 50, 54, 220, 221, 223, 225, 266, 273, 283

La Fontaine, Jean de ラ・フォンテーヌ、ジャン・ド（1621‐1695）………… 237, 262

La Pinelière, Pierre Guérin de ラ・ピヌリエール、ピエール・ゲラン・ド（1615‐1642または1643）…………………………………………………………… 164

La Thuillerie, Jean-François Juvenon de ラ・チュイユリー、本名ジャン＝フランソワ・ジュヴノン・ド（1650‐1688）………………… 166, 220, 221, 258, 270

Leclerc ルクレルク（?‐?）………………………………………………………… 283

Le Vert ル・ヴェール（?‐?）……………………………………………………… 267

Louvart, Jean ルヴァール、ジャン（?‐?）………………………………… 54, 239

L'Estoile, Claude de レトワール、クロード・ド（1597‐1652）………………… 285

〈M〉

Magnon, Jean マニョン、ジャン（1620‐1662）………………… 273, 278, 280, 281

Mairet, Jean メレ、ジャン（1604‐1686）……………………… 137, 147, 149, 281, 284

Molière, Jean-Baptiste Poquelin, dit モリエール、本名ジャン＝バティスト・ポクラン（1622‐1673）…………… 53, 200, 203, 204, 205, 214, 218, 229, 231, 232, 248, 249, 250, 253, 254, 255, 274, 283

Montfleury, Antoine Jacob モンフルーリ、アントワーヌ・ジャコブ（1639‐1685）
………………………………………… 201, 206, 208, 210, 230, 252, 277, 284, 288

Montfleury, Zacharie Jacob モンフルーリ、ザカリー・ジャコブ（1600‐1667）
………………………………………………………………………………… 266

〈O〉

Ouville, Antoine Le Métel, sieur d' ドゥーヴィル、本名アントワーヌ・ル・メテル（1590?‐1656?）………………… 238, 256, 266, 268, 269, 272, 277, 278

〈P〉

Passar パサール（?‐?）……………………………………………… 160, 165, 167

Pichou ピシュー（1596?‐1631）……………………………………… 117, 129, 151

317

Poisson, Rayomd ポワッソン、レイモン（1633 ? - 1690）…… 207, 219, 247, 250, 260
Pradon, Nicolas プラドン、ニコラ（1632 - 1698）………………………… 79, 212, 226
Puget de la Serre, Jean ピュジェ・ド・ラ・セール、ジャン（1600 - 1665）
　………………………………………………………………………………… 50, 279, 283

〈Q〉
Quinault, Philippe キノー、フィリップ（1635 - 1688）……………………… 206

〈R〉
Racine, Jean ラシーヌ、ジャン（1639 - 1699）
　………………… 52, 182, 183, 184, 185, 186, 187, 188, 189, 191, 225, 243, 270
Raisin, Jacques レザン、ジャック（1653 - 1702）……………………………… 281
Rampalle ランパル（1603 ? - 1660 ?）…………………………………………… 107
Rayssiguier レシギエ（? - 1660）………………………………………… 105, 168
Robbé, Jacques, dit Barquebois ロベ、ジャック（1643 ? - 1721）…………… 227
Rosimond, Claude Rose, sieur de ロジモン、本名クロード・ローズ（? - 1686）
　………………………………………………………………………………… 275, 287
Rotrou, Jean ロトルー、ジャン（1609 - 1650）……… 61, 71, 123, 133, 139, 143, 152,
　　158, 159, 161, 162, 163, 164, 165, 198, 199, 221, 271, 279, 284, 286

〈S〉
Saint-Germain サン＝ジェルマン（? - ?）…………………………………… 50, 280
Saint-Glas, Pierre de サン＝グラ、ピエール・ド（? - 1699）………………… 259
Scarron, Paul スカロン、ポール（1610 - 1660）…………………… 202, 210, 276
Scudéry, Georges de スキュデリー、ジョルジュ・ド（1601 - 1667）
　………………………………………… 50, 69, 73, 133, 220, 236, 269, 270, 272

〈T〉
Tristan L'Hermite, François L'Hermite, sieur Du Solier, dit トリスタン・レルミット、
　本名フランソワ・レルミット（1601 - 1655）………………………… 198, 274

〈V〉
Viau, Théophile de ヴィオー、テオフィル・ド（1590 - 1626）…………… 79, 226

著者
　冨田高嗣　　長崎外国語大学教授
　戸口民也　　長崎外国語大学名誉教授
　橋本　能　　中央大学名誉教授

フランス十七世紀の舞台装置
『マウロの覚書』注解

2019年2月28日　初版発行

定価（本体6800円＋税）

発行者　　井田洋二
印刷所　　株式会社　フォレスト
発行所　　株式会社　駿河台出版社

乱丁・落丁本はお取り替えいたします
ISBN978-4-411-02243-1 C3074 ￥6800E